Der Nationalsozialismus

Deutsche Geschichte im 20. Jahrhundert

Herausgegeben von

Manfred Görtemaker
Frank-Lothar Kroll
Sönke Neitzel

Band 7

Riccardo Bavaj

DER NATIONAL-SOZIALISMUS

Entstehung, Aufstieg und Herrschaft

be.bra verlag

Abbildungsnachweis

bpk 47

Bundesarchiv, Koblenz 7 (Bild 146-1979-025-14A), 11 (Bild 146-1978-004-12A / Heinrich Hoffmann), 19 (Plak 002-042-065 / Felix Albrecht), 29 (Plak 002-016-055), 63 (Bild 102-02920A / Georg Pahl), 69 (Bild 183-R96855a), 75 (Bild 102-02139/ Georg Pahl), 83 (Bild 183-86686-0008), 95 (Bild 183-1982-1130-502), 111 (Plak 003-018-035 / v. Stroda), 129 (Bild 146-1978-056-04A), 135 (Bild 146-1979-096-13A), 161 (Bild 183-R71086)

Kladderadatsch 39

Palm, Peter 151 (Karte)

Schugt, Josef »Jupp« 167

Ziegfeld, A. H.: *1000 Jahre deutsche Kolonisation und Siedlung*, Berlin 1943 143

Bibliografische Information der Deutschen Bibliothek
Die Deutsche Bibliothek verzeichnet diese Publikation in der Deutschen Nationalbibliografie; detaillierte bibliografische Daten sind im Internet über http://dnb.d-nb.de abrufbar.

KulturBrauerei Haus 2
Schönhauser Allee 37, 10435 Berlin
post@bebraverlag.de
Lektorat: Robert Zagolla, Berlin
Umschlag: hawemannundmosch, Berlin
Satz: typegerecht, Berlin
Schrift: Swift 10/13,9 pt
Druck und Bindung: GGP Media GmbH, Pößneck
ISBN 978-3-89809-407-8

www.bebraverlag.de

Inhaltsverzeichnis

1 Einführung

30. Januar 1933. Nach der Wahl Hitlers zum Reichskanzler marschiert der »Stahlhelm« durch das Brandenburger Tor in Berlin.

Was ermöglichte 1933? Diese Frage steht im Zentrum des vorliegenden Buches. Sie ist im doppelten Sinne zu verstehen. Erstens: Wie konnten die Nationalsozialisten an die Macht gelangen? Und zweitens: Welche Kräfte der Zerstörung und Neuordnung konnten sich nach dem Machttransfer entfalten? Da 1933 nicht so sehr als Fluchtpunkt, sondern als Ausgangspunkt gewählt wird, bewegt sich die Darstellung im ersten Drittel des Buches chronologisch rückwärts: Schritt für Schritt werden zunächst die politischen und kulturellen Erfolgsbedingungen der NS-Bewegung analysiert, von der Rolle konservativer Eliten in der Spätphase der Weimarer Republik bis zur Produktion wirkmächtiger Mythen im Gefolge des Ersten Weltkriegs. Daran anschließend wird der ideengeschichtliche Entstehungskontext des Nationalsozialismus beleuchtet, angefangen bei der Revolution von 1918/19 und zurückreichend bis in das späte 19. Jahrhundert.

Der umfangreichste Teil des Buches lenkt das Augenmerk auf die Zeit nach 1933, also auf die Praxis nationalsozialistischer Herrschaft. Er zeigt zunächst, wie in kürzester Zeit die politische Opposition ausgeschaltet und eine neue Staatsform etabliert wurde; anschließend nimmt er das zentrale Projekt des NS-Regimes in den Blick: die Schaffung einer kampfbereiten, auf den »Führer« orientierten Leistungsgesellschaft, die nach »rassischen«, »völkischen« und politischen Kriterien zu ordnen und von Juden und »Gemeinschaftsfremden« zu »säubern« war. Dieses Projekt wird in unterschiedlichen Zusammenhängen betrachtet: anti-jüdische Gewalt und nationalsozialistische Massenrituale im öffentlichen Raum; politischer Gestaltungswille und gesellschaftliche Binnendifferenzierungen in Kirche, Schule und Betrieb; Politisierung des Privaten und geschlechtsspezifische Vergesellschaftung in den eigenen vier Wänden, mit einem Fokus auf Ehe, Sexualität, Erziehung, Haushalt, Medienkonsum und Wohnen; schließlich Praktiken sozialer Integration und Exklusion auf verschiedenen Ebenen und Schauplätzen, von den Regionen des »Altreichs« bis zu den Expansionsgebieten des nationalsozialistischen Imperialprojekts, wobei der Bogen von Infrastrukturen über regionale Identitäten und die Germanisierungspolitik in den eroberten »Ostgebieten« bis zum Gewalthandeln zwischen Front und »Heimatfront« geschlagen wird. Ein Epilog thematisiert heutige Erinnerungsorte als Medium der Vergegenwärtigung nationalsozialistischer Vergangenheit.

Auswahl und Strukturierung des Materials ergeben sich aus zwei Faktoren: Erstens ist dieses Buch eingebettet in eine Schriftenreihe zur deutschen Geschichte des 20. Jahrhunderts, die drei weitere Bände zur Geschichte des Dritten Reiches umfasst: zur Außenpolitik, zum Holocaust und zum Zweiten Weltkrieg. Zweitens verfolgt das Buch einen Ansatz, durch den es sich von bisherigen Darstellungen zur Geschichte des Nationalsozialismus unterscheidet. Es greift Anregungen des Historikers Karl Schlögel auf, der eine »gesteigerte Aufmerksamkeit für die räumliche Dimension geschichtlichen Handelns und Geschehens« fordert. Ein raumgeschichtlicher Ansatz ist ein Ansatz unter vielen. Doch ermöglicht er eine »Bereicherung des Sehens, Wahrnehmens, Verarbeitens«.[1] Das hat vor kurzem noch einmal Susanne Rau in ihrer Einführung zur historischen Raumforschung verdeutlicht, der dieses Buch ebenfalls manche Anregung verdankt.[2]

Geschichte räumlich zu denken eröffnet mehrere Perspektiven: die Überwindung einer gewissen »Ortlosigkeit der Geschichtsschreibung« und die Sensibilisierung für die schlichte Tatsache, dass Geschichte »stattfindet« – *history takes place*;[3] die Bildung von thematischen Verknüpfungen, welche die Erträge der Forschung neu strukturieren und anders zueinander in Beziehung setzen; und die Möglichkeit, sich bekannte Sachverhalte neu anzueignen, indem sie auf andere Weise versprachlicht werden. Teilweise handelt es sich um eine Bündelung und Systematisierung neuerer Tendenzen der NS-Forschung, in der es ein zunehmend größeres Interesse an raumgeschichtlichen Perspektiven gibt – auch jenseits der Untersuchung von Raumplanung, Raumforschung und Geopolitik, die angesichts ihrer engen Liaison mit dem Nationalsozialismus für die zeitweilige »Raumvergessenheit« der deutschen Geschichtswissenschaft nach 1945 mit verantwortlich gewesen sind.

Vier Ebenen sind in der raumanalytischen Begrifflichkeit auseinanderzuhalten. Zunächst die physisch-geografische: Orte, Regionen und Schauplätze sind in diesem Buch auch in ihrer physisch-geografischen Materialität von Bedeutung. Davon zu unterscheiden ist die imaginative Ebene: Räumliche Vorstellungen und Repräsentationen – ob von Architekten, Stadtplanern und Kartografen entworfen oder als »Landkarten im Kopf« (*mental maps*) in Politik und Alltag – sind ein zentrales Thema der Raumgeschichte. Sie spielen, etwa mit Blick auf räumliche Identitäten und symbolische Raumaneignungen, auch in diesem Buch eine Rolle. Darüber hinaus gibt es die handlungsbezogene Ebene: Zahlreiche Soziologen, darunter Henri Lefebvre und

Pierre Bourdieu, haben darauf hingewiesen, dass Räume über soziale Interaktion hergestellt werden. Soziale Beziehungen bringen Räume hervor und werden selbst von ihrer räumlichen Umgebung beeinflusst. Dieser relationale Raumbegriff wird in diesem Buch immer wieder begegnen. Schließlich die metaphorische Ebene: Metaphern gehören zum festen Bestandteil der Wissenschaftssprache. Sie helfen bei der Generierung, Ordnung und Vermittlung von Wissen. Metaphern wie »Möglichkeitsraum«, »Kommunikationsraum« und »Weltanschauungsfeld« sind in diesem Buch wichtig für die Entfaltung der Argumentation.

Leserinnen und Lesern bietet das Buch also eine Vielzahl räumlicher Perspektiven. In erster Linie richtet es sich an Studierende und Lehrende sowie an alle, die sich die Geschichte des Nationalsozialismus problemorientiert erschließen möchten. Für die Druckfassung wurde das Manuskript erheblich gekürzt; vor allem der Anmerkungsapparat wurde stark reduziert. Eine Auflistung der Literatur, auf der dieses Buch beruht, samt vollständigen bibliografischen Angaben der zitierten Titel, findet sich auf der Homepage des Verlags.[4]

2 Möglichkeitsraum

Versammlung der NSDAP im Münchner Bürgerbräukeller, um 1923.

Die Frage nach den Ursachen und Voraussetzungen für die Zerstörung der Weimarer Demokratie und die Errichtung der nationalsozialistischen Diktatur stellt die Geschichtswissenschaft immer noch vor große Herausforderungen. Will man den Aufstieg des Nationalsozialismus nicht allein aus kurzfristigen Zusammenhängen erklären, muss man sich an historische Verknüpfungen wagen, die größere Zeiträume umfassen. Ausgehend von den strategischen Machtspielen einiger weniger politischer Entscheidungsträger, die am Ende den Ausschlag dafür gaben, dass Hitler die Regierungsverantwortung übertragen wurde, werden im Folgenden die Bedingungen ergründet, die diese politische Entscheidungssituation ermöglichten. Dabei wird ein Möglichkeitsraum ausgeleuchtet, zu dem die NS-Diktatur ebenso wie die Weimarer Demokratie gehörte. Beide

Ordnungsmodelle entstammten demselben Labor: einem Experimentierraum, der sich um die Jahrhundertwende herauszubilden begann und in dem sich stark veränderte Ansprüche politischer Teilhabe und neuartige Formen von Herrschaftslegitimation entwickelten.[1]

Machttransfer

Am 30. Januar 1933 ernannte Reichspräsident Paul von Hindenburg den Führer der Nationalsozialistischen Deutschen Arbeiterpartei (NSDAP), Adolf Hitler, zum Reichskanzler. Dafür, dass es zu diesem folgenreichen Akt kam, war eine Reihe von Personen direkt verantwortlich. Ohne die tatkräftige Unterstützung von Vertretern einer konservativen Elite wäre Hitler nicht mit dem Kanzleramt betraut worden. An vorderster Stelle standen dabei Kurt von Schleicher, Franz von Papen und Paul von Hindenburg. Bei diesen Personen lagen die Schlüssel zu den Toren der Staatsmacht.

General Kurt von Schleicher besetzte während der letzten Jahre der Weimarer Republik eine der herausragenden machtpolitischen Positionen in einem Kräftefeld, das immer weniger vom Parlament und immer stärker von außerparlamentarischen Machtinstanzen wie der Reichswehrführung, der Ministerialbürokratie und dem Reichspräsidenten bestimmt wurde. Wie viele andere Vertreter einer konservativen Elite, die der pluralistischen Demokratie den Garaus machen wollte und die Errichtung eines autoritären Präsidialregimes anstrebte, verfolgte Schleicher die Idee, sich die nationalsozialistische Massenbewegung zunutze zu machen. Seine taktischen Winkelzüge wurden ihm jedoch zum Verhängnis. Er verprellte Franz von Papen, dessen Kanzlerschaft er zunächst gefördert und dann hintertrieben hatte; er irritierte Industrie und Großlandwirtschaft, indem er den Gewerkschaften Avancen machte; und er verlor die Gunst des Reichspräsidenten, bei dem er mit seinen Plänen für einen Staatsnotstand auf taube Ohren stieß.

Ein offenes Ohr beim Reichspräsidenten hatte dagegen Papen. Der national-konservative Aristokrat entfaltete im Januar 1933 eine »fieberhafte Aktivität« (Eberhard Kolb), um zwischen dem Reichspräsidentenpalais und den Führungskreisen von NSDAP, Deutschnationaler Volkspartei (DNVP) und dem paramilitärischen Wehrverband »Stahlhelm« zu vermitteln. Die Bildung einer Regierung Hitler–Papen–Hugenberg sollte eine tragfähige Politik der »nationalen Einheit« mit antidemokratischer und antisozialistischer Stoßrichtung ermöglichen. Angesichts der Einbußen der Nationalsozialisten, die bei den Reichstagswahlen vom November 1932 zwei Millionen weniger Stimmen erhalten hatten als noch im Juli desselben Jahres, mag konservativen Politikern wie Papen das Risiko einer Kanzlerschaft Hitlers kalkulierbarer erschienen sein als zuvor. Auch gewisse Verfallserscheinungen in der NSDAP, die Anfang Dezember 1932 ihren sichtbarsten Ausdruck im Rücktritt des Reichsorganisationsleiters Gregor Straßer fanden, mögen diesen Eindruck verstärkt haben.

Aus dem komplexen Beziehungsgeflecht politischer Entscheidungsträger und Interessengruppen sticht indes vor allem die Person des Reichspräsidenten hervor. Wie neuere Forschungen gezeigt haben, verfolgte Hindenburg seit Herbst 1931 das Projekt einer Regierung der »nationalen Konzentration«, die unter Ausschluss von Sozialdemokraten und Kommunisten die Kräfte der »nationalen Bewegung« vereinigen sollte.[2]

Doch warum ernannte Hindenburg Ende Januar 1933 Hitler zum Kanzler eines Präsidialkabinetts? Was hatte sich seit August 1932 verändert, als sich der Feldmarschall noch strikt geweigert hatte, dem »böhmischen Gefreiten« die Regierungsverantwortung zu übertragen? Und was war seit November 1932 passiert, als der Reichspräsident im Falle einer Kanzlerschaft Hitlers diesem weder Notverordnungsvollmachten noch die präsidiale Befugnis zur Auflösung des Reichstags in Aussicht stellen wollte? Zunächst einmal stand mit Papen, seitdem ihn Hindenburg nolens volens als Reichskanzler hatte entlassen müssen, jemand zur Verfügung, der zwischen den potenziellen Trägern einer ins Auge gefassten Regierung der »nationalen Konzentration« vermitteln konnte. Auch als Folge dieser Vermittlungsbemühungen sah der Reichspräsident Hitlers Ambitionen auf das Kanzleramt nicht mehr allein als Ausdruck parteipolitischen Ehrgeizes, sondern als Ausfluss eines glaubhaften Strebens nach nationaler Einheit.

Allzu viele Optionen blieben Hindenburg ohnehin nicht. Sein eigentlicher Wunschkandidat für den Posten des Reichskanzlers, Franz von Papen, war 1932 gescheitert, und eine auf der Macht der Reichswehr fußende Präsidialdiktatur, die dessen Nachfolger Schleicher am Ende präferierte, widersprach Hindenburgs Herrschaftsverständnis. So entschloss er sich dazu, durch die Bildung einer Regierung Hitler und die anschließende Ausrufung von Neuwahlen das »Experiment der Präsidialkabinette« (Wolfram Pyta) zu beenden, das seiner Auffassung von einem über den Parteien angesiedelten Präsidentenamt immer stärker zuwidergelaufen war.

Es ist eine Ironie der Geschichte, dass der Reichspräsident, dessen Verfassungstreue sich sonst in Grenzen hielt, mit dieser formalrechtlich einwandfreien Lösung der Weimarer Demokratie den Todesstoß versetzte. Die Bitterkeit dieser Ironie wird noch dadurch gesteigert, dass Hindenburg die von Schleicher ins Spiel gebrachte Option ablehnte, den Reichstag aufzulösen und gleichzeitig Neuwahlen auf unbestimmte Zeit zu verschieben. Dies wäre ein Verfassungsbruch gewesen, der ebenfalls (zumindest vorläufig) das Ende des Parlamentarismus besiegelt hätte; eine Kanzlerschaft Hitlers wäre der Menschheit aber vielleicht erspart geblieben.

Politische Mobilisierung

Dass Hindenburg in die Verlegenheit kam, eine Kanzlerschaft Hitlers überhaupt zu erwägen, hatte in erster Linie damit zu tun, dass dessen Partei seit einigen Jahren von Wahlsieg zu Wahlsieg eilte. Bei den sächsischen Landtagswahlen vom Juni 1930 kam sie auf 14,4 Prozent der Stimmen, dreimal soviel wie noch im Jahr zuvor. Die für September 1930 angesetzten Wahlen brachten der NSDAP einen Erdrutschsieg, dessen Dimensionen alles sprengten, was die Geschichte des deutschen Parlamentarismus bis dahin erlebt hatte. Während die NSDAP bei der Reichstagswahl von 1928 mit 800 000 Stimmen gerade einmal auf einen Anteil von 2,6 Prozent gekommen war, votierten für sie jetzt nicht weniger als 6,4 Millionen Menschen. Das entsprach 18,3 Prozent aller abgegebenen Stimmen. Mit über 100 Mandaten zog Hitlers Partei als zweitstärkste Fraktion in den neuen Reichstag ein. Nur die traditionell stärkste Partei der Sozialdemokraten entsandte mehr Abgeordnete. Knapp zwei Jahre später sollte sich auch das ändern. Bei den Reichstagswahlen vom Juli 1932 konnte die NSDAP ihr Ergebnis verdoppeln und erreichte mit 37,3 Prozent aller Wählerstimmen das beste Resultat, das eine Partei bei Weimarer Reichstagswahlen je erzielte – sieht man einmal von der »halbfreien Wahl« (Karl Dietrich Bracher) vom März 1933 ab, als vor dem Hintergrund der Reichstagsbrandverordnung, der politischen Verfolgung von Sozialdemokraten und Kommunisten sowie weiterer Maßnahmen nationalsozialistischer Machtausweitung 43,9 Prozent aller Wähler der NSDAP ihre Stimme gaben.

Woher kamen diese Wählermassen, die Hitlers Partei seit 1929/30 so plötzlich zuströmten? Die statistische Wahlforschung hat etliche frühere Hypothesen in das Reich der Legende verwiesen.[3] So profierte die NSDAP kaum von der steigenden Zahl an Arbeitslosen, die stattdessen in Scharen der Kommunistischen Partei in die Arme liefen. Auch bisherige Nichtwähler stimmten erst 1933 vermehrt für die NSDAP, und es waren nicht junge, sondern vorwiegend ältere Menschen, die mit ihrem Wahlverhalten Hitlers Erfolg begünstigten. Frauen, die anfänglich besonders für den Stimmenzuwachs der Nationalsozialisten verantwortlich gemacht wurden, ließen sich ebenfalls erst relativ spät in höherem Maße für die NSDAP mobilisieren. Bis 1930 zeigten sich Frauen dem Nationalsozialismus gegenüber sogar resistenter als Männer.

Revisionsbedürftig ist auch die Annahme, die Nationalsozialisten seien ganz überwiegend aus der Mittelschicht heraus gewählt worden.[4] Inzwischen besteht unter Historikern weitgehend Einigkeit darüber, dass Hitlers Partei in so gut wie allen sozialen Schichten Wähler mobilisierte und damit keine Klassen-, sondern eine Volkspartei war. Auf 30 bis 40 Prozent schätzt man den Anteil von Arbeitern an ihrer Wählerschaft. Gemessen an der Zahl aller Wahlberechtigten war dieser Anteil zwar unterdurchschnittlich, mit Blick auf die Konkurrenz zweier großer Arbeiterparteien aber durchaus bemerkenswert. In der wohlhabenden Oberschicht entschied man sich sogar in weit überdurchschnittlichem Maße für die NSDAP.

Manche Räume der deutschen Wahlöffentlichkeit blieben den Nationalsozialisten jedoch weitgehend verschlossen. Großstädte und industrielle Ballungsgebiete waren für die NSDAP schwer erschließbares Terrain. Als zu stark erwiesen sich hier die Bindungen, die eine gewerkschaftlich organisierte Industriearbeiterschaft zur Arbeiterbewegung aufgebaut hatte. Ebenfalls schwer taten sich die Nationalsozialisten damit, in Gebiete vorzudringen, in denen der Katholizismus stark verwurzelt war. In den Wahlkreisen Köln-Aachen, Westfalen-Nord und -Süd sowie Oberbayern-Schwaben und Niederbayern lag der Stimmenanteil der NSDAP bei ihrem triumphalen Wahlsieg vom Juli 1932 bei weit unter 30 Prozent. Bei den Reichstagswahlen von 1930 hatten im oldenburgischen Kreis Vechta gerade einmal zwei Prozent für die Nationalsozialisten gestimmt. Die größten Erfolge konnte die NSDAP dagegen in ländlichen Gebieten feiern, die überwiegend protestantisch geprägt waren: Ostpreußen, Pommern und Schleswig-Holstein waren nationalsozialistische Hochburgen.

Tieferen Einblick in die Dynamik der politischen Verschiebungen gewähren vor allem lokal- und regionalgeschichtliche Forschungen. Das ist nicht verwunderlich, denn die regionale

Heterogenität war eines der wesentlichen Charakteristika der Weimarer Republik. Ohne die Berücksichtigung der daraus resultierenden Unterschiede ist der komplexe Zusammenhang zwischen der Zerstörung der Weimarer Demokratie und dem Aufstieg des Nationalsozialismus kaum zu verstehen. Die NSDAP-Hochburg Schleswig-Holstein war die einzige Region, die den Nationalsozialisten in freien Wahlen die absolute Mehrheit brachte: Im Juli 1932 stimmten dort 51 Prozent für Hitlers Partei. Die preußische Provinz hatte sich schon früh zu einem Domizil republikfeindlicher Kräfte entwickelt – doch war es zunächst nicht die NSDAP, sondern die national-konservative DNVP gewesen, von der sich die Landbevölkerung Rückhalt beim Übergang von einer agrarisch geprägten zu einer industriell dominierten Gesellschaft erhoffte. Landwirte hatten mit einem rapiden Preisverfall ihrer Produkte zu kämpfen, und immer häufiger wurden Bauernhöfe zwangsversteigert. Vor diesem Hintergrund verloren Schleswig-Holsteins Bauern vermehrt ihren Glauben an die Durchsetzungskraft der DNVP und setzten ihre Hoffnungen in andere politische Gruppierungen – beispielsweise in die völkisch-antisemitische Landvolkbewegung, eine wichtige Zwischenstation im Übergang protestantisch-ländlicher Loyalitäten zum Nationalsozialismus.[5]

Anhand der niedersächsischen Kleinstadt Northeim lässt sich nachverfolgen, wie rasant eine überwiegend protestantisch-mittelständisch geprägte Einwohnerschaft durch die NSDAP politisch mobilisiert werden konnte. In Northeim errang Hitler schon bei den Präsidentschaftswahlen vom März 1932 die absolute Mehrheit. Dabei gaben viele Northeimer Bürger den Nationalsozialisten ihre Stimme nicht so sehr aus wirtschaftlicher Not, sondern weil sie glaubten, die NSDAP spiegele ihre nationalistischen wie antisozialistischen Überzeugungen am besten wider.[6]

Manches spricht für die These, dass für den Wahlerfolg der Nationalsozialisten vor allem Wählerwanderungen innerhalb eines sich wandelnden protestantisch-bürgerlichen Lagers verantwortlich waren. Im Gegensatz zum katholischen und sozialistischen Milieu, beide noch tief geprägt durch Ausgrenzungs- und Repressionserfahrungen aus dem Kaiserreich, mangelte es diesem »nationalen Lager« an weltanschaulicher Kohärenz und stabilen Parteibindungen.[7] In der Forschung ist umstritten, wie man das »protestantische Deutschland« milieugeschichtlich auffächern kann.[8] Es lassen sich aber durchaus die Konturen eines konservativ-nationalen Milieus ausmachen, das sich nach 1918 als Reaktion auf Revolution und Inflation herausbildete. Seine Kommunikationsräume waren Vereine und Verbände, die sich durch bestimmte Mythen, Symbole und Rituale auszeichneten und von bestimmten weltanschaulichen Maximen geprägt waren. Der sich im Übergang vom Kaiserreich zur Weimarer Republik vollziehende »Positionswechsel« (Helge Matthiesen) des konservativen Lagers von einer staatstragenden zu einer systemoppositionellen Kraft begünstigte diese Milieubildung, die ganz wesentlich von Gefühlen der Bedrohung und Ausgrenzung getragen war.[9]

Wie schon angedeutet, verband sich ein wichtiges Segment des konservativ-nationalen Milieus mit dem protestantisch geprägten Land. Dort – vom mittelfränkischen Bauerndorf bis zum ostelbischen Rittergut – fanden die Nationalsozialisten ein hohes politisches Mobilisierungspotential vor.[10] Zum einen bereitete ihnen der agrarisch-protestantische Konservatismus den Boden, indem er zunehmend Anleihen bei einem ethnischen Nationalismus machte; zum anderen sorgten auseinanderstrebende Interessen und organisatorische Defizite bei der DNVP dafür, dass Raum für Alternativen entstand – ein Faktor, der sich vor allem während der stark politisierend wirkenden Agrarkrise bemerkbar machte. Mitte der 1920er-Jahre war die DNVP noch in der Lage gewesen, große Teile des ländlich-protestantischen Milieus politisch zu integrieren. Von 1930 an erschien zunehmend die NSDAP als attraktivere Option – sowohl für die zentralen Akteure der politischen Meinungsbildung wie Gutsherren, Dorfpfarrer und Landlehrer, als auch für Kleinbauern und

Wahlplakat der NSDAP zur Reichstagswahl im Juli 1932.

Landarbeiter, die nach größerer politischer Teilhabe strebten. Mit überwiegend konservativen Themen wie der Bewahrung der Landwirtschaft vor den Herausforderungen der kapitalistischen Globalisierung oder dem Schutz der Dorfgemeinschaft vor »marxistischem« Klassenkampf und liberalistischer Vereinzelung konnte die NSDAP die Wähler in protestantischen Agrarregionen für sich erobern. Ausschlaggebend für ihren Erfolg war weniger eine vermeintliche Erosion dieses Milieus als vielmehr ihr Geschick, sich auf die dort gängigen Mechanismen politischer Willensbildung einzulassen.

Am Beispiel überwiegend protestantisch geprägter Städte wie Greifswald, Oldenburg, Celle und Marburg zeigt sich, dass es der NSDAP oftmals auch beim städtischen Bürgertum gelang, sich als die »bessere Partei des Milieus« zu präsentieren.[11] Unbelastet durch vorherige Regierungsverantwortung galt sie vielfach als unverbrauchte Kraft, die jene nationale Einheit herzustellen versprach, die das konservativ-nationale Milieu, von der DNVP jahrelang in seinen antiliberalen, antisozialistischen Volksgemeinschaftsidealen bestärkt, ersehnte. Glaubhafter als ihre deutsch-nationale Konkurrenz, die zum Teil immer noch Züge einer altväterlichen Honoratiorenpartei trug, konnten sich die Nationalsozialisten als »Anti-Eliten-Bewegung« profilieren.

Der Resonanzraum für nationalsozialistische Propaganda war also schon vor dem Hereinbrechen der Weltwirtschaftskrise geschaffen worden. Es waren die vermeintlich ruhigen Jahre der Weimarer Republik, zwischen der Hyperinflation von 1923 und dem »Schwarzen Freitag« im Oktober 1929, die eine zunehmende weltanschauliche Festigung, organisatorische Vernetzung und politische Mobilisierung bürgerlicher Mittelschichten erlebten. Scheinbar unpolitische Turn- und Gesangsvereine ebenso wie Heimat- und Schützenvereine, Burschenschaften, Berufsbünde, Kriegervereine und Wehrverbände boten antipluralistischen, völkischen und nationalistischen Ideen ein Forum und machten das konservativ-nationale Milieu empfänglich für die politischen Angebote der Nationalsozialisten.

Ob Kyffhäuserbund, Jungdeutscher Orden oder Stahlhelm – bei allen Unterschieden vermittelten sie für den Nationalsozialismus anschlussfähige Werte wie »Kameradschaft«, »Treue«, »Wehrhaftigkeit«, »Männlichkeit«, »Einigkeit« und »Volksgemeinschaft« und wirkten so an der Formierung einer mobilisierten Kampfgemeinschaft mit. Antimarxistische Hetzkampagnen seitens der evangelischen Kirche und der Lokalzeitungen taten ein übriges, um das für die Integration des Milieus notwendige Feindbild und Bedrohungsgefühl zu erzeugen. In Kombination mit der Fragmentierung der bürgerlichen Parteienlandschaft, die den Vorstellungen politischer Teilhabe und nationaler Einheit immer weniger entsprach, entstand Raum für eine parteipolitische Alternative, von der man sich erhoffte, dass sie die gesellschaftlich dominante Stellung des Bürgertums gegen die Arbeiterbewegung erfolgreich verteidigen und zugleich widerstreitende Interessen und antisozialistisches Volksgemeinschaftsideal in Einklang bringen würde. Immer mehr Bürger sahen im Nationalsozialismus eine solche Alternative, gewissermaßen eine über das »Parteiengezänk« erhabene Anti-Parteien-Partei. Es gelang der NSDAP eine Sprache zu finden, die zwei Begriffsregister miteinander vereinte: zum einen ein berufsständisches Vokabular (»Wer schützt dich, Mittelstand?« – »Beamte! Lasst Euch dies nicht länger gefallen!«), zum anderen eine Berufsgruppen übergreifende nationalistische Sprache, die sowohl die Herstellung bürgerlicher Einheit als auch die Bildung einer nationalen Gemeinschaft verhieß.[12]

Die Verankerung des Nationalsozialismus im protestantisch-bürgerlichen Milieu folgte weniger dem Muster einer Unterwanderung und Infiltration institutioneller Strukturen, sondern sie trug eher die Züge einer parteipolitischen Konversion innerhalb des Milieus. Diese Konversion wurde unter anderem dadurch ermöglicht, dass sich die Bindungen zwischen der lokalen Vereinskultur und den auf nationaler Ebene etablierten Parteien ausgezehrt hatten. Zusehends entglitt den politischen Eliten die Kontrolle über den »sozialen Raum«, also den Raum gesellschaftlicher Interaktion. Gleichzeitig schlossen sich noch vor den großen Wahlsiegen der NSDAP zahlreiche Mitglieder bürgerlicher Vereine und Verbände der nationalsozialistischen Bewegung an und fungierten so als Transmissionsriemen zwischen lokalem Milieu und überregionalem NS-Propagandaapparat.

Vielerorts entscheidender war indes die geschickte Aneignung milieuspezifischer Symbole, Rituale und weltanschaulicher Maximen durch die Nationalsozialisten. Wie auf dem protestantischen Land so auch in den Städten passten sie sich geschickt an die soziale Praxis des konservativ-nationalen Milieus an, veranstalteten Heimatfeste, Volkstänze und Feldgottesdienste, verkündeten, »für die Lichtgestalt Christus« zu kämpfen, beschworen in Niedersachsen den »Geist Heinrichs des Löwen« und gewannen dadurch das Vertrauen örtlicher Kriegervereine, Zeitungen und berufsständischer Organisationen – teilweise auch das der Kirche. Nachdem die Nationalsozialisten auf diese Weise zu einer wählbaren Alternative geworden waren, konnte sich über das Kommunikationsnetz der bürgerlichen Vereine und Verbände bald eine mehrheitliche Präferenz für die NSDAP als besonders entschiedene Form des deutschen Antisozialismus ausbilden.[13] Nationalismus und Antisozialismus waren zentraler Bestandteil einer politischen Mobilisierung des Bürgertums, die schon nach dem Ende des Ersten Weltkriegs einen qualitativen Sprung gemacht hatte. Die Revolution von 1918/19 hatte nicht nur weite Teile der Arbeiterschaft radikalisiert; sie führte auch zu einer enormen Mobilisierung des Bürgertums, das sich in seiner sozialen Stellung vielfach bedroht sah. Im überwiegend protestantischen Gotha etwa verhieß der Arbeiter- und Soldatenrat, der von Linkssozialisten der Unabhängigen Sozialdemokratie dominiert wurde, dem Mittelstand seinen baldigen Untergang und propagierte die Sozialisierung seines Besitzes. Um den »sozialen Raum« zu erobern, wurden bewaffnete Patrouillen durch die Straßen geschickt und bürgerliche Zeitungen durch Demonstrationen am Erscheinen gehindert. Als schließlich die Reichswehr in die Stadt entsandt wurde und die Arbeiterschaft mit einem Generalstreik antwortete, traten Gothaer Handwerker, Ladenbesitzer, Angestellte und Beamte ihrerseits in den Streik. Bis Ende 1919 verfestigten sich Milieugrenzen auf eine Weise, wie es vor der Revolution noch kaum vorstellbar gewesen war. Die heftigen Straßenkämpfe, die im März 1920 infolge des Kapp-Lüttwitz-Putsches ausbrachen, 110 Tote forderten und mit einer brutalen Jagd auf Sozialisten durch Reichswehr und Studentenfreikorps ihr Ende fanden, können als Indikator dafür dienen, in welch hohem Maße beide Milieus inzwischen radikalisiert worden waren. Im Bürgertum herrschten »Wagenburgmentalität« und »Bürgerkriegsangst«.[14]

Die Dynamik gegenseitiger Radikalisierung schuf eine der wesentlichen Voraussetzungen für die frühen Wahlerfolge der Nationalsozialisten in Thüringen – einem Land, das sich zu einer ihrer Hochburgen entwickelte. Vor dem Hintergrund der Weltwirtschaftskrise war es für die NSDAP ein leichtes, im konservativ-nationalen Milieu alte Bürgerkriegsängste neu zu entfachen, von denen sie als selbst stilisierte Ordnungsmacht am meisten profitierte.[15] Hinzu kam, dass die Kommunisten – als deutsche Verkörperung des bolschewistischen »Schreckbilds« – mit ihrem positiven Begriff vom »Bürgerkrieg« den Nationalsozialisten in die Hände spielten. Auch im Vergleich zu ihrer französischen Schwesterpartei waren Agitation und Propaganda der KPD von Beginn an äußerst radikal und militant.[16] Wenngleich das Bedingungsgefüge zwischen der Revolution von 1918/19 und dem Siegeszug der Nationalsozialisten von 1930 bis 1933 noch näherer Untersuchung bedarf, lässt sich die These vertreten, dass die Dynamik der politischen Radikalisierung in der Anfangszeit der Weimarer Republik den Aufstieg der NS-Bewegung mit bedingte – einer Bewegung, die Deutschland vom »System von 1918« zu erlösen versprach.

Die von der Milieuforschung aufgedeckten Zusammenhänge lassen sich mit den Erkenntnissen neuerer Forschungen zum Phänomen der politischen Gewalt zusammenführen. So scheint die politische Gewalt der Weimarer Zeit nicht so sehr auf eine unmittelbar durch das Kampfgeschehen des Ersten Weltkriegs hervorgerufene »Brutalisierung der Politik« (George L. Mosse) zurückzuführen zu sein, sondern ganz wesentlich in den politischen Konstellationen der Weimarer Anfangsjahre ihren Grund zu haben. Dafür sprechen nicht nur die Ergebnisse neuerer regionalgeschichtlicher Studien, etwa zur Landbevölkerung im südlichen Bayern, sondern auch Vergleiche mit anderen Ländern wie Frankreich und Großbritannien, denen trotz Kriegserfahrung eine ähnliche Militarisierung der politischen Kultur erspart blieb.[17] Am Beispiel der preußischen Provinz Sachsen konnte gezeigt werden, dass sich im bürgerlich-nationalen Lager vor dem Hintergrund einer virulenten Bolschewismusfurcht und einer als unzureichend empfundenen Staatsgewalt ein neuer moralischer Konsens über die Legitimität politischer Gewalt herausbildete.[18] Dieser Konsens, der in den Mantel bürgerlicher Selbsthilfe gekleidet war, speiste sich aus der übersteigerten Wahrnehmung einer kommunistischen Bedrohung und aus einer zunehmend verhärteten Frontstellung gegen die in Preußen regierende Sozialdemokratie. Er wurde auch dann noch aufrechterhalten, als die Weimarer Republik in scheinbar ruhigeres Fahrwasser geriet. Bürgerliche Wehrorganisationen wie der Stahlhelm kultivierten weiterhin die in den Anfangsjahren eingeübten Praktiken der politischen Gewalt. In stark ritualisierten Kämpfen machten sich rechte und linke paramilitärische Organisationen öffentlich das Terrain streitig. Festliche Anlässe wie das Abhalten von »Deutschen Tagen« oder das Feiern von Fahnenweihen auf öffentlichen Plätzen boten für die theatergleiche Aufführung paramilitärischer Gewaltspiele reichlich Gelegenheit. Zugleich wurden im Akt der Gewalt Ideale von Männlichkeit und Gemeinschaft erlebbar, aus denen die Wehrverbände einen Großteil ihrer Anziehungskraft bezogen.

Zur Militarisierung der politischen Kultur trug auch die verwendete kriminalbiologische Semantik bei. Die bürgerlich-nationalen Zeitungen stilisierten Kommunisten zu »Verbrechern« und »Schädlingen«, die als »Übel am Volkskörper« keinen Platz im politischen Raum hatten. Dass die SPD mit diesen »Verbrechern« im Herbst 1923 in Sachsen und Thüringen politisch kooperieren wollte, rückte auch die Sozialdemokraten in die Nähe des »spartakistischen Pöbelhaufens« und festigte noch einmal das ohnehin schon gepflegte Feindbild des »Marxismus«, das zwischen Sozialdemokraten und Kommunisten kaum einen Unterschied machte.[19] Diese rhetorische Strategie der Entdifferenzierung, die von ideologischer Weltsicht wie von demagogischer Absicht geleitet war, wurde Ende der 1920er-Jahre fortgeführt. Mittels Dramatisierung und Emotionalisierung trug die bürgerlich-nationale Presse dazu bei, das aggressive Auftreten des Stahlhelms und zunehmend auch das der nationalsozialistischen Sturmabteilung (SA) als Notwehr zu legitimieren, die im Zeichen nationaler Einheit den offenen Bürgerkrieg verhindere.

Bei aller Stilisierung der NSDAP zur ordnungsstiftenden Anti-Bürgerkriegspartei zählte zu den Voraussetzungen des nationalsozialistischen Erfolgs aber auch die Gewaltpropaganda der SA. Nach bescheidenen Anfängen als Ordnungsdienst bzw. als

»Turn- und Sportabteilung« der Partei (1920/21) hatte sie sich mittlerweile in eine schlagkräftige paramilitärische Truppe verwandelt. Dem Kampfbund, der sich aus verschiedenen sozialen Schichten rekrutierte und der überwiegend Jugendliche sowie junge Erwachsene anzog, schlossen sich vor allem Menschen an, deren »soziale Flugbahn« (Pierre Bourdieu) nach unten wies.[20] Vor diesem Hintergrund versprach die Mitgliedschaft emotionalen Halt, aber auch ganz handfeste Vorteile wie die Teilhabe an verschiedenen Selbsthilfeeinrichtungen. Die überwiegende Mehrheit der SA-Leute war arbeitslos. Das jugendliche Erscheinungsbild des Kampfbunds, das auch zur generationellen Selbstermächtigung genutzt wurde, basierte auf einer Jugendarbeitslosigkeit, deren Ausmaß eine für die Mobilisierung neuer Mitglieder entscheidende Gelegenheitsstruktur schuf.

Für SA-Leute war Gewalt nicht nur Mittel zum Zweck. Gewalt war zentraler Bestandteil ihres Lebensstils. Erst durch den Akt der Gewalt konstituierte sich ihre Tat-Gemeinschaft. Weit davon entfernt, bloß in Notwehr zu handeln, ging die SA seit Ende der 1920er-Jahre verstärkt gegen Kommunisten und Sozialdemokraten vor. Manche Aktionen hatten auch eine dezidiert antisemitische Stoßrichtung. Durch den ebenso gezielten wie kalkulierten Einsatz von Gewalt schuf die SA zu einem Gutteil selbst das Chaos, dessen Überwindung die nationalsozialistische »Ordnungsmacht« versprach.[21]

Während in Berliner Arbeiterkiezen durchaus Dynamiken gegenseitiger Provokation, also Wechselwirkungen zwischen kommunistischer und nationalsozialistischer Gewalt zu beobachten waren, lagen viele SA-Hochburgen in Gegenden, die von Kommunisten nur schwach bevölkert waren – also vor allem in protestantisch-ländlichen Regionen wie Schlesien, Ostpreußen oder Schleswig-Holstein. Darüber hinaus galt mindestens die Hälfte der Gewaltaktionen den Sozialdemokraten, so dass die (Selbst-)Stilisierung der NSDAP zur Anti-Bürgerkriegspartei, die Deutschland vor der »bolschewistischen Gefahr« rette, wenig mit realen Begebenheiten und viel mit rhetorischen Kampfstrategien sowie politisch-kulturellen Wahrnehmungsmustern zu tun hatte.

Oberste Maxime der SA-Gewaltpropaganda war die physische Eroberung und symbolische Besetzung des öffentlichen Raums. »Wer die Straße erobern kann«, so erklärte der Berliner Gauleiter und Chef der Reichspropagandaleitung Joseph Goebbels, »kann auch einmal den Staat erobern«. Die Straße diente als Bühne für die Generalprobe der Machteroberung von 1933/34. Visuell unterstützt durch Fahnen, Banner und Standarten als Feldzeichen des künftigen Sieges und akustisch raumfüllend durch das Schmettern von Kampfliedern, das Spielen von Marschmusik und das Skandieren von Slogans wie »Tod dem Marxismus« war die SA unübersehbar und unüberhörbar. Sie war ein effektvolles Medium, mit dem die NSDAP im Zeitalter des demokratischen Massenmarkts Aufmerksamkeit erzeugen konnte.[22]

Die symbolische Topografie der SA-Gewaltpropaganda umfasste die Formation von Marschkolonnen in großstädtischen Arbeitervierteln; die am Ende fast flächendeckende Inszenierung militanter Spektakel auf dem Land; den Versuch einer Besetzung ganzer Mittelstädte (die im großen Stil allerdings nur ein einziges Mal gelang, nämlich 1931 in Braunschweig); sowie Saalschlachten als Teil der Versammlungspropaganda und Prügeleien um Lokale, die Knotenpunkte bündischer Kommunikation darstellten.[23] Die körperliche Repräsentation von Geschlossenheit, Ordnung und zielgerichteter Bewegung machte die SA zum festen Bestandteil nationalsozialistischer »Demonstrationspropaganda«.[24]

Wahlkampfstrategisch bedeutender war indes die Versammlungspropaganda der NSDAP. Seit 1930 übertraf Hitlers Partei SPD und KPD hinsichtlich der Versammlungsdichte zum Teil deutlich. Den bürgerlichen Parteien, die sich mit Massenagitation traditionell schwer taten, war sie in dieser Hinsicht ohnehin überlegen. In den Jahren ihres massiven Stimmenzuwachses überzog die NSDAP auch entlegene Landstriche mit einem Netz von Massenveranstaltungen, die choreografisch immer stärker durchkomponiert und bei aller regionalen Vielfalt bis zu einem gewissen Grad standardisiert waren. Gemäß den Richtlinien der Propaganda-Abteilung, wie sie Ende 1928 von ihrem stellvertretenden Leiter Heinrich Himmler festgehalten wurden, waren in einem Gau im Zeitraum von gut einer Woche etwa »70 bis 200 Versammlungen« abzuhalten.[25] 1928 hatte die NSDAP eine Rednerschule eingerichtet, die Parteimitglieder systematisch zu verlässlichen Agitatoren ausbildete. Im Vorfeld der Reichstagswahlen von 1930 konnte die Partei bereits auf 1 000 geschulte Redner zurückgreifen, die insgesamt 34 000 Wahlveranstaltungen bewältigten. Zwei Jahre zuvor waren es noch 300 Redner gewesen, die insgesamt 20 000 Veranstaltungen bestritten hatten.[26]

Höhepunkt der Versammlungspropaganda waren die vier Wahlkampfreisen, die Hitler im »Superwahljahr« 1932 per Flugzeug unternahm. Als »Deutschlandflüge« zelebriert, ermöglichten sie es Hitler, zwischen April und November fast 150 Massenkundgebungen abzuhalten – ein wahlkampfgeschichtliches Novum in der deutschen Geschichte. Im Durchschnitt sprach der NS-Führer dreimal pro Tag jeweils vor 20 000 bis 30 000 Menschen; die größten Veranstaltungen zählten mehr als 100 000 Teilnehmer. 1932 erreichte Hitler ein Millionenpublikum.

Aus ihrer regen Versammlungstätigkeit konnte die NSDAP gleich mehrfach Kapital schlagen: Zum einen finanzierte sich die Partei zu großen Teilen nicht nur aus Mitgliedsbeiträgen, sondern auch aus den Eintrittsgeldern, die man für den Besuch einer Veranstaltung verlangte. Zum anderen ließen sich Versammlungen über unmittelbare Effekte der Wählerwerbung und der Binnenintegration von Mitgliedern hinaus medial ausschlachten. Grundsätzlich ist NS-Propaganda als Medienverbund zu denken.[27] Die Parteizeitungen, deren Auflagenstärke für die Zeit der heißen Wahlkampfphase verdreifacht wurde, waren von der im Vorjahr gegründeten Reichspressestelle dazu angehalten, Hitlers Wahlkampfmarathon »scheinwerferartig« zu verfolgen und darüber auf den ersten beiden Seiten Tag für Tag »in allergrößtem Stile« zu berichten.[28] Zu diesem Zweck wurden Sonderberichterstatter eingesetzt und in verschiedenen Städten so genannte Meldekopfstationen eingerichtet, um flächendeckend eine schnelle Verbreitung der neuesten Nachrichten über Hitlers Wahlkampfreise zu gewährleisten. Mit Hilfe effektvoller Panoramaaufnahmen und Fotomontagen wurde die Berichterstattung entsprechend aufbereitet.

Ein Gutteil des Bildmaterials, mit dem die NS-Presse beliefert wurde, stammte von Hitlers »Leibfotograf« Heinrich Hoffmann, der die NSDAP seit 1923 fotografisch vermarktete und der den Parteiführer auch 1932 auf seiner Wahlkampfreise begleitete. Hoffmann war an der Initiierung und Professionalisierung der fotografischen Bildpropaganda der Nationalsozialisten maßgeblich beteiligt. Er war treibende Kraft bei der Gründung des *Illustrierten Beobachters* im Jahr 1926 und machte die Zeitschrift zum zentralen Organ nationalsozialistischer Fotopropaganda. Darüber hinaus publizierte er Postkarten, Fotobroschüren und Bildbände mit Hitlermotiven. *Hitler über Deutschland* (1932) vermittelte das Bild eines nicht nur über Deutschland schwebenden, sondern auch über jeden »Klassenkrieg« erhabenen Führers, der das deutsche Volk einte.

Für die Weimarer Zeit eher unüblich, warb die NSDAP von 1932 an auch auf Plakaten mit Hitlers Konterfei. Wurden Wahlplakate sonst überwiegend mit Hilfe symbolischer Zeichnungen gestaltet, wobei manche Plakate von einer gewissen Textlastigkeit charakterisiert waren, warb die NSDAP im Vorfeld des zweiten Wahlgangs der Reichspräsidentenwahl mit einer Fotomontage von Hitlers Kopf auf schwarzem Grund, auf dem in weißen Lettern in schnörkelloser Schrift sein Name prangte.

Darüber hinaus wurde Hitler nicht mehr bloß in Posen kämpferischer Entschlossenheit und rednerischer Emphase gezeigt. Er wurde den Menschen jetzt auch als »Mensch« nähergebracht. Wenngleich zum Führer auserkoren, war er doch letztlich »einer von ihnen« – das war der Tenor der nationalsozialistischen Propaganda im Jahr 1932. Mit dem Material des Bildbands *Hitler*

Hitler auf einem Plakat zur Reichspräsidentenwahl im März 1932.

wie ihn keiner kennt wurde ein Wahlkampfplakat gestaltet, das in Form einer Fotocollage Eindrücke aus Hitlers »Privatleben« zu vermitteln versprach: Hitler mit Lieblingshund in den Bergen, Hitler umrahmt von zwei Kindern in Lederhosen, Hitler im Gespräch mit einem »deutschen Arbeiter« – Hitler, »der Sohn des Volkes«.[29]

Die große Bedeutung, die der Hitler-Ikonografie sowohl für die Mitgliederintegration als auch für die Wählerwerbung zukam, beruhte nicht zuletzt auf einer weit verbreiteten »Führererwartung«. Der »Ruf nach dem Führer« war eines der Strukturmerkmale von Deutschlands politischer Kultur nach dem Ersten Weltkrieg. Oftmals radikalisierte sich der bloße Wunsch nach handlungsfähigen Eliten und gipfelte in einer von Erlösungshoffnungen geprägten Suche nach dem heilbringenden »Retter«. Auch die vermehrte Thematisierung des Außenseitertums als Bedingung politischer Führerschaft schuf den Resonanzraum dafür, dass die auf Hitler bezogene Zuschreibung charismatischer Autorität ein breiteres Echo finden konnte. Der Außenseiter setzte dem geregelten Betrieb der parlamentarischen »Maschine« und des bürokratischen »Apparats« das Außeralltägliche des »ganz Anderen«, des unmittelbar Persönlichen entgegen.[30]

Die NSDAP inszenierte sich als charismatische Führerpartei, bedurfte aber einer bürokratischen Maschinerie, mit deren Hilfe sie ihre Propaganda professionalisieren konnte. Die Kombination aus charismatischem Glauben, den es bei Hitlers engster Gefolgschaft gab, und bürokratischer Institutionalisierung brachte Synergien hervor, die den Aufstieg der NSDAP mit ermöglichten.[31] Dieser Entwicklung waren innerparteilich wichtige Weichenstellungen vorausgegangen: Zunächst einmal musste sich die Überzeugung durchsetzen, dass Hitler sowohl »Führer« der Partei als auch eines »erwachten« Deutschland sei. Hitler selbst brauchte einige Zeit, um zu dieser Vorstellung zu gelangen. Der Gedanke, dass er nicht nur ein Reden schwingender »Trommler« und »Wegbereiter« einer »nationalen Wiedergeburt«, sondern selbst der sehnsüchtig erwartete »Führer« sei, kam ihm erst nach dem gescheiterten Putschversuch vom November 1923 während seiner Haft im bayerischen Landsberg. Seine engste Gefolgschaft war schon vorher davon überzeugt. Ende 1922, nachdem die italienischen Faschisten erfolgreich ihren »Marsch auf Rom« inszeniert hatten, war er für manche bereits der »deutsche Mussolini«. Andere Parteigenossen brauchten indes länger, um Hitlers Führungsposition zu akzeptieren. Joseph Goebbels, der dem stärker sozialistisch orientierten Flügel um die Gebrüder Straßer angehörte, ließ sich erst 1926 »bekehren«, nachdem Hitler auf einer Versammlung regionaler Parteiführer in Bamberg seinen Führungsanspruch hatte durchsetzen können. »Ich liebe ihn«, schrieb Goebbels in sein Tagebuch und avancierte in der Folgezeit zu einem wichtigen Dramaturgen der Inszenierung von Hitlers Charisma.[32] Noch im selben Jahr wurde »Heil Hitler«, nach dem Vorbild der italienischen Faschisten, als verbindliche Grußformel für Parteimitglieder festgelegt.

Differenzen mit dem »linken« Parteiflügel bestanden allerdings fort und gipfelten in Gregor Straßers erzwungenem Rücktritt von allen Parteiämtern Ende 1932. Erst im Zuge der Machtmonopolisierung von 1933/34 wurden die innerparteilichen Richtungskämpfe endgültig beendet. Ende Juni, Anfang Juli 1934 ließ Hitler seine Gegner in einer von Gestapo und Schutzstaffel (SS) geleiteten Mordaktion ausschalten. Der als »Staatsnotwehr« legitimierten Aktion fielen fast hundert Menschen zum Opfer, darunter neben SA-Stabschef Ernst Röhm und General Kurt von Schleicher auch Gregor Straßer.

Dabei hatte es Hitler zu großen Teilen Straßer zu verdanken – der zur Weimarer Zeit vor allem auf norddeutsche Nationalsozialisten großen Einfluss ausübte –, dass sich die NSDAP in eine straff organisierte Parteimaschine und ein effektives Instrument der Mitglieder- und Wählerwerbung verwandelt hatte. So betrieb Straßer insbesondere die Gründung spezifischer Interessenorganisationen, um eine auf Berufsgruppen abgestimmte Propaganda zu erleichtern. Besonders erfolgreich war der Studentenbund der Nationalsozialisten; doch auch ein Juristenbund, ein Ärztebund, ein Kampfbund für Deutsche Kultur und ein Kampfbund des gewerblichen Mittelstands ermöglichten es der Partei, gezielt in die Sphären einzelner Berufsgruppen vorzustoßen. Der Agrarpolitische Apparat des späteren Reichsbauernführers Richard Walther Darré war treibende Kraft bei der politischen Mobilisierung der Landbevölkerung.[33]

Den Faktoren Organisation und Propaganda maß die NSDAP für ihre Strategie der Machteroberung also entscheidende Bedeutung bei. Die Vorstellung von der Relevanz und Durchschlagskraft propagandistischer Arbeit speiste sich aus verschiedenen Quellen. Zum einen war man beeinflusst von der »Entdeckung« der »Massen« durch die Wissenschaft: Wegweisend war hier Gustave Le Bons Werk *Psychologie des foules* aus dem Jahr 1895, das die Vernunftbegabung des Einzelnen in Frage stellte und die emotionale Verführbarkeit einer vermeintlich dumpfen »Masse« ins Blickfeld rückte. Das Postulat, dass »die Masse« vor allem durch Bilder manipulierbar sei, teilte Hitler. Darüber hinaus sah er, wie aus *Mein Kampf* hervorgeht, eine Schnittmenge zwischen politischer Propaganda und kommerzieller Werbung: Wie beim Anpreisen von Seife müsse man bei »politischer Reklame« völlig einseitig und subjektiv vorgehen. Durch die Wiederholung des Immergleichen, nicht durch abwägende Aufklärungsarbeit erreiche man die »Massenseele«.

Ebenfalls aus *Mein Kampf* ist ersichtlich, dass Hitler von der Propaganda der Alliierten im Ersten Weltkrieg fasziniert war. Insbesondere die britische Kriegspropaganda galt ihm als Vorbild für schlagkräftige Meinungsmache. Und nicht zuletzt orientierten sich die Nationalsozialisten an den Methoden der Arbeiterbewegung – *dem* Vorbild für eine erfolgreiche Massenbewegung. Was die Wahl der symbolischen Bildsprache betraf, ließ man sich stark von den Ideen kommunistischer Agitation inspirieren. Das Symbol des »Arbeiterriesen« prangte auf Plakaten der KPD wie auf denen der NSDAP. In Zeitungen und Flugschriften beider Parteien waren Zeichnungen zu finden, die dem schwächlichen »Bourgeois« wie dem selbstzufriedenen »Bonzen«, dem gewinnsüchtigen »Schieber« wie dem korrupten »Politikanten« die Stärke, Tatkraft und Opferbereitschaft des Arbeiters gegenüberstellten.

Tatsächlich unternahm die NSDAP große Anstrengungen, die deutsche Arbeiterschaft für sich zu gewinnen. Sie war der Hauptadressat der nationalsozialistischen Plakatpropaganda. Man präsentierte sich als Verkörperung eines »deutschen Sozialismus«, der »Freiheit, Arbeit und Brot« bringe und »Schluss« mache mit dem Weimarer »Lügensystem«. Als wichtigsten Stützpfeiler des »marxistischen Novemberstaats« und traditionell stärkste Partei der Weimarer Republik galt es in erster Linie die SPD zu besiegen.[34] Demgegenüber traten »die Juden« als Zielobjekt nationalsozialistischer Propaganda seit 1930 eher in den Hintergrund.

Weltanschauliche Prämissen und strategische Prioritäten waren nicht unbedingt deckungsgleich. Die Nationalsozialisten richteten ihre Wahlkampfangebote immer zielgenauer auf die Erwartungen wichtiger Wählergruppen aus, ohne sich sonderlich darum zu kümmern, ob ihre Parolen ideologisch konsistent waren und zentrale Zielvorstellungen wie die »Entfernung der Juden« oder die Gewinnung von »Lebensraum im Osten« widerspiegelten. Das Wählerpotential, das man mit Hilfe des Radau-Antisemitismus eines Julius Streicher, Herausgeber des hetzerischen Boulevardblatts *Der Stürmer*, ausschöpfen konnte, war begrenzt.

Dennoch muss die Auffassung, dass die Nationalsozialisten die antisemitische Stoßrichtung ihrer Propaganda zur Zeit ihrer größten Wahlerfolge stark abgeschwächt hätten, präzisiert werden. Zum einen gab es regionale Unterschiede; zum anderen ist zwischen verschiedenen Medien zu unterscheiden: Während der Antisemitismus in der reichsweiten Plakatpropaganda sowie in Hitlers Wahlkampfreden von 1930 an tatsächlich keine dominante Rolle spielte, kam er in Presseorganen wie dem *Völkischen Beobachter*, dem Stuttgarter *NS-Kurier* oder Goebbels' Berliner Gauzeitung *Der Angriff* auch weiterhin zum Ausdruck. Darüber hinaus wurden antisemitische Stereotype nach wie vor reproduziert: zum Beispiel in Karikaturen in Form physiognomisch einschlägiger Überzeichnungen oder in zeitgenössisch entsprechend aufgeladenen Begriffen wie »Drahtzieher«, »Börsenspekulant« oder »Zersetzer des Volkskörpers«.[35]

Die thematische Ausrichtung der NS-Propaganda und ihre organisatorische Professionalisierung scheinen zum Wahlerfolg der Nationalsozialisten durchaus beigetragen zu haben. Eine Analyse des Wahlverhaltens in mehr als 200 hessischen Gemeinden in den Jahren 1931/32 kommt zu dem Ergebnis, dass die Intensität der NS-Propaganda bei Wählern des konservativ-nationalen Milieus »den Ausschlag zur Wahlentscheidung für die Nationalsozialisten« gegeben habe.[36] Dieses Resultat wird von anderen Regionalstudien bestätigt. Im »roten« Freistaat Sachsen begünstigten offenbar die rege Versammlungstätigkeit der Nationalsozialisten sowie das von ihnen vermittelte Bild einer dynamischen Jugendlichkeit und unbändigen Tatkraft den politischen Wechsel im konservativ-nationalen Milieu. Vor allem im Vogtland und im Erzgebirge, wo zudem Ressentiments gegen die wirtschaftliche Konkurrenz aus der tschechischen Nachbarregion geschürt werden konnten, gelang es der NSDAP vor dem Hintergrund der Weltwirtschaftskrise, neben dem Mittelstand auch einen signifikanten Teil der Arbeiterschaft zu mobilisieren. In den Industrieregionen um Leipzig und Dresden-Bautzen traf sie hingegen auf die Widerstände eines eng vernetzten sozialistischen Milieus.[37]

Bei der Erforschung von Rezeption und Wirkung der NS-Propaganda gibt es indes noch Klärungsbedarf. Genauer zu untersuchen ist beispielsweise die Frage, ob die adressatenorientierte Propaganda der Nationalsozialisten vielerorts auch deswegen funktionierte, weil eine mediale Vergesellschaftung nationalen Ausmaßes noch in der Zukunft lag. Es gab eine Vielzahl von regional wie sozio-kulturell spezifischen Kommunikationsräumen, die nur bedingt miteinander korrespondierten, ja teilweise hermetisch voneinander abgeschottet waren. Das erleichterte den Nationalsozialisten die Vermarktung zielgruppenorientierter Angebote, die sich aufs Ganze gesehen eher zu kaleidoskopartigen Konstellationen als zu einem einheitlichen Gesamtbild zusammenfügten.[38] Dass sich die politischen Mobilisierungserfolge der Nationalsozialisten auch auf ein »visuell-symbolisches Vakuum« oder sonstige »Sinnlichkeitsdefizite« der Weimarer Republik zurückführen lassen, erscheint dagegen zweifelhaft.[39]

Mythen und Generationen

Während die revolutionäre Anfangszeit der Weimarer Republik die Möglichkeit ihres Endes insofern mit hervorbrachte, als sie den Keim einer sich gegenseitig forcierenden Dynamik von Bürgerkriegsangst und Gewaltakzeptanz, antisozialistischer Einheitssehnsucht und nationalistischem Aktivismus in sich barg, muss man noch einen Schritt weiter in der Geschichte zurückgehen, um einen zentralen Bestandteil des Bedingungsgefüges in den Blick zu nehmen, das für die Mobilisierungserfolge der Nationalsozialisten von Bedeutung war. Die Rolle des

Ersten Weltkriegs als unmittelbarem Brutalisierungsfaktor ist zwar relativiert worden, seine Relevanz für Deutschlands politische Kultur nach 1918 bleibt aber unbestritten. Die Zeit der Weimarer Republik war in vieler Hinsicht eine Nachkriegszeit.

Von besonderer Bedeutung war der Erste Weltkrieg als Auslöser oder Beschleuniger eines folgenreichen Wandels politischer Vorstellungen. Die seit Ausbruch des Krieges produzierten Mythen und Symbole sollten während der Weimarer Zeit große Wirkung entfalten. Ein zentraler Mythos war das »Augusterlebnis«:

Dieser Mythos bestand aus der Erzählung, dass sich die deutsche Bevölkerung Ende Juli, Anfang August 1914 in einem Zustand nationaler Ekstase befunden und einhellig den Ausbruch des Ersten Weltkriegs bejubelt habe. Tatsächlich aber gingen die Einstellungen der deutschen Öffentlichkeit zum Kriegsausbruch sozial wie regional stark auseinander. Es waren in erster Linie Vertreter des Bürgertums, die sich in Städten wie München oder Berlin auf öffentlichen Plätzen versammelten, um die Nachrichten von der Verkündung des Kriegszustands und der militärischen Mobilmachung nicht nur zu hören, sondern teilweise enthusiastisch zu feiern. Diese öffentlichen Versammlungen unterschieden sich von früheren Ritualen nationalistischer Festkultur insofern, als sie nicht so sehr auf die Armee oder den Kaiser zentriert waren, sondern gewöhnliche Bürger zur Hauptfigur machten. Diese Bürger begannen in einem Akt öffentlicher Willensbekundung, die Nation neu zu entwerfen: als inklusivere, weniger hierarchisch organisierte, ganz auf »Volk« und »Nation« statt auf Kaiser und Staat ausgerichtete Gemeinschaft. Diese Neufassung nationaler Gemeinschaftsbildung begünstigte die Bildung einer politischen Kultur, in der eine Bewegung wie der Nationalsozialismus nicht nur möglich werden, sondern auch gedeihen konnte.[40] Abgesehen von dem realen Kern bürgerlicher Selbstermächtigung war das damals beschriebene »Wunder« der inneren Einheit, das auch als »Geist von 1914« beschworen wurde, eher eine von intellektuellen und politischen Eliten lancierte

Konstruktion, war mehr Erfindung als Realität. Doch auch Erfindungen haben Folgen. Der Mythos vom »Augusterlebnis« beflügelte Deutschlands intellektuelle Eliten, neue politische Ordnungsmodelle zu entwickeln. Die Idee »deutscher Freiheit«, die inmitten korporativ gestalteter Gemeinschaftlichkeit gedeihen sollte, wurde einem liberalen Freiheitsverständnis entgegengehalten, das man als »entarteten« Individualismus verschmähte. Nicht das abstrakte Ideal alles nivellierender Gleichheit, sondern die »organische« Ordnung militärischer Kameradschaftlichkeit diente als Maßgabe politischer Vergesellschaftung.

Bei aller Vielgestaltigkeit und ideologischer Lagerbildung war den diskutierten Ordnungsmodellen gemeinsam, dass sie auf einen mehr oder minder deutlichen Bruch mit der politischen Verfasstheit des Kaiserreichs zielten und den Raum des Denk- und Sagbaren – und damit auch den des Machbaren – erheblich erweiterten. Als dann 1917 mit dem autoritären Zarenreich der Kriegsgegner im Osten zusammenbrach und im Westen mit dem Kriegseintritt der USA ein weiterer parlamentarisch regierter Staat als Kriegsgegner hinzukam, erwuchs aus den Debatten über die »Ideen von 1914« – das heißt auch in steter Wechselwirkung mit staatstheoretischen Diskussionen in den Ländern der Alliierten – ein propagandistisch aufgeladener Gegensatz zwischen »deutscher Freiheit« und »westlicher Demokratie«.

Einer der Begriffe, der infolge des Weltkriegs ins Zentrum der politischen Vorstellungswelt rücken und gleichermaßen die politische Kultur der Weimarer Republik wie des Dritten Reiches mit konstituieren sollte, war der Begriff der »Volksgemeinschaft«. Es ist kein Wunder, dass Wortschöpfungen, die den Volksbegriff beinhalteten, zentraler Bestandteil eines politischen Kommunikationsraums wurden, dessen verfassungsrechtlicher Rahmen »das Volk« zum Souverän erklärte. Während es darüber, wie sich der Volkswille konstituiert und die Repräsentation des Volkes legitimiert, von Beginn an sehr unterschiedliche Vorstellungen gab,[41] war mit der Verwendung des Begriffs der »Volksgemeinschaft« – trotz seines Facettenreichtums – meist das Versprechen verbunden, eine Nation zu bilden, die den Klassenkampf überwinden und gesellschaftliche Konflikte in einer harmonischen Gemeinschaft aufheben würde.[42] Dieses Versprechen war deswegen so attraktiv, weil es in der Bevölkerung auf eine Erwartungshaltung traf, die nicht zuletzt durch nationale Mythen wie das »Augusterlebnis« und den »Geist von 1914« geformt worden war.

Die allgemeine Beschwörung der »Volksgemeinschaft« hatte den paradoxen Effekt, dass sich durch die ständige Artikulation von Sehnsüchten nach nationaler Einheit und Solidarität die politischen Gegensätze weiter verschärften. Die wiederholte Enttäuschung darüber, dass Appelle an die Opferbereitschaft und den Zusammenhalt der »Volksgemeinschaft« ergebnislos verhallten, begünstigte die Aneignung immer radikalerer Nationsvorstellungen. Wie zur Zeit des Weltkriegs gewannen während der Weimarer Republik jene Nationsvorstellungen an Attraktivität, die durch die Ausgrenzung »innerer Feinde« geprägt waren. Die Grenzen einer von dieser Stoßrichtung bestimmten »Volksgemeinschaft« wurden nicht nur entlang von antimarxistischen, sondern auch von ethnischen, rassenbiologischen und antisemitischen Unterscheidungen gezogen.

Die dieser Logik von Inklusion und Exklusion folgende Konstruktion einer »Volksgemeinschaft« bezog ihre scheinbare Plausibilität nicht nur aus Mythen, die während des Ersten Weltkriegs entstanden waren, sondern stieß auch vor dem Hintergrund mythischer Erzählungen auf Resonanz, die im konservativ-nationalen Lager als Reaktion auf Kriegsniederlage, Revolution und Versailler Vertrag erfunden worden waren. Die mit Abstand wirkungsvollste Erzählung, die im Zustand nationaler Verunsicherung neue Verhaltenssicherheit herstellen sollte und dabei schon zur Zeit ihrer Entstehung an den Grundfesten der Republik rüttelte, war die so genannte Dolchstoßlegende. Sie externalisierte die Verantwortung der militärischen Führung, indem Deutschlands »innere Feinde« für die Schmach der Niederlage verantwortlich gemacht wurden. In einer kuriosen Verdrehung der Tatsachen hatte das Deutsche Reich – laut Mythos – den

Krieg nicht so sehr auf dem Schlachtfeld als vielmehr zu Hause verloren. Nicht die Front, sondern die Heimatfront sei das eigentliche Problem gewesen.[43]

Unter dem Einfluss einschlägiger Deutungsmuster, die sich schon vor Kriegsende etabliert hatten, waren die »inneren Feinde« schnell ausgemacht: »Juden« und »Marxisten«. Die »deutsche Nation« hatte mit der Niederlage nicht viel zu tun. So abwegig diese Entlastungsstrategie heute erscheint, so einleuchtend fanden damals viele Deutsche das Bild von den jüdisch-sozialistischen »Novemberverbrechern«, die der deutschen Armee durch revolutionäre »Zersetzungsarbeit« den Dolch in den Rücken gestoßen hatten.

Vor allem die evangelische Kirche hatte vor dem Hintergrund ihrer engen Verflechtung mit dem preußischen Staat eine Kriegstheologie ausgebildet, der zufolge eine Niederlage nur als von Verbrechern begangener Verrat denkmöglich war, weil sonst der Glaubenssatz einer von Gott auserwählten deutschen Nation infrage gestellt worden wäre. Dass selbst der Sozialdemokrat Friedrich Ebert den heimkehrenden Soldaten Anfang Dezember 1918 versicherte, dass kein Feind sie überwunden habe, ist keineswegs nur als politische Integrationsstrategie zu verstehen, sondern spricht für die weite Verbreitung des Mythos von dem im Felde unbesiegten deutschen Heer.

Der Mann, der ganz wesentlich dazu beitrug, dass das nationale Lager aus Kriegsniederlage, Revolution und Versailler Vertrag so viel politisches Kapital schlagen konnte, war Paul von Hindenburg. Der Generalfeldmarschall, dem das Kunststück gelang, als Chef der Obersten Heeresleitung nicht mit dem Makel einer Niederlage behaftet zu werden, für die er in erheblichem Maße verantwortlich gewesen war, galt nicht nur als Symbol nationaler Einheit, sondern auch als Garant für Stabilität und Sicherheit.[44]

Von 1914 bis zu seinem Tod im Jahr 1934 beteiligten sich ganz unterschiedliche gesellschaftliche Gruppen an der Konstruktion des Hindenburg-Mythos. Für die einen war er Weimars Retter,

Hindenburg gibt den Blick frei auf die »Wahrheit« der Dolchstoßlegende. Zeichnung von Werner Hahmann aus dem *Kladderadatsch*, November 1919.

für die anderen sollte er Deutschland vor Weimar retten. Seine Präsenz im öffentlichen Raum war unübersehbar: ob als monumentaler »Wehrmann in Eisen«, als vielseitig verwendbarer Werbeträger oder als massenmediale Koproduktion von Film, Radio und Boulevardpresse.[45] Hindenburg fungierte nicht nur als Popularisierer der Dolchstoßlegende, sondern auch als Fokus eines popularisierten, das heißt plebiszitären Nationalismusverständnisses. Vergleichende Wahlanalysen haben gezeigt, dass zunehmend Hitler der Fokus eines solch volksnahen, volkstümlichen Nationalismus wurde, da viele von denen, die 1925 für Hindenburg als Reichspräsident gestimmt hatten, 1930 und 1932 die NSDAP bzw. Hitler wählten. Die Wählerwanderungen zwischen den beiden Präsidentschaftswahlen von 1925 und 1932 lassen sich aber kaum pauschal mit einer nachlassenden Wirkung des Hindenburg-Mythos erklären. Schließlich konnten die Nationalsozialisten noch nach Hitlers Ernennung zum Reichskanzler diesen Mythos erfolgreich für ihre Zwecke der Machteroberung und Herrschaftsstabilisierung instrumentalisieren.[46]

Zugleich profitierte Hitler von der medialen Popularisierung des Kameradschafts- und Frontkämpfermythos, der sich seit Ende der 1920er-Jahre nicht zuletzt auf literarischem Wege verbreitete und dem Status des Generalfeldmarschalls zunehmend Konkurrenz machte.[47] In der so genannten Kriegsliteratur vollzog sich ein Perspektivwechsel vom strategisch genialen Feldherrn zum Frontsoldaten des Schützengrabens, der den Krieg am eigenen Leib hautnah erlebt hatte und Teil einer »Frontgemeinschaft« gewesen war. Mit diesem Perspektivwechsel war auch ein ästhetischer Formwandel verbunden, der darin bestand, dass man sich zusehends von einer Orientierung an den überkommenen Genres von Autobiografie und historischem Roman löste und mit Hilfe fiktionaler Erzähltechniken eine Unmittelbarkeit und Intensität des »Kriegserlebnisses« erzeugte, die zugleich mit dem Anschein erlebnisgeschichtlicher Authentizität versehen wurden. Die Suggestion historischer Authentizität speiste sich auch aus der Tatsache, dass die Autoren zu einem Großteil den Krieg tatsächlich im Schützengraben erlebt hatten.

Auch außerhalb der Kriegsliteratur etablierte sich im öffentlichen Raum ein Kameradschaftsmythos, dessen Bedeutung zwar von Milieu zu Milieu variierte, der aber milieu- und generationenübergreifend vom Zusammenhalt einer von Männlichkeit, Tapferkeit, Aufopferung, Ehre und Harmonie geprägten Frontgemeinschaft erzählte. Aus dem Unsinn des Ersten Weltkriegs schöpfte man als Teil einer vielgestaltigen Bewältigungsstrategie ein sinnstiftendes Symbol mit großer Wirkmächtigkeit. Gerade im nationalen Lager, in dem auch der Freikorpsmythos eine maßgebliche Rolle spielte, diente der Kameradschaftsmythos als Ideenspender für den Entwurf einer konfliktfreien Zukunft glückseliger Konformität, die sich sowohl von einer vermeintlich krisenhaften Gegenwart gesellschaftlicher Atomisierung und Polarisierung als auch von einer durch das Trauma der Niederlage überschatteten Vergangenheit abhob.[48]

Dass ausgerechnet Hitler von der Popularisierung dieses Mythos profitieren sollte, lag keineswegs auf der Hand. Im Ersten

Weltkrieg hatte der Gefreite als Meldegänger gedient und sich meist einige Kilometer hinter den vorderen Linien im Kreis der Stabsoffiziere aufgehalten. Die räumliche Nähe zum Regimentsstab hatte ihm nicht gerade den Ruf großer Kameradschaftlichkeit eingetragen. Aus Sicht der Frontsoldaten schien eher der Ausdruck »Etappenschwein« zutreffend. Wenngleich nicht ungefährlich, hatte Hitlers Kriegseinsatz recht wenig mit der Zugehörigkeit zu einer »Frontgemeinschaft« zu tun. Auch Hitlers Auszeichnung mit dem Eisernen Kreuz I. Klasse – eine Ehrung, die einfachen Soldaten nur selten zuteil wurde – ist weniger als Beweis für heldenhafte Taten im Dienste der »Kameraden« denn als Indiz für gute Kontakte zu den Offizieren des Regimentsstabs zu deuten.[49]

Umso bemerkenswerter war die Tatsache, dass Hitlers »Kriegserfahrung« als »Gründungsmythos der nationalsozialistischen Bewegung« inszeniert wurde.[50] Medialen Ausdruck fand Hitlers Kriegsmythos zunächst in der programmatischen Autobiografie *Mein Kampf*, die der nationalsozialistischen »Idee« erfahrungsgeschichtliche Legitimität verleihen sollte. Das Buch verkaufte sich bis Ende 1932 fast 230 000 Mal und wurde entgegen der Mär vom »ungelesenen Bestseller« weit rezipiert.[51] 1924 während Hitlers Inhaftierung verfasst, schilderte der erste Band von *Mein Kampf* die bedeutsamen Erfahrungen, die der Autor bei seinem vierjährigen Einsatz an der Westfront vermeintlich gemacht hatte, und die politischen Einsichten, die sich für ihn daraus ergaben. Es war der Versuch, Lebens- und Weltgeschichte effektvoll miteinander zu synchronisieren. Die Kriegsteilnahme diente nicht nur als Ausweis politischer Autorität, sondern wurde als scheinbares Erweckungserlebnis auch zur Quelle weltanschaulicher Inspiration stilisiert. Auch Hitler bediente das Bedürfnis, die Niederlage dadurch zu bewältigen, dass man dem Krieg einen zukunftsweisenden Sinn gab. Im Einklang mit der Dolchstoßlegende leitete Hitler aus seinem »Kriegserlebnis« die Erkenntnis ab, dass das »geknechtete« Deutschland nur dann wiedererstehe, wenn es sich von »Marxisten« und »Juden« befreie.

Teil der Beziehungsgeschichte von Nationalsozialismus und Erstem Weltkrieg war auch die (Selbst-)Stilisierung der NS-Bewegung zu einer Bewegung der »jungen Generation«. Die politische Kultur der Weimarer Republik wurde nicht nur von der generationellen Selbstermächtigung ehemaliger Frontkämpfer geprägt. Auch jene, die den Krieg als Kinder oder Jugendliche an der »Heimatfront« erlebt hatten, produzierten parallel zur Hochphase der Frontkämpferliteratur mythische, um den Ersten Weltkrieg kreisende Generationenerzählungen. Neben der Frontkämpfergeneration konstituierte sich im öffentlichen Raum jetzt auch eine »Kriegsjugendgeneration«. Während erstere die Jahrgänge des Jahrzehnts vor 1900 umfasste, gehörten letzterer die Jahrgänge des Jahrzehnts nach 1900 an.

Exemplarisch für die Literatur der Kriegsjugendgeneration steht das Buch von Ernst Günther Gründel *Die Sendung der jungen Generation* aus dem Jahr 1932. Mit Hilfe einer Generationenerzählung, die das »heimatliche Kriegserlebnis« zum Mythos eines neuen Anfangs erhob, versuchte Gründel den Führungsanspruch einer politischen Avantgarde zu formulieren, die emphatisch im 20. Jahrhundert verortet war und weltanschaulich wie habituell die künftige Gesellschaftsordnung in der gegenwärtigen »Krise« vorwegnahm. Für Gründel verlieh der Nationalsozialismus dem »Geist der Jungen Generation« politischen Ausdruck.[52] Gemeinhin als »Partei der Jugend« apostrophiert, konnte die NSDAP dominante Tendenzen des zeitgenössischen *generation building* tatsächlich in symbolisches Kapital ummünzen. Auch in dieser Hinsicht profitierte Hitlers Partei von einer politischen Kultur, deren zentrales identitätsstiftendes »Generationenobjekt« der Erste Weltkrieg war.[53] Außerdem kam ihr zugute, dass unter anderem als Folge der Jugendbewegung, die seit der Jahrhundertwende im Bürgertum großen Zulauf hatte, Jugendlichkeit immer mehr als Wert an sich begriffen wurde und insbesondere auf Grund der Mythisierung von Weltkriegsereignissen wie der »Schlacht von Langemarck«, die zum Sinnbild für Patriotismus und Opferbereitschaft der Jugend wurde, auch kämpferisch und heroisch konnotiert war. »Jugend« wurde immer mehr zu einem Zukunfts- und Verheißungsbegriff, der bellizistisch und antipluralistisch aufgeladen und zudem männlich kodiert war. Wer von »junger Generation« sprach, meinte in der Regel junge Männer – zukunftsgestaltend, tatkräftig, willensstark. Weiblich war dagegen »die Masse« – gegenwartsbezogen, konsumorientiert, verführbar. Inmitten eines Wandels der Geschlechterverhältnisse wurde von männlicher Seite ein Generationendiskurs vorangetrieben, der den politischen Einfluss nicht nur von älteren Männern, sondern auch von Frauen begrenzen wollte.[54]

Mit einem deutlich niedrigeren Altersdurchschnitt als die meisten anderen Parteien und einem Männeranteil von mehr als 90 Prozent fiel es der NSDAP nicht schwer, sich als Verkörperung eines männlichen Jugendlichkeitsideals sowie als legitimer Vertreter der »jungen Generation« darzustellen. Zwischen 1925, dem Jahr ihrer Neugründung, als die Partei weniger als 30 000 Mitglieder hatte, und dem Zeitpunkt von Hitlers Machtübernahme, als ihr rund 850 000 Mitglieder angehörten, lag das durchschnittliche Alter von Neuzugängen bei 31 Jahren. In der Regel waren Parteigenossen, die übrigens aus allen sozialen Schichten kamen, zwischen 21 und 40 Jahre alt. Im neu gewählten Reichstag von 1930 machten Abgeordnete unter 40 Jahren bei der NSDAP rund 60 Prozent aus; bei der SPD waren es gerade einmal zehn Prozent. Goebbels' Diffamierung der Weimarer Republik als »Republik der Greise« (1926) und Straßers Slogan »Macht Platz, ihr Alten!« (1927) hatten daher in der Mitgliederstruktur der Parteien einen realen Erfahrungshintergrund.

Dieser reale Hintergrund wird auch von neueren Studien über die Kriegsjugendgeneration hervorgehoben. Schon der Journalist und Historiker Sebastian Haffner – Jahrgang 1907 und damit selbst Teil dieser Alterskohorte – hatte in seinen zeitnah verfassten Jugenderinnerungen bemerkt, dass »die eigentliche Generation des Nazismus [...] in der Dekade 1900 bis 1910« geboren sei.[55] Die jüngere Forschung betont, dass ein Großteil des Führungspersonals im 1939 gebildeten Reichssicherheitshauptamt (RSHA), der »Kerngruppe des Genozids« (Ulrich Herbert), aus Angehörigen der Kriegsjugendgeneration bestanden habe. Hier spielten offenbar generationelle Sozialisationserfahrungen eine entscheidende Rolle bei der Ausprägung einer Weltanschauung, die auf der Einheit von »Führerschaft«, »Tat« und »Entschiedenheit« beruhte. Für die Kriegsjugendgeneration war der Erste Weltkrieg zum »bohrenden Stachel der verpassten Chance« geworden. Viele fühlten sich um ihren Moment der Bewährung gebracht. Krieg war an der »Heimatfront« zum elementaren Bestandteil des Erfahrungsraums geworden – als Spiel und Abenteuer sowie als Versprechen auf Ruhm, Ehre und Heldentum. Das Kriegsende traf heranwachsende junge Männer wie ein Schock. Gegenüber den Frontkämpfern war ihnen ihr Erfahrungsdefizit schmerzlich bewusst. Vielen von ihnen wurde es zum Ansporn, »etwas Eigenes« zu schaffen: durch den radikalen »Bruch mit der Vergangenheit« und den »Entwurf einer neuen Welt«.[56]

Angesichts der Tatsache, dass vom Führungspersonal des RSHA zwei Drittel studiert hatten, knapp die Hälfte davon sogar bis zur Promotion, empfiehlt sich zudem ein Blick auf die Hochschule als wichtige Sozialisationsinstanz. Zur Zeit der Weimarer Republik waren viele Universitäten Hochburgen völkischen Denkens, und 1931 gelang es dem Nationalsozialistischen Deutschen Studentenbund, die Macht über den universitären Raum zu erobern. Dann nämlich setzte sich erstmals ein Nationalsozialist an die Spitze der Deutschen Studentenschaft. Dass sich die Berufsaussichten für Akademiker schon in den Jahren zuvor rapide verschlechtert hatten, trug nicht gerade dazu bei, Studenten von den Vorzügen eines pluralistischen Gemeinwesens zu überzeugen. Die unter Zeitgenossen viel diskutierte »Schrumpfung« des »Lebensraums für den geistigen Arbeiter« begünstigte eine Ausweitung des Möglichkeitsraums alternativer Ordnungsmodelle.[57]

Die Bedeutung von Institutionen für Prozesse generationeller Vergemeinschaftung ist zentral. Analytisch kann man »Generationen« immer nur für eng umgrenzte Gruppen plausibel machen. In den Geburtsjahrgängen 1900 bis 1908 hatten männliche Jugendliche aus den mittleren sozialen Schichten schon an Volksschulen, Realschulen und Gymnasien Lernerfahrungen gemacht, die sie für nationalistische, militaristische und bellizistische Überzeugungen prädisponierten.[58] Generationelle Differenzerfahrungen wurden durch Vaterlosigkeit und Autoritätsverfall begünstigt, vor allem aber durch die Einführung der so genannten Kriegspädagogik, die den Krieg ins Zentrum des Unterrichtsgeschehens rückte, Opferbereitschaft fürs Vaterland weckte und Fantasien über heldenhaftes Soldatentum entfachte.

Kriegsjugendliteratur und Bestseller wie Walter Flex' *Der Wanderer zwischen beiden Welten* (1916) lieferten neben einschlägigen Groschenromanen weitere Anregungen für die jugendliche Fantasie; der »vaterländische Hilfsdienst« schwor »Jungmannen« in Form von Feldarbeit und anderen Tätigkeiten auf die Nation als Schicksalsgemeinschaft ein; und vormilitärische Erziehungseinrichtungen wie Jugendwehren und Jugendkompanien machten mit Symbolen und Verhaltensstilen des Militärs vertraut. Dass Deutschland den Krieg verloren haben sollte, war Jugendlichen vor dem Hintergrund ihrer Lernerfahrungen unbegreiflich. Männliche Jugendliche aus dem Bürgertum gehörten von Beginn an zu den gläubigsten Anhängern der Dolchstoßlegende. Die Anfangsjahre der Weimarer Republik mit Revolution, Inflation und Ruhrkampf boten dann weitere Gelegenheit zur politischen Radikalisierung. Nicht wenige Angehörige der Kriegsjugendgeneration schlossen sich paramilitärischen Freikorps an, um »Deutschland« (nicht Weimar) schließlich doch noch im Kampf zu »verteidigen« und die während des Krieges eingeübten Verhaltensmuster zur vollen Entfaltung zu bringen.

3 Formierung eines Weltanschauungsfelds

Adolf Hitler und Julius Streicher, Herausgeber des antisemitischen Hetzblattes »Der Stürmer«, in München, 1925.

Wurden bislang vor allem die politischen und kulturellen Erfolgsbedingungen der NS-Bewegung diskutiert, werden jetzt ihre ideengeschichtlichen Entstehungsbedingungen betrachtet. Damit rücken Genese und Konstituierung des nationalsozialistischen »Weltanschauungsfelds« in den Blickpunkt.[1] Von einem Weltanschauungsfeld ist die Rede, weil weder von »der« NS-Weltanschauung noch von »der« NS-Ideologie gesprochen werden kann. Definiert man Ideologien als verhältnismäßig stabile Gefüge miteinander verschränkter und ihrer Mehrdeutigkeit weitgehend entkleideter Begriffe,[2] lässt sich dieses Strukturmerkmal auf den Nationalsozialismus kaum übertragen.

Eines der Erfolgsgeheimnisse der Nationalsozialisten bestand gerade darin, zeitgenössisch populäre Begriffe wie »Volksgemeinschaft«, »Nation«, »Rasse«, »Reich« oder »Führer« aufzugreifen, ohne ihre Bedeutung einem festen Regelwerk folgend eindeutig und verbindlich festzulegen. Man verzichtete weitgehend darauf, zentrale Begriffe zu einer in sich konsistenten Konstellation unverrückbar zu verknüpfen. So eröffneten diese Begriffe einen Bedeutungsraum, der nationalsozialistisch konnotiert und zugleich groß genug war, um für verschiedene ideologische Vorstellungen – von Parteimitgliedern wie von Wählern – anschlussfähig zu sein. Die vielen rechten und linken Splittergruppierungen, die in der Weimarer Republik wie Pilze aus dem Boden schossen und sich in immer kleinere Grüppchen aufspalteten, boten Hitler und seinen Gefolgsleuten reiches Anschauungsmaterial für die politischen Folgen übertriebener doktrinärer Stringenz. Macht- und bedeutungslos wollte man auf keinen Fall sein.

Die Heterogenität des nationalsozialistischen Weltanschauungsfelds zu betonen heißt nicht, die Wirkmächtigkeit von Ideen zu bestreiten, die das Handeln von Nationalsozialisten mit bestimmten und die Entstehung der NS-Bewegung entscheidend beeinflussten. Die Auffassung, Faschismus sei »mehr eine Sache des Gefühls als des Verstands« gewesen,[3] ist nicht falsch, doch sollte sie nicht dazu führen, die emotionale Kraft politischer Begriffe zu unterschätzen und ideengeschichtliche Forschungen über den Faschismus als akademische Glasperlenspiele abzutun – zumal führende Mitglieder der NS-Bewegung für sich genommen durchaus über eine stringente Weltanschauung verfügten. Der Nationalsozialismus ist ohne eine Analyse zentraler ideologischer Strömungen wie Antisemitismus, Antimarxismus, Rassismus und ethnischem Nationalismus nicht zu verstehen.

Feindbildproduktion

Wenn hier in erster Linie die Formierung von Hitlers Weltbild untersucht wird, soll damit nicht der Eindruck erweckt werden, Nationalsozialismus sei im Wesentlichen »Hitlerismus« gewesen. Für eine Konzentration auf Hitlers Weltanschauung spricht aber, dass ihm als »Führer« eine zentrale Funktion sowohl in der nationalsozialistischen Bewegung als auch in der nach 1933 errichteten Diktatur zukam. Außerdem gewährt eine Betrachtung der Genese von Hitlers politischem Denken Einblick in Mechanismen der Ideenzirkulation und Netzwerkbildung, die für die Entstehung der nationalsozialistischen Bewegung konstitutiv waren. Hitler war alles andere als ein origineller Denker, doch liefen in seiner Gedankenwelt zentrale Strömungen zusammen, die das nationalsozialistische Weltanschauungsfeld erheblich beeinflussen sollten. Es war ein zentrales Merkmal der NS-Herrschaft, dass Hitlers Gefolgsleute ihm »entgegen arbeiteten«, also seine allgemein gehaltenen ideologischen Leitlinien situationsgebunden interpretierten und ins Konkrete wendeten.[4] Für die Phase der Formierung seines politischen Denkens lässt sich dagegen sagen, dass es Hitler war, der seinem Umfeld »entgegen arbeitete«.[5] Dieses Umfeld lässt sich zeitlich und räumlich lokalisieren.

Es war das München der unmittelbaren Nachkriegszeit, das Hitlers politischem Denken Profil gab. Dass die Stadt im Jahr 1935 offiziell zur »Hauptstadt der Bewegung« erklärt wurde, hatte auch vor diesem Hintergrund seine Berechtigung. Lange Zeit hat die Forschung auf ideologische Prägungen verwiesen, die Hitler von 1907 bis 1913, also zwischen seinem 18. und 24. Lebensjahr, in Wien erfahren habe. Dort, so ist immer wieder betont worden, sei er von nationalistischen Antisemiten in den Bann geschlagen worden. In der Tat mangelte es der Hauptstadt des Habsburger Vielvölkerreichs nicht an einschlägigen Agitatoren (man denke an Karl Lueger, den Begründer der Christlichsozialen Partei, oder Georg von Schönerer, den Führer der alldeutschen Bewegung im Habsburgerreich). Doch auch wenn Hitler in Wien Ressentiments gegen Sozialdemokratie, katholische Kirche und Habsburger-Dynastie entwickelte – eine antisemitische Ideologie lässt sich bei ihm für diese Zeit noch nicht nachweisen.[6] Viele Historiker verlegten daher die Formation von Hitlers politischem Denken in die Weltkriegszeit.

Hitlers Antisemitismus als Reaktion auf seine Weltkriegserfahrung zu deuten schien Historikern plausibel, weil sich der Antisemitismus während des Krieges merklich ausweitete. Hatte sich im Kaiserreich der späten 1870er- und frühen 1880er-Jahre der so genannte moderne, also rassentheoretisch unterlegte Antisemitismus als ernstzunehmende ideologische Größe etabliert, erfuhr er im Ersten Weltkrieg einen erheblichen Schub. Neuere Forschungen haben die Annahme einer antisemitischen Politisierung Hitlers im und durch den Ersten Weltkrieg aber stark in Zweifel gezogen und den Blick auf die Zeit der Münchner Räterepublik vom Frühjahr 1919 gelenkt.[7]

Wenige Wochen nach dem rechtsradikalen Attentat auf den sozialistischen Ministerpräsidenten Bayerns, Kurt Eisner, und beflügelt durch die Bildung einer kommunistischen Räterepublik in Budapest wurde in München Anfang April 1919 die »Diktatur des Proletariats« ausgerufen. Anfang Mai fand das räterepublikanische Experiment mit dem Einmarsch von Freikorps und Regierungstruppen sein blutiges Ende. Mindestens 650 Menschen kamen bei der Besetzung der bayerischen Landeshauptstadt ums Leben. Die räterepublikanische Episode zog in der Region eine erhebliche Polarisierung des ideologischen Kräftefelds nach sich. Während die Verluste auf kommunistischer Seite ungleich höher waren, gab sich die gegenrevolutionäre Propaganda alle Mühe, das Intermezzo der Räterepublik zur »Schreckensherrschaft« des »asiatischen Bolschewismus« zu stilisieren.[8] Konservative wie Rechtsradikale vermochten aus der nachhaltigen Skandalisierung räterepublikanischer Gewalttaten wie dem berüchtigten »Geiselmord« im Münchner Luitpold-Gymnasium, dem unter anderem sieben Mitglieder der völkischen Thule-Gesellschaft zum Opfer gefallen waren, auf dem Kampfplatz der Ideologien symbolisch Kapital zu schlagen.

Wie aber verhielt sich Hitler, der in München einem Demobilmachungs-Bataillon zugeteilt worden war, zu diesen Geschehnissen? Inwiefern »kam die Politik zu ihm [...] in die Münchner Kaserne«, wie Ian Kershaw in Umdrehung von Hitlers Satz aus

Mein Kampf – »Ich aber beschloss, Politiker zu werden« – formuliert hat?[9] Fest steht, dass ihn seine Kompanie im Februar zum »Vertrauensmann« wählte, er beim Trauerzug für Kurt Eisner anwesend war und kurz nach Begründung der kommunistischen Räterepublik zum Ersatz-Bataillons-Rat gekürt wurde. Nach dem Ende der Räterepublik besuchte er auf Geheiß der Reichswehr an der Münchner Universität Schulungskurse, die, unter anderem von Mitgliedern der Thule-Gesellschaft geleitet, in mancher Hinsicht einem Crashkurs in völkischer Gesinnung ähnelten – Ausbildungsziel: Antisemit.

Das Umfeld, dem Hitler fortan »entgegen arbeiten« sollte, war ganz wesentlich von der Reichswehr und Münchens völkischen Zirkeln bestimmt. War sein Vorgesetzter Karl Mayr der Ansicht, man müsse alle »schädlichen Elemente [...] wie Krankheitserreger« aus der »Rasse« eines Volkes »ausstoßen« – »so auch die Juden« –, forderte Hitler, die jüdische »Rassentuberkulose der Völker« sowohl mit Hilfe einer »Fremdengesetzgebung«, also mittels Entrechtung zu bekämpfen, als auch durch »Entfernung der Juden überhaupt« im Keim zu ersticken. Diese Aussage stammt aus einem Brief, den Hitler Mitte September 1919 auf Bitten seines Vorgesetzten an einen ehemaligen V-Mann der Reichswehr schrieb. Der Brief ist der früheste Beleg aus erster Hand, der für Hitlers Rassenantisemitismus überliefert ist.[10]

Die Reichswehr stellte nicht nur die Infrastruktur für Hitlers Indoktrination zur Verfügung. Sie bot dem »Trommler« und »Führer« in spe auch ein Experimentierfeld für das Austesten seiner rhetorischen Qualitäten, die ihm als Referent bei Schulungskursen bald zugesprochen wurden. Bezeichnenderweise schrieb er in seinem Aufnahmegesuch für das völkische Grüppchen der Deutschen Arbeiterpartei (DAP), deren Veranstaltungen er zunächst als V-Mann der Reichswehr besucht hatte, »Werberedner« werden zu wollen.[11] Kaum hatte er sich der DAP angeschlossen, entwickelte er sich rasch zum wichtigsten Sprachrohr der Partei, wobei er im Winter 1919/20 auch maßgeblich an der Konzeption eines Parteiprogramms mitwirkte. Im Februar 1920, die DAP hatte sich inzwischen in NSDAP umbenannt, präsentierte Hitler im Münchner Hofbräuhaus unter starkem Beifall die 25 programmatischen Leitsätze der Partei vor rund 2000 Zuhörern – mehr als doppelt so viel wie die Partei Mitglieder zählte. Im Einklang mit damals kursierenden Ideen des völkischen Nationalismus, aber durchaus anschlussfähig für andere ideologische Strömungen, wetterte Hitler gegen »Schieber«, »Wucherer«, »Kriegsgewinnler« und den Versailler »Schandfrieden« und forderte gemäß der Parole »Gemeinnutz geht vor Eigennutz« die »Brechung der Zinsknechtschaft«, also die »Abschaffung des arbeits- und mühelosen Einkommens«.

Der Sinn dieser plakativen Schlagworte erschließt sich besser, wenn man Hitlers zweistündige Rede *Warum sind wir Antisemiten?* hinzunimmt, die er im August desselben Jahres an gleicher Stelle vor einer ähnlich großen Menschenmenge hielt.[12] Darin geißelte er die Herrschaft des »Börsen- und Leihkapitals«, dem er als positive Größe das an »produktive«, »redliche Arbeit« gebundene »Industriekapital« gegenüberstellte. Wie der Titel der Rede andeutet, handelte es sich hier nicht bloß um eine Kritik am Finanzmarktkapitalismus, mit der man sowohl bei der Arbeiterschaft als auch beim Mittelstand politisch punkten konnte. Entscheidend war die rassistisch-antisemitische Kodierung dieser Kritik. Dem »raffenden Kapital« des »jüdischen Wucherers« stellte Hitler das »schaffende Kapital« des »Rassen-« und »Volksstaats« gegenüber. Dem international zirkulierenden Finanzkapital, verkörpert in den beiden »absoluten Gegnern, England und Amerika«,[13] entsprach die unterstellte »Nicht-Identität« (Klaus Holz) des »wurzellos«-internationalen jüdischen »Parasitenvolks«, das dem politischen Ordnungsmodell der nationalen Gemeinschaft diametral zuwiderlief. Logische Folge dieser Argumentation war der Ausschluss aller Deutschen jüdischer Herkunft aus der »arischen« Gemeinschaft deutscher Staatsbürger.

Das Feindbild des »Juden«, der aus der nationalen Gemeinschaft zu verbannen war, weil er diese angeblich von innen heraus zu zerstören drohte, war indes nicht nur antikapitalistisch, sondern auch antimarxistisch kodiert. Hitlers rassenbiologisch gesteigerte Judenfeindschaft knüpfte sowohl an das traditionelle Bild vom »jüdischen Wucherer« an, als auch an die Tradition einer Ablehnung (und Überblendung) von Judenemanzipation und Emanzipation des Proletariats, die im Topos vom »jüdischen Sozialismus« bzw. »Kommunismus« zum Ausdruck kam.

Das Feindbild des »jüdischen Bolschewismus«, dem im nationalsozialistischen Weltanschauungsfeld eine zentrale Funktion zukommen sollte, wurde Hitler vor allem in Münchens völkischen Zirkeln vermittelt (Thule-Gesellschaft, Deutschvölkischer Schutz- und Trutzbund, etc.). Über dieses Netzwerk erhielt Hitler nicht nur Zugang zu einschlägiger völkischer Literatur. Ihm entstammten auch einige seiner wichtigsten Mentoren. Neben dem Wirtschaftstheoretiker Gottfried Feder, der die »Brechung der Zinsknechtschaft« propagierte, stechen aus dem Mentoren-Kreis vor allem Dietrich Eckart und die beiden deutschbaltischen Emigranten Alfred Rosenberg und Max Erwin von Scheubner-Richter hervor.

Eckart, ein völkischer Bohemien, der in Hitler den deutschen Messias erblickte und ihn in die Münchner (wie auch Berliner) Gesellschaft einführte, gab seit 1919 die Zeitschrift *Auf gut deutsch* heraus – eine »Keimzelle des Führerkultes«,[14] für die auch Rosenberg arbeitete. Daneben fungierte er, wie nach ihm Rosenberg, eine Zeitlang als Chefredakteur des *Völkischen Beobachters*, der NSDAP-Parteizeitung. Was Eckart in einem Aufsatz vom August 1919 zum Ausdruck brachte, dass nämlich die russischen Bolschewiki nichts anderes als Marionetten des »internationalen Finanzjudentums« seien, dazu angestiftet, Unruhe und Chaos zu verbreiten, bestimmte die Grundmelodie dessen, was man in Münchens völkischen Netzwerken unter »jüdischem Bolschewismus« verstand. Von ähnlichem Tenor war ein Artikel Alfred Rosenbergs, der schon Mitte Februar 1919 gegen das Syndrom einer »russisch-jüdischen Revolution« polemisierte.[15]

Während in der Forschung weitgehend Einigkeit darüber herrscht, dass Eckart und Rosenberg eine Schlüsselrolle bei der

Formierung von Hitlers Weltanschauung spielten, ist noch nicht abschließend geklärt, in welchem Maße deutschbaltische, aber auch ukrainische und russischstämmige Emigranten vor dem Hintergrund ihrer Erfahrungen von Revolution und Bürgerkrieg das völkische Argumentationsmuster vom »jüdischen Bolschewismus« im Allgemeinen prägten.[16] Gut belegt ist immerhin die zentrale Funktion, die antibolschewistischen Emigranten aus Gebieten des ehemaligen Zarenreichs bei der Verbreitung eines antisemitischen Schlüsseldokuments zukam. Die *Protokolle der Weisen von Zion*, deren deutsche Übersetzung im Jahr der Machtübertragung an Hitler die 33. Auflage erreichen sollte, gelangten zunächst über zwei russische Offiziere nach Berlin. Im Januar 1920 erschienen sie in dem völkischen Verlag »Auf Vorposten«, und 1929 erwarb der Parteiverlag der NSDAP die Rechte am Manuskript. Hitler müssen sie spätestens seit Herbst 1919 bekannt gewesen sein. Entstanden war der Text – nach einer komplexen Vorgeschichte, die weit ins 19. Jahrhundert reicht – zwischen 1902 und 1903 in Südrussland. Angeblich belegte er Pläne für eine jüdische Weltverschwörung. 1921 von einem Journalisten der *Times* als Fälschung entlarvt, von Antisemiten aber weiterhin für »wahr« (wenn auch nicht »authentisch«) gehalten, avancierten die *Protokolle* zu einem zentralen Referenzpunkt im nationalsozialistischen Weltanschauungsfeld.

Rasse und Raum

Waren Antisemitismus und Antimarxismus im Ideengewebe der NS-Bewegung schon früh miteinander verknüpft, trat bald ein weiteres Element hinzu, das zentral werden sollte: die Eroberung von Lebensraum im Osten. Obwohl Hitler zur Zeit der Weimarer Republik die Begriffe »Bodenpolitik« und »Ostpolitik« weitaus häufiger gebrauchte als den Begriff »Lebensraum«,[17] ist bemerkenswert, mit welcher Konstanz er seit Mitte der 1920er-Jahre Argumentationsmuster vertrat, die sich später in einem rassenbiologisch aufgeladenen Lebensraumbegriff verdichteten.

Die Idee vom Lebensraum war in mancher Hinsicht der Schlussstein seines Gedankengebäudes. In ihm liefen zentrale Stränge seiner Weltanschauung zusammen. Einer davon war die Überzeugung, politisches Handeln müsse sich von »Naturgesetzen« leiten lassen.

Oberstes Naturgesetz war der »Kampf ums Dasein«. »Kampf«, das deutet der Titel von Hitlers stilisierter Autobiografie schon an, war ein Leitmotiv seines Denkens. Der »ewige Kampf« war das Bewegungsgesetz menschlicher Evolution und zugleich Garant historischen Fortschritts. Hitler war nicht nur Antisemit, sondern auch Sozialdarwinist. Der Kampf wirkte ordnungsstiftend, trennte die Spreu vom Weizen, ermöglichte die »Auslese der Tüchtigsten« und sicherte das »Überleben der Besten«. Politik hatte diesem »Naturgesetz« zu folgen; sie hatte ein Volk für und durch den »Lebenskampf« fit zu machen. Sie hatte es zu »rassischer Reinheit« und »seelischer Einheit« zu formen. Zur nationalen Willensgemeinschaft konnte ein Volk nur im Kampf gegen innere und äußere Feinde verschmelzen. Leben war also nicht nur Kampf, sondern Krieg. Rassismus und Krieg waren zwei Seiten derselben Medaille – ein Zusammenhang, der vor allem im »Weltanschauungskrieg« gegen die Sowjetunion sinnfällig wurde, neben Polen der wichtigste Teil von Deutschlands zukünftigem Lebensraum im Osten.

Der von Hitler beschworene Kampf ums Dasein war nicht zuletzt ein Kampf um Raum. Der Gedanke, die Deutschen litten unter »Raumnot« und müssten daher neuen Raum erobern, war weit verbreitet – eine *idée fixe*, für die Hans Grimms Erfolgsroman *Volk ohne Raum* aus dem Jahr 1926 sprichwörtlich wurde. Die Ernährungsgrundlage eines wachsenden Volkes, so die These, könne allein durch Expansion gesichert werden. Ohne zusätzlichen Boden keine ausreichende Nahrung. Diese Überzeugung speiste sich aus der Darwinschen Interpretation einer vermeintlichen Gesetzmäßigkeit, die der englische Ökonom Thomas Robert Malthus um 1800 »entdeckt« hatte und derzufolge die Produktion von Nahrungsmitteln mit dem Bevölkerungswachstum unmöglich Schritt halten konnte. Diese Theorie hatte den strategischen Mehrwert, als Legitimationsgrundlage imperialer »Raumkriege« fungieren zu können. Deutschland, so ein viel zitierter Satz aus *Mein Kampf*, werde »entweder Weltmacht oder überhaupt nicht sein«. Das Schwert hatte dem Pflug vorzuarbeiten.

Aus Sicht seiner rassistischen Geschichtsphilosophie, nach der Slawen und Juden minderwertige, zum Staatsaufbau unfähige Rassen darstellten, waren die Deutschen als Speerspitze arischen »Kulturträgertums« auserkoren, die Geschicke der Welt zu lenken. Das »Riesenreich im Osten« war dagegen »reif zum Zusammenbruch«, da von jüdischen Bolschewisten »zersetzt«, und bot ideale Bedingungen für eine »Germanisierung des Bodens« – nicht der dort lebenden Menschen wohlgemerkt; in diesem Punkt dachte Hitler rassenbiologisch.[18]

Hitler war Rassist sowohl im biologischen als auch im ethnisch-kulturellen Sinne. In seiner Weltanschauung bündelten sich Rassenlehren, die verschiedenen Begründungszusammenhängen entstammten. Besonders erwähnenswert ist zum einen die anthropologisch grundierte Kulturkritik des französischen Diplomaten Arthur Comte de Gobineau, der die Arier vom »Rassetod« durch degenerative Rassenmischung bedroht sah. Sein vierbändiger *Versuch über die Ungleichheit der Menschenrassen* (1853/55 im Original erschienen) wurde in Deutschland stark rezipiert und zur Jahrhundertwende von einem Mitglied des Bayreuther Wagner-Kreises, des »geistigen Zentrums des deutschen Rassismus«,[19] ins Deutsche übersetzt. Zum anderen entfaltete beim Wagner-Fan Hitler die stärker idealistisch-geschichtsphilosophische Konstruktion eines arischen Idealtypus große Wirkung, die der geistige Kopf des Wagner-Kreises, der britische Publizist und Wahldeutsche Houston Stewart Chamberlain 1899 in seinem zweibändigen Werk über die *Grundlagen des neunzehnten Jahrhunderts* entworfen hatte. Chamberlains Werk erreichte 1932 bereits die 15. Auflage, und sein Plädoyer für eine Stärkung der Nation durch eine Steigerung von »Rassenbewusstsein« und »Rassegefühl« fand viele Leser.

Hitlers Bibliothek in der Landsberger Festung enthielt darüber hinaus ein Exemplar von Hans F.K. Günthers *Rassenkunde des deutschen Volkes*, die 1922 im Münchner J.F. Lehmanns Verlag erschienen war und elf Jahre später bereits in die 16. Auflage gehen sollte. Hitlers Exemplar von 1923 hatte der Verleger sogar mit einer Widmung versehen: dem »erfolgreichen Vorkämpfer des deutschen Rassegedankens«.[20] Allerdings fand Günthers Rassenaristokratismus, der eine »Aufnordung« des deutschen »Volkskörpers« propagierte, eher bei Himmler und Darré als bei Hitler Anklang, dessen Nationalismus trotz des Primats der Ungleichheit inklusiver ausgerichtet war.

Hitler war nicht nur Rassist und Sozialdarwinist; er war zugleich Imperialist und ein Verfechter »volkskörperlicher« Entgrenzung. Er interessierte sich nicht allzu sehr für Argumente, die um deutschen »Volks- und Kulturboden« kreisten. Das zeigte sich auch in seiner Haltung gegenüber Südtirol, das er ohne größere Bedenken Italien überlassen wollte. Die Natur, so Hitler, kenne keine politischen Grenzen; Staatsgrenzen seien »Augenblicksgrenzen«, bloße Momentaufnahmen politischer Kräfteverhältnisse, von Menschen gemacht und daher revidierbar. Das Recht zur Grenzziehung liege allein beim Stärkeren. Er entscheide über die Reichweite seiner »Bodenpolitik«. Nicht nur von »Juden« und »Marxisten« war Deutschland also zu »befreien«. Wie die Historikerin Shelley Baranowski schreibt, war es auch von der »Unannehmlichkeit von Grenzen« zu erlösen.[21] Bei aller Verflüssigung von Grenzen beharrte Hitler aber darauf, dass ein künftiges »Germanisches Reich deutscher Nation« »blockadefest« sein müsse. Eine Situation wie im Ersten Weltkrieg, als sich das Deutsche Reich mit einer Blockade seiner Handelswege konfrontiert sah, wollte er auf jeden Fall vermeiden. Ziel war die Schaffung eines autarken »Großwirtschaftsraums«, wobei der zu erobernde »Lebensraum im Osten« nicht nur als agrarisches Siedlungsgebiet und Auffangbecken für die sonst nach Amerika emigrierende deutsche »Überschussbevölkerung« dienen sollte, sondern auch als Rohstoffquelle und Absatzmarkt für die

Industrie des Kernlands. Ist häufig das britische Empire als Hitlers imperiales Vorbild herausgestellt worden, so lieferten dem begeisterten Karl May-Leser in mancher Hinsicht auch die USA Anschauungsmaterial für die Formierung eines Kontinentalimperiums. Im Gegensatz zu imperialen Vorstellungen aus früheren Zeiten wurde der »Osten« jedoch nicht als »leerer Raum« imaginiert, sondern unter Maßgabe »rassischer« Selektionsparameter als ein »zu leerender« und neu zu ordnender.[22]

Hitlers Vision vom deutschen Lebensraum im Osten war in groben Konturen schon vor dem Landsberger Haftaufenthalt erkennbar. Den *Begriff* »Lebensraum« eignete er sich aber erst dort an.[23] Die Zeit, die Hitler in komfortabler Festungshaft verbrachte, war zwar gemessen an der Schwere seiner Tat lächerlich. Doch reichte die gut einjährige Haftzeit aus, um ihm eine stärkere Systematisierung seiner Weltanschauung zu ermöglichen. Er *schrieb* nicht nur an einem Buch; er *las* auch ein Buch nach dem anderen. Als »Hochschule auf Staatskosten« soll er Landsberg, leicht sarkastisch, einmal bezeichnet haben.[24] Welche Bücher er las, lässt sich nur schwer rekonstruieren. Als wahrscheinlich gilt aber – und das ist hier von Belang –, dass er während der Haft mit den Gedanken Friedrich Ratzels in Kontakt kam.

Ratzel, Begründer der deutschen Humangeografie und früher Verfechter der Geopolitik,[25] hatte den Begriff vom Lebensraum als geografischen Fachterminus geprägt und 1901 als Titel für eine »biogeografische Studie« gewählt. Wie dieser Untertitel verrät, war die Studie primär auf Zoologie und Botanik ausgerichtet, doch waren die Übergänge zwischen Zoologie, Biologie und Geopolitik fließend – die für den Nationalsozialismus so charakteristische Biologisierung der politischen Sprache (»jüdischer Parasit«, »Volksschädling«, »Ungeziefer« etc.) hatte auch in wissenschaftssprachlichen Überblendungen ihren Ursprung. Ein Denken in Kategorien »rassischer Reinheit« war Ratzel fremd, doch wie nach ihm Hitler war auch er ein Denker der Raumdynamik und Grenzverflüssigung: Stagnierte das »räumliche Wachstum« eines Staates, war das als untrügliches Zeichen für kulturellen Niedergang zu werten – Diagnose: kein »lebendiger Organismus«, nur mehr tote Materie.

Ratzel starb 1904, aber sein Werk fand auch posthum großen Anklang. Popularisiert wurden einige seiner Ideen von Deutschlands prominentestem Vertreter der Geopolitik in der Zwischenkriegszeit, dem Münchner Professor Karl Haushofer. Seit 1924 brachte er die *Zeitschrift für Geopolitik* heraus, deren Eröffnungsbeitrag über das »Gesetz der wachsenden Räume« in Argumentation und Wortwahl an Ratzel anschloss. Haushofers Einfluss auf Hitler ist allerdings oft überschätzt worden. Entgegen früheren Annahmen hat er ihn nicht in Landsberg besucht, und er war an der Abfassung von *Mein Kampf* auch nicht unmittelbar beteiligt. Gleichwohl lässt sich ein zumindest indirekter Einfluss über Hitlers Mithäftling Rudolf Heß plausibel machen. Hitlers treuer Gefolgsmann und späterer Stellvertreter hatte bei Haushofer studiert und war seither mit ihm befreundet gewesen.

Hitlers Idee vom Lebensraum im Osten stand in einer gebrochenen Kontinuität zu Traditionen imperialen Raumdenkens. Vor allem der Alldeutsche Verband hatte Ratzels Lehre vom Lebensraum, die grundsätzlich für verschiedene ideologische Vorstellungen anschlussfähig war, in ein politisches Programm imperialistischer Expansion umgemünzt. Besonders im »Staatenleben« bedeute »Stillstand Rückschritt«, war zur Jahrhundertwende in einem Pamphlet der Alldeutschen zu lesen. Hatte der Fokus imperialer Expansionsbestrebungen zunächst auf überseeischen Gebieten gelegen, traten zunehmend Mittel- und Osteuropa an die Seite weltpolitischer Träume. Der viel beschworene »Ellbogenraum« der deutschen Nation sollte auch »nach Osten« vergrößert werden.[26]

Ein früher Anwalt solcher Gebietsforderungen war der Göttinger Orientalist und radikale Antisemit Paul de Lagarde, der für die Schaffung eines deutschen, wirtschaftlich autarken »Mitteleuropas« plädierte. Ein solches mitteleuropäisches Imperium deutscher Nation sollte »von Memel bis Triest, von Metz bis etwa zum Bug« bzw. »bis an die Pinsker Sümpfe« reichen und mit einer »allmählichen Germanisierung Polens« Hand in Hand gehen. Lagardes *Deutsche Schriften*, deren Verbreitung vor allem zu einem Anliegen Rosenbergs wurde, waren später auch Bestandteil von Hitlers Privatbibliothek. Ein durchgearbeitetes Exemplar der Neuauflage von 1934 ist erhalten geblieben.[27]

Zu Beginn des 20. Jahrhunderts wurden Lagardes Fantasien einer künftigen »Ostkolonisation« vor allem durch die Schriften von Heinrich Claß aktualisiert, der in seinem viel gelesenen *Kaiserbuch* von 1912 vor dem Hintergrund eskalierender Nationalitätenkonflikte in Österreich-Ungarn und einer gescheiterten »Germanisierungspolitik« in den preußischen Ostprovinzen die »Evakuierung«, also zwangsweise Umsiedlung von Menschen in zu erobernde Gebiete Osteuropas vorschlug. Nach Kriegsbeginn redete er einer »›völkischen‹ Feldbereinigung« das Wort.[28] Solche Träume von einer imperialen Neuordnung des europäischen Kontinents, die in dieser extremen Form im wilhelminischen Deutschland zunächst nur wenig Anhänger fanden,[29] gewannen an Bedeutung, als im Ersten Weltkrieg große Gebiete Ost- und Ostmitteleuropas unter deutsche Herrschaft gerieten. Ludendorff, Claß' Idealbild eines zukünftigen Diktators, machte die Besatzungszone »Ober Ost«, die Kurland, Litauen und Teile des heutigen Weißrusslands umfasste, zum Experimentierfeld eines kontinentalen Kolonialregimes.[30]

Politischer Modernismus

Auch wenn der Krieg in vieler Hinsicht als »Laboratorium« fungierte, lässt sich schon für die Zeit seit den 1880er-Jahren ein struktureller Wandel gesellschaftlicher Ordnungsentwürfe ausmachen. Dieser Wandel korrespondierte mit der Suche nach Antworten auf die Herausforderungen rasanter Beschleunigung auf den Gebieten von Industrialisierung, Urbanisierung und technisch-wissenschaftlicher Innovation; er wurde geprägt durch einen damit einhergehenden Zuwachs an Gestaltungsoptionen sowie durch eine Entwertung geschichtlicher Kontinuität und ein schwindendes Vertrauen in graduell-linearen Fortschritt; und er korrelierte mit einer »Verwissenschaftlichung des Sozialen« (Lutz Raphael). Gemeint ist damit die Beeinflussung verschiedener Sphären, von Politik über Wirtschaft bis hin zum Alltag, durch ein popularisiertes Expertenwissen, das vor allem in humanwissenschaftlichen Disziplinen wie Medizin, Biologie, Psychologie oder Soziologie produziert wurde. In diesen Kontext gehört auch die zunehmende Einübung in Praktiken des so genannten *social engineering*, etwa auf den Feldern der Sozial-, Familien- und Betriebspolitik, des Wohnungsbaus oder der Raumplanung. Für diese Felder entwickelten »Sozialingenieure« Ordnungsentwürfe, die einer biopolitischen Logik von Inklusion und Exklusion folgten – »gesund«/»krank«, »normal«/»deviant« – und nicht selten die Vorlage lieferten für eine Politik totaler Planung mit tendenziell totalitärer Dynamik.[31]

Die Verbreitung eines sozialtechnologischen Imperativs radikaler Neugestaltung lässt sich auch mit dem Begriff des politischen Modernismus fassen. Damit sind jegliche Bestrebungen gemeint, eine revolutionär neue Ordnung zu entwerfen und eine gesellschaftliche »Revitalisierung« herbeizuführen. Dabei war nationalistischen Erneuerungsprojekten zu eigen, dass sie auf der Folie von vermeintlich überzeitlichen Ideen wie »Nation«, »Volk« oder »Rasse« die Gegenwart als kulturellen Verfall deuteten – als nationale Leidensgeschichte, aus der allein eine »nationale Wiedergeburt« herausführen könne. Wie der Begriff »Wiedergeburt« andeutet, waren nationale Modernisten zugleich vorwärts- und rückwärtsgewandt. Sie bedienten sich der Vergangenheit als mythischer Identitäts- und politischer Mobilisierungsressource, träumten aber vom Anbruch einer neuen Ära und vom Aufbruch in ein neues Land. Sie beabsichtigten, wie der »konservative Revolutionär« Arthur Moeller van den Bruck in seinem Buch *Das dritte Reich* (1923) formulierte, eine »Wiederanknüpfung nach vorwärts«.[32]

Die »Wiederanknüpfung nach vorwärts«, die den Nationalsozialisten vorschwebte, unterschied sich zwar in ihrer rassenbiologischen Stoßrichtung von Moeller van den Brucks Vision eines »dritten Reiches«. Doch folgten auch sie der Logik des politischen Modernismus und waren Teil der Wirkungsgeschichte eines ideengeschichtlichen Wandels, der im späten 19. Jahrhundert seinen Ausgang nahm und infolge von Weltkrieg und Revolution eine Radikalisierung erfuhr. Wie Faschisten in anderen Teilen Europas – so lässt sich in Anlehnung an den Historiker Emilio Gentile konstatieren – verfolgten die Nationalsozialisten das Projekt eines totalitären Sozialexperiments. Dieses Sozialexperiment hatte zum Ziel, auf der Basis organischer Nations- und Rassekonzepte Gesellschaft in homogene Gemeinschaft umzuformen – »gereinigt« von politischen wie ethnischen »Fremdkörpern« und organisiert in Form einer Führerherrschaft, die sich als Ausdruck eines vermeintlich einheitlichen Volkswillens inszenierte.[33]

Krieg, Expansion und Vernichtung waren integrale Bestandteile dieses Experiments. Da vor dem Hintergrund einer komplexen, ausdifferenzierten Gesellschaft der totalitäre Gestaltungswille der NS-Modernisten aus sich heraus immer neue Problemlagen, Widersprüche und Dilemmata generieren musste, geriet das Projekt, Ordnung zu schaffen, zur potentiell endlosen Daueraufgabe. Auch daher kann es kaum überraschen, dass die selbsternannte Ordnungsmacht, die für viele Menschen auch deswegen so attraktiv war, weil sie versprach, »Ruhe und Ordnung« zu schaffen, letztlich vor allem eines produzierte: Schrecken und Chaos.[34]

4 Machtausweitung

Gewalt als politische Methode: Verhaftung von Kommunisten durch die SA am 6. März 1933.

Die Ausweitung des nationalsozialistischen Machtbereichs vollzog sich in wechselseitiger Dynamik »von unten« und »von oben« wirkender Kräfte. Diese Dynamik kennzeichnete schon die ersten Monate der Regierung Hitler. Wenn auch darum bemüht, den Schein der Gesetzmäßigkeit zu wahren, erweiterte der neue Reichskanzler seinen politischen Handlungsraum mit Hilfe einer Methode, die schon zuvor im Wechselspiel von SA und Parteiführung erfolgreich gewesen war: der Anwendung von Gewalt.[1]

In Hitlers Koalitionskabinett der »nationalen Konzentration« saßen mit Wilhelm Frick und Hermann Göring zwar nur zwei weitere Nationalsozialisten. Diese besetzten im politischen Kräftefeld aber Schlüsselpositionen: Frick die des Reichsinnenministers und Göring, zunächst Reichsminister ohne Portefeuille, kommissarisch die des Innenministers von Preußen. Im April wurde er auch Ministerpräsident dieses mit Abstand größten deutschen Flächenstaats. Als Dienstherr der preußischen Polizei unterzeichnete Göring schon Mitte Februar 1933 einen Erlass, demzufolge »polizeiliche Beschränkungen [...] nur in dringendsten Fällen« zu beachten waren und, »wenn nötig, rücksichtslos von der Waffe Gebrauch zu machen« war. Wie großzügig der hier angelegte Ermessensspielraum interpretiert werden sollte, verdeutlichte Göring, als er verkündete, seine »Maßnahmen« würden nicht durch »irgendwelche juristischen Bedenken« »angekränkelt« sein.[2]

Die Nationalsozialisten setzten neue Normen, um mit Hilfe von Polizei, Justiz und Verwaltung ihre Macht auszuweiten. Zugleich aber entstanden Räume jenseits gesetzlicher Normen, in denen unbeschränkte Willkür herrschte und das Politische der Sphäre des Rechts gänzlich entzogen war. Die Folterstätten von SA und SS, aber auch der neu formierten Geheimen Staatspolizei (Gestapo), stehen exemplarisch für solche Gewalträume. Die Verhaltensmuster, die diese rechtsfreien Räume konstituierten, konnten dabei die Auslegungspraxis in den normativ geregelten Bereichen der Staatsgewalt durchaus beeinflussen. Außerdem sorgte die Kolportage von sadistischen Gewaltpraktiken für eine Wirkung, die über die Mauern der Terrorstätten weit hinausreichte.

Der Gestapo, wenn auch personell weniger gut ausgestattet als früher angenommen, eilte ihr Ruf bald voraus. Schon die Angst vor Repression wirkte disziplinierend. Es entstand ein »Klima der gesetzmäßigen Rechtsunsicherheit und des offenen Terrors«.[3] »Normenstaat« und »Maßnahmenstaat«, so die beiden zentralen Begriffe der zeitgenössischen Analyse des zur Emigration gezwungenen Ernst Fraenkel, existierten nebeneinander und waren doch ineinander verschlungen. Die Grenzen zwischen SS, Polizei und Justiz konnten fließend sein; Parteiorganisationen und Staatsorgane verwuchsen zu einem weit verzweigten Terrornetzwerk.

Die SA, inzwischen auf mehr als 400 000 Mitglieder angewachsen, avancierte zur dominierenden Macht im öffentlichen Raum. Der Jagd auf Kommunisten waren keine Grenzen mehr gesetzt, und auch Sozialdemokraten erfasste die Welle der Gewalt mit voller Wucht. Mordanschläge, Misshandlungen und öffentliche Demütigungen – der SA-Terror kannte verschiedene Formen und traf sozialdemokratische Bürgermeister wie kommunistische Rotfrontkämpfer. Seinen Höhepunkt fand er Ende Juni 1933 in der so genannten Köpenicker Blutwoche, als SA-Männer Hunderte von Menschen in improvisierte Folterkammern verschleppten und mindestens siebzehn von ihnen umbrachten. Allein in Berlin wurden 1933 mehr als 170 Folterstätten eingerichtet.[4]

Gesetzlich lieferte Artikel 48 der Weimarer Reichsverfassung den Hebel für eine Transformation der politischen Ordnung. Schon wenige Tage nach Hitlers Ernennung zum Reichskanzler erließ Reichspräsident Hindenburg eine Verordnung zum »Schutze des deutschen Volkes«. Diese Verordnung, die noch auf einen Entwurf der Regierung Schleicher zurückging, schränkte die Versammlungs- und Pressefreiheit empfindlich ein und erleichterte unter dem euphemistischen Begriff der »Schutzhaft« die Internierung von Oppositionellen. Aus politischen Gegnern der NS-Bewegung wurden Staatsfeinde.

Mit Hilfe der Notverordnung und gestützt auf den Straßenterror der SA hoffte die NSDAP bei den für Anfang März 1933 angesetzten Neuwahlen die absolute Mehrheit zu erringen. Das gelang ihr zwar nicht, doch hatte sie das unverhoffte Glück, dass der niederländische Anarchist Marinus van der Lubbe am 27. Februar den Reichstag in Brand gesteckt hatte.[5] Die Nationalsozialisten schwangen sich zum Hüter von Recht und Ordnung auf und machten die Kommunisten für den Reichstagsbrand verantwortlich. Die Verhaftung führender KPD-Politiker, darunter sämtliche kommunistische Abgeordnete, erfolgte schon in den frühen Morgenstunden des darauffolgenden Tages. Sie war der Beginn einer großen Verhaftungswelle. Bis Mitte März verhaftete man allein in Preußen hunderttausend politische Gegner. Gefängnisse quollen über, Konzentrationslager wurden errichtet – eines der ersten noch im März 1933 nahe Dachau bei München auf dem Gelände einer ehemaligen Munitionsfabrik.

Die gesetzliche Grundlage für die Inhaftierung der politischen Opposition hatte man unmittelbar nach dem Reichstagsbrand geschaffen. Noch am 28. Februar unterzeichnete Reichspräsident Hindenburg eine weitere Notverordnung. Diesmal hieß sie, leicht abgewandelt, »Verordnung zum Schutz von Volk und Staat«. Das klang erneut beruhigend defensiv, bedeutete aber nichts weniger als die Aushebelung zentraler Prinzipien des Rechtsstaats. Meinungs- und Pressefreiheit, Versammlungs- und Vereinsfreiheit, Post- und Fernsprechgeheimnis, vor allem aber die Freiheit der Person – vieles von dem, was den Kern des Rechtsstaats ausmacht, wurde suspendiert. Erstmals wurde über das gesamte Reichsgebiet der zivile Ausnahmezustand verhängt, und der Reichsregierung war es fortan gestattet, ohne Zustimmung des Reichspräsidenten Befugnisse von Landesbehörden auszuüben. Die gut einen Monat später erfolgende »Gleichschaltung der Länder«, die mit der Einsetzung von Reichsstatthaltern einherging und 1934 in der Abschaffung des Föderalismus münden sollte, war hier schon angelegt.

Wenngleich durchaus Kontinuitäten zur Notverordnungspraxis der Weimarer Republik bestanden, hatte diese Verordnung mit einer »*Wiederherstellung* der [...] Ordnung«, wie sie Artikel 48 eigentlich vorsah, nichts zu tun. Während die Verhängung des Ausnahmezustands üblicherweise eine Rückkehr zur »normalen« Ordnung impliziert und die nur temporär ausgesetzte Rechtsordnung gedanklich mit einschließt, zielte die »Reichstagsbrandverordnung« auf die dauerhafte Umwandlung der politischen Ordnung – auch wenn die Weimarer Reichsverfassung formal weiterbestand.[6] Ernst Fraenkel nannte die Reichstagsbrandverordnung die »Verfassungsurkunde« des Dritten Reiches.[7] Der Gestapo diente sie bis zum Ende der NS-Herrschaft als Legitimationsgrundlage für ihre Gewaltpraxis.

Legislativ komplettiert wurde die Reichstagsbrandverordnung schon einen knappen Monat später, am 23. März 1933, als der Reichstag – dezimiert durch zahlreiche Verhaftungen linker Abgeordneter – seiner eigenen Entmachtung zustimmte. Nur die SPD-Fraktion stemmte sich gegen diesen Beschluss – so mutig wie vergebens. Das »Gesetz zur Behebung der Not von Volk und Reich«, wie das Ermächtigungsgesetz offiziell hieß, war vor allem ein Gesetz zur Aufhebung der Gewaltenteilung. Fortan waren Exekutiv- und Legislativgewalt faktisch in einer Hand vereint. Die Reichsregierung konnte nach Belieben schalten und walten. Der Reichstag war als zentrales Kontrollorgan praktisch ausgeschaltet. Wie die Reichstagsbrandverordnung, die bald um eine Verordnung zur »Abwehr heimtückischer Angriffe gegen die Regierung« (später »Heimtückegesetz«) ergänzt wurde, blieb das Ermächtigungsgesetz bis Mai 1945 in Kraft.

Die Arbeiterbewegung, politischer Hauptfeind nicht nur der NSDAP, sondern auch ihrer konservativen Koalitionspartner, war das erste Opfer nationalsozialistischer Machtausweitung. Im Mai zerschlug man die Freien Gewerkschaften, im Juni verbot man die SPD. Kommunisten und Sozialdemokraten gingen in den Widerstand, operierten im Untergrund oder agitierten vom Exil aus – gegen den NS-Terror konnten sie kaum etwas ausrichten. Noch vor kurzem ein bedeutender Machtfaktor, war die politische Linke innerhalb weniger Monate so gut wie ausgeschaltet. Die Nationalsozialisten hielten ihr Versprechen, dem »Marxismus« den Garaus zu machen.[8]

Gerade im konservativ-nationalen Milieu machte das Eindruck. Hitlers Partei profilierte sich als nationale Ordnungsmacht und als Garant politischer Stabilität. Die Ausschaltung der SA-Führung als sozialrevolutionärer Unruhefaktor, die im Sommer 1934 folgte, schärfte dieses Profil noch zusätzlich. Hitler sorgte für Ruhe und Ordnung – tatkräftig unterstützt von den zum Symbol für Disziplin und Entschlossenheit stilisierten SS-Männern Heinrich Himmlers. Der SS-Führer, seit April 1933 Kommandeur der Bayerischen Politischen Polizei, profitierte neben Hitler am meisten von der Mordaktion und herrschte bald über sämtliche Bereiche der inneren Sicherheit. Im Juni 1936 wurde er zum Chef der Deutschen Polizei ernannt.

War Hitler mit der Ermordung von SA-Führern ein entscheidender Coup gelungen, um sowohl eine schwelende Regimekrise zu überwinden als auch die Formierung der NS-Diktatur zu einem vorläufigen Abschluss zu bringen,[9] nutzte er schon einen Monat später den Tod des Reichspräsidenten, um seine gesicherte Führungsposition auch formal bestätigen zu lassen. Noch am Vorabend von Hindenburgs Tod, am 1. August 1934, wurde das »Gesetz über das Staatsoberhaupt des Deutschen Reiches« verabschiedet, das für die Zeit nach dem Ableben des Feldmarschalls bestimmte, die Ämter von Reichspräsident und Reichskanzler zusammenzulegen – und zwar in der Hand von »Führer und Reichskanzler Adolf Hitler«. Hitlers Macht wurde zudem noch dadurch gestärkt, dass Reichskriegsminister Werner von Blomberg in vorauseilendem Gehorsam anordnete, die Reichswehr statt auf »Volk und Vaterland« auf die Person Hitlers zu vereidigen. Dieser Schritt stürzte später Offiziere des Widerstands in Gewissensnöte.

Bis heute ist umstritten, ob Hitlers Machteroberung in den Jahren 1933/34 als Revolution bezeichnet werden kann. Hitlers öffentliche Verwendung des Revolutionsbegriffs war oft taktisch motiviert; sein revolutionäres Selbstverständnis verbarg er immer wieder hinter einem »Gestus des Antirevolutionären«.[10] Nationalsozialisten beschworen die »Rückkehr« zu Ruhe und Ordnung; man sprach von »*Wiederherstellung* des Berufsbeamtentums« – so der Wortlaut eines Gesetzes vom 7. April 1933, nach dem Beamte »nicht-arischer Abstammung« und »nicht-nationaler« Gesinnung zu entlassen waren. Als Legitimationsmuster zog sich die nationalsozialistische Ordnungsrhetorik wie ein roter Faden durch die von politischer Gewalt bestimmte Phase der Machteroberung.[11]

Wie es für nationale Modernisten und das Zeitregime einer »Wiederanknüpfung nach vorwärts« typisch ist, bedienten sich

Reichspräsident Paul von Hindenburg (links) auf dem Weg zum Gottesdienst am »Tag von Potsdam«.

die Nationalsozialisten der Vergangenheit als mythischer Identitäts- und politischer Mobilisierungsressource. Prominentes Beispiel war eine Postkarte aus dem Jahr 1933, die Hitler in eine Reihe mit Friedrich II., Bismarck und Hindenburg stellte – Bildunterschrift: »Was der König eroberte, der Fürst formte, der Feldmarschall verteidigte, rettete und einigte der Soldat«.

Dabei lag die Regie der symbolischen Inszenierung nationaler Traditionen nicht allein in den Händen führender Nationalsozialisten. So war der Staatsakt zur Reichstagseröffnung am 21. März 1933 – als »Tag von Potsdam« und Symbol der Versöhnung des »alten und neuen Deutschland« in die Geschichte eingegangen[12] – nur bedingt ein von Goebbels geplantes Täuschungsmanöver. Der feierliche Akt in der Potsdamer Garnisonkirche, der preußisch-monarchische Traditionen beschwor und Hindenburg in der Uniform des Generalfeldmarschalls ins Zentrum rückte, war das Ergebnis eines längeren Aushandelns und Lavierens und wurde letztlich von Verfechtern des konservativen »Zähmungskonzepts« bestimmt.

Die zur Ikone gewordene Fotografie des Händedrucks zwischen Hindenburg und Hitler, letzterer im zivilen Anzug und mit demütiger Verbeugung, war entgegen der etablierten Lesart kein Produkt nationalsozialistischer Illusionsmaschinerie, sondern ein Schnappschuss, der eine zeremoniell nebensächliche Verabschiedungsszene festhielt. Erst nach 1945 fand das Foto als Teil politischer Entlastungsstrategien und Illustration wissenschaftlicher Totalitarismusmodelle größere Verbreitung: nämlich als Symbol der Verführungskunst einer kleinen Elite, die das Gros der Bevölkerung hinters Licht geführt habe.

Das Bild von der Symbiose aus Alt und Neu hatte jedoch mehrere Produzenten, und seine Wirkungsweise folgte nicht der simplen Logik des Nürnberger Trichters. Zwar hatte Hitler in der Garnisonkirche von der »Vermählung zwischen der alten Größe und der jungen Kraft« gesprochen, und sein devotes Auftreten gegenüber Hindenburg zeugte durchaus von der Absicht, beim Bürgertum an politischer Respektabilität zu gewinnen. Doch diente der Staatsakt, durch Radio und Presse medial vermittelt und durch regionale Feiern vielerorts bekräftigt, als ideale Projektionsfläche für verbreitete Sehnsüchte nach nationaler Einheit und »Wiedergeburt«. Der Mythos einer Vermählung von Tradition und Revolution wurde mindestens ebenso sehr »von unten« erzeugt wie »oben«, auf der Hauptbühne, zelebriert. Was der NS-Publizist Wilfrid Bade 1933 in seinem Buch über das »Jahr der Revolution« schrieb, spiegelte durchaus die Auffassung eines Gutteils des Bürgertums wider. Der Staatsakt in Potsdam segne das Dritte Reich »mit der treu gehüteten Tradition und der erhabenen Heiligkeit eines Jahrtausends deutscher Geschichte«.[13]

Tatsächlich war die Phase beschleunigter Machtausweitung in den Jahren 1933/34 eine Revolution in doppeltem Sinne: In der Suggestion einer Rückkehr zur guten alten Ordnung entsprach sie einem Verständnis von »*Re*volution«, wie es bis weit ins 18. Jahrhundert hinein gängig gewesen war. In der faktischen Begründung einer politischen Ordnung, die historisch neuartig war, entsprach sie dem modernen, zukunftsgerichteten Verständnis von »*Revolution*«.[14] Dass es sich um eine grundlegende Umwälzung der politischen Ordnung handelte, bekam nicht nur der »marxistische« Erzfeind, sondern auch der konservative Koalitionspartner zu spüren. Von Papens Einschätzung aus dem Januar 1933, dass man Hitler in zwei Monaten so »in die Ecke gedrückt« haben werde, »dass er quietscht«, erwies sich nämlich als zu optimistisch. Die politische Gewalt der Nationalsozialisten machte auch vor den Deutschnationalen nicht halt.[15]

Innerhalb weniger Monate wurden nicht nur Grundpfeiler des Rechtsstaats zerstört, sondern man überführte auch eine Koalitionsregierung in eine Einparteienherrschaft. Nachdem die KPD entrechtet und die SPD verboten worden war, lösten sich die übrigen Parteien im Juni und Juli 1933 auf. Eine ähnliche Dynamik von »Gleichschaltung« und »Selbstgleichschaltung« gab es auf der Ebene von Vereinen und Verbänden. Innerhalb kürzester Zeit überzog die NSDAP die deutsche Gesellschaft mit einem engmaschigen Netz aus Parteigliederungen und Parteiverbänden: Hitlerjugend, Bund Deutscher Mädel, Nationalsozialistische Frauenschaft, Deutsche Arbeitsfront, NS-Volkswohlfahrt, etc. 1935 hatte sich die Zahl der Parteimitglieder auf zweieinhalb Millionen verdreifacht; zur Hitlerjugend waren bis dahin dreieinhalb bis vier Millionen Jugendliche im Alter von zehn bis 18 Jahren gestoßen; und zur Deutschen Arbeitsfront, der mit Abstand größten NS-Massenorganisation, die sich das Vermögen der Gewerkschaften einverleibt hatte, zählten zu diesem Zeitpunkt mehr als 15 Millionen Erwerbstätige. Für Mitglieder dieser Organisationen eröffneten sich Gelegenheiten zu sozialem Aufstieg und neue Möglichkeiten politischer Teilhabe. Wem aus politischen oder »rassischen« Gründen die Partizipation an dem weitverzweigten Netzwerk der NSDAP verwehrt blieb, sah in dieser Ordnung neuer, extremer Ungleichheiten früher oder später dem sozialen oder physischen Tod entgegen.[16]

In den Jahren 1933/34 übernahm nicht, wie bei einem Putsch, die Clique einiger Weniger die Macht, sondern eine soziale Bewegung, hinter der Millionen von Menschen standen und die sich den radikalen Umbau der Gesellschaft zum Ziel gesetzt hatte. Der vorläufige Abschluss der politischen Revolution im August 1934 war der Auftakt für ein Sozialexperiment, das auf Dauer angelegt war. Wie schon 1942 der emigrierte Politikwissenschaftler Sigmund Neumann feststellte, implizierte der totalitäre Gestaltungswille der NS-Bewegung eine »permanente Revolution«, die auf politische, »völkische« und »rassische« Homogenisierung zielte sowie auf eine »unbegrenzte Expansion« des nationalsozialistischen »Befehlsraums«.[17] Das revolutionäre Moment von 1933 wurde nicht, wie Hitler im Juli desselben Jahres aus Sorge vor wirtschaftlichem Chaos erklärt hatte, in das »sichere Bett der Evolution« übergeleitet,[18] sondern es perpetuierte sich: Es aktualisierte sich in verschiedenen Beschleunigungsphasen und gipfelte in Krieg und Völkermord.

Die Ausweitung nationalsozialistischer Macht vollzog sich als grundlegende und fortwährende Umwandlung des Staates. Dabei verräumlichte sich die NS-Herrschaft über eine Vielzahl von Machtapparaten, die, wenngleich im Rahmen des NS-Weltanschauungsfelds und im Bannkreis des »Führers« als zentraler Integrations-, Mobilisierungs- und Legitimationsinstanz, oftmals über erhebliche Handlungsspielräume verfügten. Die Herrschaftsbereiche dieser Machtapparate ergänzten einander und überlappten sich zum Teil, was zu Konkurrenz, aber auch zu Kooperation führte.

Die »neue Staatlichkeit« des Nationalsozialismus basierte vor allem auf dem Zusammenwirken neu geschaffener »charismatischer Verwaltungsstäbe«. Nach der klassischen Definition des Soziologen Max Weber funktionieren diese nach dem Prinzip personalisierter Herrschaft. Im Vergleich zum klassischen bürokratischen Anstaltsstaat spielen hier formale Verfahrensregeln und das Einhalten des Dienstwegs trotz bestehender Verwaltungsroutinen und Amtshierarchien eine geringere Rolle; dafür ist der Wille des charismatischen Herrschers und seiner »charismatisch qualifizierten Kommissare« von großer Bedeutung. Für die NS-Herrschaft lassen sich drei Typen »charismatischer

Verwaltungsstäbe« unterscheiden: Massenorganisationen wie die Deutsche Arbeitsfront (DAF); führerunmittelbare Sonderkommissare wie Fritz Todt, Generalinspektor für das deutsche Straßenwesen, oder Robert Ley, Reichskommissar für den sozialen Wohnungsbau; und die regionalen Gauwaltungen, die den jeweiligen Gauleitern unterstanden, also NSDAP-Regionalfürsten mit direktem Draht zum »Führer«. Die personalpolitische Schnittmenge der Führungsebenen dieser Verwaltungsstäbe war erheblich: Viele Gauleiter wurden zu Sonderkommissaren ernannt, und manche Sonderkommissare leiteten Massenorganisationen.[19]

Typisch für den neuen Staat des Nationalsozialismus war die immer stärkere Differenzierung und Neubildung von Verwaltungsstäben. Damit reagierte man flexibel auf neue Anforderungen, die sich, zum Teil auch unbeabsichtigt, in hohem Maße aus weltanschaulichen Zielsetzungen ergaben. Ein gewisses Maß an Integration erzielte man dadurch, dass Kommunikationsräume geschaffen wurden, die als Schnittstellen fungierten und das Netzwerk des polyzentrischen Herrschaftsgefüges zusammenhielten. Gauleiter-Tagungen, teilweise in Eigenregie ohne Weisung von oben organisiert, dienten ebenso als Foren des Austauschs und der Koordination wie Amtsleitertagungen der DAF. Im Bereich überkommener Institutionen diente etwa der 1933 eingerichtete Deutsche Gemeindetag als Koordinierungsinstanz von Kommunen und Gemeindeverbänden. Zum Problem wurde den Nationalsozialisten jedoch, dass sie aus Mangel an selbstregulativen Kräften, wie sie sich in einem pluralistischen Rechtsstaat entfalten, gesellschaftliche Komplexität nicht in ausreichendem Maße organisieren konnten. Nationalsozialistische Herrschaft war dynamisch – frei von Dysfunktionalitäten war sie nicht.[20]

Die Nationalsozialisten schufen einen neuen Staat, um eine neue Gesellschaft zu formen. Aufgrund der zentralen Bestandteile des NS-Weltanschauungsfelds – Rassismus, ethnischer Nationalismus, Sozialdarwinismus, Antisemitismus, Antimarxismus und Lebensraumideologie – war diese sozialtechnologische Neugestaltung ohne Terror und Verfolgung, Krieg und Expansion nicht umzusetzen. Ideologie und Praxis waren im Dritten Reich eng miteinander verwoben.[21]

5 Grenzen der Volksgemeinschaft

»Der Deutsche grüßt: Heil Hitler!« – Jubelnde »Volksgenossen« mit Hitlergruß, um 1935.

Ziel des nationalsozialistischen Sozialexperiments war es, eine »Volksgemeinschaft« zu schaffen, also Klassenkampf zu überwinden und eine nach außen kampfbereite, auf den »Führer« orientierte Leistungsgesellschaft zu formen – auf der Basis »rassischer«, »völkischer« und politischer Kriterien. Dieser Ordnungsentwurf war nur vage definiert und ließ verschiedene Formen der Aneignung, Ausdeutung und Umsetzung zu. Dass hier das Volksgemeinschaftsprojekt als Experiment bezeichnet wird, bedeutet zum einen, dass der Nationalsozialismus als politischer Modernismus etwas sozialtechnologisch Neues versuchte. Zum anderen bestand der experimentelle Charakter dieses Projekts darin, dass auf verschiedenen Ebenen, im Alltagsleben wie in Politik und Verwaltung, aktiv mit neuen Verhaltensmustern und Ideen experimentiert wurde, statt passiv einem vom

»Führer« ausgeheckten Masterplan zu folgen – so wichtig Hitler für die Formulierung allgemeiner Leitlinien auch war.

Lange Zeit haben sich Historiker mit der Frage beschäftigt, ob das nationalsozialistische Ideal der »Volksgemeinschaft« eine bloße Propagandaphrase ohne größere Wirkung gewesen sei oder ob es in mancher Hinsicht handlungsleitend gewirkt und die deutsche Gesellschaft verändert habe. Diese Diskussion versuchte zum einen, die NS-Herrschaft in größere Zeiträume des sozialen Wandels einzuordnen und tieferreichende Ursachen für das Abschleifen von Milieu- und Klassengrenzen in der (west-)deutschen Gesellschaft nach 1945 aufzudecken. Zum anderen richtete sie sich darauf, Gründe für die zumindest augenscheinliche Attraktivität des NS-Regimes zu finden, die jenseits offenkundiger »Erfolge« lagen wie dem Abbau der Arbeitslosigkeit, der Revision des Versailler Vertrags und des militärischen Sieges über Frankreich im Juni 1940, dem Höhepunkt von Hitlers Popularität.

Inzwischen ist sich die Forschung weitgehend einig, dass sozialstrukturellen Veränderungen – etwa was die relative Entwicklung von Reallöhnen, verfügbarem Einkommen und Konsum betrifft – enge Grenzen gesetzt waren. Das hing auch mit den Erfordernissen von Aufrüstung, Kriegsvorbereitung und Kriegswirtschaft zusammen. Legt man sozialstatistische Datensätze zugrunde, scheint der Befund eindeutig: Eine soziale Revolution gelang den Nationalsozialisten nicht. Aus erfahrungsgeschichtlicher Perspektive kann man jedoch feststellen, dass im Dritten Reich, die letzten Kriegsjahre ausgenommen, über weite Strecken tatsächlich ein »›Volksgemeinschafts‹-Bewusstsein« vorhanden war. Dieses Bewusstsein, das mit einem »*Gefühl* sozialer Gleichheit« und einem Glauben an soziale Aufstiegschancen einherging, hatte durchaus reale Folgen, weil es zur gesellschaftlichen Akzeptanz der NS-Herrschaft beitrug.[1] Tatsächlich kann Terror allein die beachtliche Stabilität des Dritten Reichs kaum erklären. Trotz Entrechtung konnte es auch für Arbeiter attraktiv sein.

Neuere Forschungen haben den Horizont dieser auf Integration und Zustimmung fokussierten Diskussion überschritten, indem sie »Volksgemeinschaft« vor allem als Ausgrenzungsgemeinschaft thematisieren.[2] Erst im Akt der Ausgrenzung jener, die nicht zu ihr gehören sollten, konstituierte sie sich. In der Praxis wurde zum »Volksgenossen«, wer – in welcher Weise auch immer – an der öffentlichen Demütigung und politischen Verfolgung von Juden, »Asozialen« und anderen »Gemeinschaftsfremden« teilhatte. Ohne solche Grenzziehungen war »Volksgemeinschaft« weder praktisch herstellbar noch überhaupt denkbar.[3]

Über Grenzen der »Volksgemeinschaft« im Dritten Reich nachzudenken eröffnet vor diesem Hintergrund Perspektiven auf verschiedene Praktiken der Verräumlichung nationalsozialistischer Herrschaft: Erstens Praktiken der Ausgrenzung, die sich innerhalb der Parameter des NS-Weltanschauungsfelds bewegten und zumindest funktional an der Herstellung der »Volksgemeinschaft« als Handlungsraum mitwirkten, d.h. ohne dass diese Praktiken notwendigerweise durch entsprechende ideologische Zielvorstellungen motiviert waren bzw. ohne dass sich solche Intentionen aus den Quellen zwingend ableiten lassen;[4] zweitens Praktiken der Vergesellschaftung, die – funktional oder intentional – »Volksgemeinschaft« als einen Strukturraum konstituierten, der über neue Verhaltensstandards und Rituale eine gewisse Einheitlichkeit und Kohärenz erwarb, der aber nicht nur alters-, geschlechts- und berufsspezifisch, sondern auch regional und konfessionell binnendifferenziert war; drittens Praktiken der Inklusion und Exklusion, die »Volksgemeinschaft« als vorgestellte Gemeinschaft konstruierten, indem sie sich des rhetorischen Registers der Volksgemeinschaftssemantik bedienten – sei es aufgrund einer bewussten Orientierung an dem sozialen Ordnungs-, Verheißungs- und Zukunftskonzept der Nationalsozialisten oder aus eher strategischen Gründen der Legitimation individueller Interessen; und viertens Praktiken der Widerständigkeit und des Sich-Verweigerns, welche die Reichweite des totalitären Gestaltungswillens der Nationalsozialisten begrenzten und Rückzugsräume ermöglichten. Über Grenzen der »Volksgemeinschaft« nachzudenken bedeutet schließlich auch, über die Grenzen des sozialen Wandels im Nationalsozialismus zu reflektieren – ob durch gesellschaftliche Widerstände und den »Eigensinn« der »Volksgenossen« erzeugt oder vom NS-Regime selbst gesetzt.

Grenzen der »Volksgemeinschaft« zu erkunden erlaubt nicht nur, unterschiedliche Sphären der Gesellschaft im Dritten Reich zu beleuchten, sondern auch verschiedene Perspektiven, Themenfelder und Analyseebenen zueinander in Beziehung zu setzen.[5] Auf diese Weise können Ideologie und Praxis, politisches Ordnungsmodell und soziale Interaktion in ihrer »wechselseitigen Dynamik« betrachtet werden.[6] Insbesondere eröffnet ein solcher Ansatz die Möglichkeit, Analysen gesellschaftlicher Exklusions- und Inklusionsmechanismen stärker miteinander zu verzahnen. Es hat den Vorzug, die Gleichzeitigkeit von Gewalt und sozialer Mobilität, von Terror und politischer Partizipation, von Massenmord und Gemeinschaftsbildung ins Blickfeld zu rücken. Sowohl das Konzept der »Volksgemeinschaft« als auch seine raumgeschichtliche Perspektivierung sind geeignet, jene Gleichzeitigkeit einzufangen. Dabei lassen sich die Konturen einer Vielzahl sozialer Räume erkennen, die im Dritten Reich durch Praktiken der Grenzziehung produziert wurden.

Der öffentliche Raum

Antijüdische Gewalt: Von entscheidender Bedeutung für die Konstituierung der »Volksgemeinschaft« war der öffentliche Raum. Nicht nur in größeren Städten, sondern auch in kleineren Gemeinden war die öffentlich inszenierte Demütigung von Juden ein wesentliches Moment in der Transformation der deutschen Gesellschaft. In antijüdischen Gewaltaktionen, meist geplant und durchgeführt von NSDAP-Ortsgruppen sowie von lokalen SA-, SS- und zunehmend auch HJ-Angehörigen, verwirklichte sich ein zentraler Bestandteil des nationalsozialistischen Gesellschaftsprojekts: die Ausgrenzung jüdischer Bürger aus der deutschen Gesellschaft. Zeitlich und räumlich begrenzt, doch über Augenblick und Tatort hinauswirkend, schufen antijüdische Gewalttaten eine soziale Distanz zwischen Juden und Nicht-Juden, die sich vielerorts zur unüberwindbaren Kluft ausweitete. Immer deutlicher und sichtbarer wurden Juden zum konstitutiven »Anderen« der sich formierenden »Volksgemeinschaft«: Nur wer kein Jude war, konnte Deutscher sein.[7]

Antijüdische Gewalt diente aber nicht nur der Abgrenzung nach »außen«. Vor allem unter den Gewalttätern von Partei, SA, SS und HJ sollte sie auch nach innen wirken und eine integrative Kraft entfalten. Das galt nicht zuletzt für die erst nach dem Machttransfer von 1933 zur NSDAP gestoßenen Mitglieder, die auf diese Weise weltanschaulich und habituell stärker in die Partei eingebunden werden sollten.[8] Ausgrenzung durch Gewalt und Vergemeinschaftung durch Gewalt bedingten sich gegenseitig.

Die vermeintlich unbeteiligten Zuschauer wurden zu Komplizen antijüdischer Gewalttaten. Man brauchte nicht selbst zuzuschlagen, um Teil des Geschehens zu werden. Passivität und Indifferenz erfüllten oft die Funktion, Gewalt und Ausgrenzung indirekt zu sanktionieren, also die Täter in ihrem Handeln zu bestätigen und bei den Opfern das Gefühl der Stigmatisierung zu verstärken. Für diesen Zusammenhang ist von sekundärer Bedeutung, aus welchen Motiven sich die Passivität von Passanten speiste. Passivität konnte nach außen hin Billigung signalisieren, ohne darin ihren inneren Beweggrund zu haben. Die Stimmungs- und Lageberichte des NS-Regimes legen im Gegenteil die Vermutung nahe, dass es in der Bevölkerung vor allem in den Anfangsjahren erhebliche Vorbehalte gegen antijüdische Gewaltaktionen gab.[9]

Entscheidend für die Ermöglichung des nationalsozialistischen Sozialexperiments war jedoch, dass weder von Seiten der Polizei noch von Seiten gewöhnlicher Bürger die gewaltsamen

Praktiken der Grenzziehung zwischen »Deutschen« und »Juden«, obwohl für jedermann sichtbar, unterbunden wurden. Dieses Gewährenlassen war für die Transformation rechtsstaatlicher Geltungsbereiche in Experimentierfelder der »Volksgemeinschaft« zentral. Indem immer wieder die Grenze des geltenden Rechts überschritten und diese Grenzüberschreitung immer seltener strafrechtlich geahndet wurde, nahm das nationalsozialistische Projekt zunehmend Gestalt an.

Das Spektrum antijüdischer Gewalt, betrachtet man den Zeitraum 1933 bis 1939, reichte von öffentlicher Erniedrigung, dem Boykott jüdischer Geschäfte, der Zerstörung jüdischen Eigentums bis zu körperlicher Gewalt und Mord.[10] Es wurden prozessionsartige Prangerumzüge veranstaltet, um intime Beziehungen zwischen Juden und Nicht-Juden zu zerstören und in aller Öffentlichkeit als »Rassenschande« zu stigmatisieren. Derartige Prangerumzüge führten durch prominente Straßen und über markante Plätze und folgten als symbolischer Akt bestimmten Ritualen. Diese konnten lokal variieren, griffen aber meist volkstümliche Traditionen der Ehrgerichtsbarkeit auf, um Normübertretungen in der Privatsphäre im öffentlichen Raum anzuprangern. Vor aller Augen wurde eine Grenze gezogen zwischen denen, die »ehrbar« waren, und denen, die »Schande« auf sich geladen hatten.[11]

Die geschlechtsspezifische Dimension solcher Anprangerungen zeigte sich unter anderem darin, dass besonders Beziehungen zwischen jüdischen Männern und nicht-jüdischen Frauen stigmatisiert wurden. Das entsprach dem Stereotyp vom jüdischen »Rassenschänder«, der die »deutschblütige« Frau »verführte« und »entehrte«. Den Frauen hängte man Schilder um den Hals mit »Bekenntnissen« wie: »Ich blonder Engel schlief bei diesem Judenbengel«, oder: »Ich bin ein Deutsches Mädchen und habe mich vom Juden schänden lassen.«[12]

Zum Straftatbestand wurde »Rassenschande« durch das »Gesetz zum Schutze des deutschen Blutes und der deutschen Ehre«, das zusammen mit dem »Reichsbürgergesetz« im September 1935 auf dem Nürnberger Parteitag beschlossen wurde. Degradierte das »Reichsbürgergesetz« jüdische Deutsche zu Staatsangehörigen zweiter Klasse, verbot das »Blutschutzgesetz« im Sinne der »Reinheit des deutschen Blutes« und der Sicherung des »Fortbestands des Deutschen Volkes« sowohl Eheschließungen als auch den »außerehelichen Verkehr zwischen Juden und Staatsangehörigen deutschen oder artverwandten Blutes«. Das mit den Nürnberger Gesetzen eingeführte Klassifikationssystem, das sich aus verschiedenen Rassetheorien speiste, die Religionszugehörigkeit der Großeltern zum wichtigsten Kriterium machte und zwischen »Deutschblütigen«, »Juden« und »Mischlingen« unterschied (die beiden letzten Kategorien in verschiedenen Abstufungen), war ein entscheidender Schritt auf dem Weg, den Begriff vom »deutschen Juden« in einen Bereich jenseits des Sagbaren zu verbannen.

Ein weiteres Mittel, um Bindungen zwischen jüdischen und nicht-jüdischen Deutschen zu zerstören, war der Boykott. Am 1. April 1933 rief die NSDAP zum reichsweiten Boykott jüdischer Geschäfte auf. Das war die erste im großen Maßstab durchgeführte antijüdische Aktion des NS-Regimes. Sie bildete den Auftakt zu zahllosen weiteren Boykottaktionen, die zwar nicht mehr konzertiert abliefen, dafür aber, von NSDAP-Ortsgruppen organisiert, in den folgenden Monaten und Jahren den Alltag vieler Städte prägten. Dabei konnte die Partei auf Praktiken zurückgreifen, die sie zur Zeit der Weimarer Republik eingeübt hatte. Schon vor 1933 hatte die NSDAP eine »Topografie des lokalen Wirtschaftslebens« entworfen.[13] Sie publizierte Listen, Verzeichnisse, »Bezugsquellen-Anzeiger« und sogar Stadtpläne, die entweder den Weg zu »deutschen« Geschäften wiesen oder die Lage »jüdischer« Geschäfte identifizierten und zu wirtschaftlichen Sperrbezirken erklärten. Diese Markierungen sollten Teil der kognitiven Karte des »Volksgenossen« werden und sich nicht zuletzt im Kopf der »deutschen Hausfrau« einprägen, damit sie beim täglichen Einkauf die »richtige« Kaufentscheidung traf. Konkrete Gestalt nahmen diese Markierungen dadurch an, dass sich Boykottposten gewissermaßen als Grenzwächter vor jüdische Geschäfte und Warenhäuser stellten und antisemitische Parolen auf Schaufenster schmierten wie zum Beispiel: »Wer beim Juden kauft, ist ein Volksverräter«.[14]

Gewalt gehörte zum festen Repertoire antijüdischer Boykottaktionen: Regelmäßig wurden Fensterscheiben eingeworfen, jüdische Kaufleute drangsaliert und nicht-jüdische Kunden bedroht. Gleichviel, ob sich antijüdische Gewalt primär aus ökonomischen Interessen speiste, ob sie als legitime Verteidigungsstrategie ausgegeben wurde (»Wehrt Euch!«), oder ob man das Mantra vom »raffenden Juden« predigte, der dem »schaffenden Arier« das Blut aussauge: Aus unterschiedlichen Motiven und mit unterschiedlichen Mitteln wurden jüdische Laden- und Warenhausbesitzer aus dem wirtschaftlichen Interaktionsraum der deutschen Gesellschaft verbannt.[15]

Der vorläufige Höhepunkt antijüdischer Gewalt war der Pogrom vom November 1938. Er wurde ausgelöst durch die Nachricht von einem Attentat, das der 17-jährige Herschel Grynszpan in Paris auf den deutschen Diplomaten Ernst vom Rath verübt hatte, aus Zorn über die Abschiebung seiner polnisch-jüdischen Eltern aus Deutschland. Zwischen 1300 und 1500 Juden fielen der Gewaltorgie zum Opfer: Sie wurden entweder ermordet, in den Selbstmord getrieben oder kamen später in den Konzentrationslagern von Buchenwald, Dachau und Sachsenhausen um. 1406 Synagogen, 177 Wohnhäuser und mindestens 7500 Geschäfte wurden geplündert, niedergebrannt und teils vollständig zerstört.[16]

Der Pogrom löste eine neue Fluchtwelle aus. Waren 1933 rund 37000 und in den darauffolgenden Jahren jeweils 20000 bis 24000 Juden aus Deutschland geflohen, verließen 1938 noch einmal 40000 Juden das »Altreich«, also das deutsche Staatsgebiet in den Grenzen vor der Annexion Österreichs im März desselben Jahres. 1939 flüchteten sogar bis zu 80000 Juden aus dem Deutschen Reich, Österreich eingeschlossen. Insgesamt reduzierte sich die Zahl der im »Altreich« lebenden Juden von über

November 1938: Eine Kolonne verhafteter Juden in Baden-Baden unter Bewachung von SS und Polizei.

500 000 im Jahr 1933 auf knapp 215 000 im Mai 1939. Bis zum Auswanderungsverbot vom Oktober 1941 sollten noch 30 000 bis 40 000 Juden das Reich verlassen.[17] Schon vor Beginn der systematischen Vernichtung des Judentums im Machtbereich des NS-Regimes, also noch vor Beginn des heute als Holocaust oder Shoa bezeichneten Genozids, hatten sich große Teile des »Altreichs« in »judenfreie« Zonen verwandelt – eine der wesentlichen Formen der Verräumlichung nationalsozialistischer Herrschaft.

Die zerstörerische Energie, die beim Novemberpogrom freigesetzt wurde und elementarer Bestandteil des NS-Sozialexperiments war, resultierte nicht aus einer von langer Hand vorbereiteten konzertierten Aktion, sondern speiste sich vor allem aus der enormen Gewaltbereitschaft zehntausender Deutscher.[18] Zweifellos spielten Hitler und Goebbels, zusammen mit zentralen Dienststellen der Partei, eine wichtige Rolle bei der Organisation und Legitimation des Pogroms. Doch ohne die jahrelang im Alltag praktizierte Ausgrenzung von Juden aus der deutschen

Gesellschaft ist weder die geografische Reichweite des Pogroms noch die soziale Breite der Tätergruppen noch die immense Brutalität der Gewalt zu begreifen.

Sicherlich gab es geografische Verdichtungsräume: Nicht nur Berlin und Wien waren Brennpunkte des Geschehens; Pogrome traten auch vermehrt in den Städten und Gemeinden von Nordhessen auf, einer traditionellen Hochburg des Antisemitismus, wo die Krawalle auch ihren Ausgang nahmen. Tatsächlich aber handelte es sich um ein reichsweites Phänomen. Dabei stieß die Gewalt auf ein geteiltes Echo. Teilweise kritisierte man die brutale Misshandlung jüdischer Nachbarn, die häufig auf offener Straße geschah; besonders unter Katholiken beklagte man den Angriff auf sakrale Räume, weil man fürchtete, die Gewalt könnte sich in Zukunft auch gegen die eigenen Kirchen richten; oftmals rief die Zerstörung von Sachwerten Ablehnung hervor. Inwiefern Kritik am Ausmaß der Gewalt als Chiffre für eine grundsätzliche Ablehnung anti-jüdischer Diskriminierung zu lesen ist, die man, ohne Repressalien zu erleiden, nicht im öffentlichen Raum äußern konnte, muss in vielen Fällen offen bleiben. Öffentliche Meinung lässt sich in einer Diktatur nur schwer messen. Manches spricht aber für die Annahme, dass antijüdische Gewalt, die als unzivilisiert und ordnungsstörend empfunden wurde, in Teilen der Bevölkerung die Bereitschaft steigerte, »geordnete«, legislativ-verwaltungstechnische Maßnahmen der Judendiskriminierung zu akzeptieren.[19]

Für den übergreifenden Zusammenhang der Verräumlichung nationalsozialistischer Herrschaft und der sukzessiven Konstituierung einer »rassisch« homogenen »Volksgemeinschaft« sind drei Dinge festzuhalten: Erstens war der Pogrom bei einem Teil der Täter Ausdruck der Überzeugung, dass Deutschlands Juden »außerhalb der Grenzen der Gemeinschaft« zu verorten seien.[20] Unabhängig von der Frage, wie die Gewalttaten im Einzelnen motiviert waren, erfüllte der Pogrom zweitens die Funktion, das Deutsche Reich der nationalsozialistischen Vision eines »judenfreien« »Lebensraums« näherzubringen. Für die betroffenen Juden, die zur Emigration gezwungen waren, bedeutete die brutale Verfolgungserfahrung schließlich, dass ihr Leben in Deutschland beendet und dieses Deutschland nicht mehr das ihre war: »Nie mehr zurück in dieses Land«, schrieb die Berliner Ärztin Hertha Nathorff am 16. November 1938 in ihr Tagebuch – »wenn wir es erst lebend verlassen haben«.[21]

Alltagskommunikation und rituelle Inszenierung: Neben antijüdischer Gewalt gab es eine Vielzahl anderer sozialer Praktiken, die den öffentlichen Raum im Dritten Reich mit konstituierten. Dazu zählten alltägliche Umgangsformen genauso wie aus dem Alltag herausgehobene Rituale. Eine der sichtbarsten Änderungen im öffentlichen Leben war die Ausweitung des Hitlergrußes vom innerparteilichen auf den öffentlichen Kommunikationsraum aller »Volksgenossen«. Am 13. Juli 1933 machte das Reichsinnenministerium in einem Rundschreiben an die obersten Reichsbehörden, die Reichsstatthalter und die Landesregierungen den Hitlergruß für »sämtliche Beamte, Angestellte und Arbeiter von Behörden« verbindlich. Sie sollten »dem deutschen Volke vorangehen« in dem Bestreben, »Heil Hitler« zum allgemein vorherrschenden, wahrhaft »deutschen Gruß« zu machen, um die »Verbundenheit des ganzen deutschen Volkes mit seinem Führer auch nach außen hin« zu demonstrieren.[22] Während sich die ministerielle Anordnung strenggenommen nur auf den innerdienstlichen Bereich bezog, wurde gleichzeitig die Erwartung formuliert, dass auch außerhalb von Behörden mit »Heil Hitler« gegrüßt werde. Die Verbreitung der neuen Grußpraxis im öffentlichen Raum wurde zudem durch Bestimmungen gefördert, die das Verhalten in Räumen gesellschaftlicher Sozialisation regelten: etwa in Schulen, in denen Lehrer zu Beginn jeder Unterrichtsstunde die Klasse mit »Heil Hitler« zu begrüßen hatten, oder in Universitäten, wo der NS-Studentenbund dazu ermahnte, der »deutsche Gruß« müsse einem jeden Kameraden »selbstverständlich« werden.[23] Schließlich wurden auf öffentlichen Plätzen der Stadt, an Strommasten und Laternenpfählen, an Geschäften und Haustüren kleine Emaille-Schilder angebracht mit Aufschriften wie: »Der Deutsche grüßt: Heil Hitler!«, oder: »Volksgenosse,/ trittst Du ein,/ soll Dein Gruß/ ›Heil Hitler‹/ sein!«.[24]

In der Tat überlagerte oder verdrängte »Heil Hitler« vielerorts herkömmliche Grußformeln. Das bewirkte eine gewisse Homogenisierung des öffentlichen Kommunikationsraums und bedeutete eine Neuziehung gesellschaftlicher Grenzen. In der mündlichen wie in der schriftlichen Kommunikation verloren traditionelle Höflichkeitsformen an Bedeutung. Manche Benimm- und Ratgeberbücher wiesen darauf hin, dass die »neue Zeit« mit dem »ganzen Plunder« der »feinen Schattierungen« aufgeräumt habe und man nun ohne Berücksichtigung von Rang- und Standesunterschieden grüßen könne: »Heil Hitler« sei der »Gruß der Volksgemeinschaft«.[25] Während in der Alltagskommunikation soziale Distanzen schrumpfen konnten, traten politische und vor allem »rassische« Unterschiede umso deutlicher hervor bzw. wurden im öffentlichen Raum durch Artikulation oder Nicht-Artikulation des Hitlergrußes erst geschaffen. Der Hitlergruß fungierte als »Grenzmarkierung und Grenzüberwindung« zugleich, indem er für die einen »Zonen der Zugänglichkeit« schuf, von denen er die anderen ausschloss.[26]

Für die Verräumlichung nationalsozialistischer Herrschaft war bedeutsam, wie man sich im öffentlichen Raum verhielt und nicht so sehr, was man im stillen Kämmerlein dachte. Die Geste des Hitlergrußes konnte durchaus als Schwur auf den »Führer« gemeint sein: ein Akt der Selbstverpflichtung, der immer wieder von neuem als »Eintrittsticket« für eine Gemeinschaft entschlossener Gefolgsleute diente. Die Geste konnte aber auch zu einem »Ort des Verstecks« werden und verbergen, was man wirklich dachte.[27] Die NS-Herrschaft basierte bloß zum Teil auf der Übereinstimmung von innerer Einstellung und äußerem Bekenntnis; sie beruhte auch auf dem »*Anschein* von Einstimmigkeit«.[28]

Weitaus stärker aus dem Alltag herausgehoben und mit einem deutlich prononcierteren »Aufführungscharakter« versehen, waren nationalsozialistische Rituale. Auch bei ihnen kam es in erster Linie auf den »äußeren Vollzug« an.[29] Im Dritten Reich gab es eine Vielzahl von Ritualen, weil der Nationalsozialismus angesichts der Zurückdrängung institutionell-verfahrensmäßiger Mechanismen der Legitimation und Konsensbildung, wie sie für parlamentarische Demokratien kennzeichnend sind, in besonderem Maße auf Techniken emotionaler Vergemeinschaftung angewiesen war.[30] So, wie das NS-Regime versuchte, das Alltagsleben durch veränderte Verhaltensstandards neu zu strukturieren, führte es auch einen Feiertagskalender ein, der den Rhythmus des Festjahres neu bestimmte. Hatte sich die Weimarer Republik durch eine politisch kontroverse und religiös wie regional äußerst heterogene Festtagskultur ausgezeichnet, sollte der öffentliche Raum auch in dieser Hinsicht bis zu einem gewissen Grad homogenisiert werden. Wenngleich die Feste und Feiern häufig an bestimmte Kultstätten gebunden waren, wurde ein großer Aufwand betrieben, um auch die übrigen Bewohner des Reiches zumindest medial an den Feierlichkeiten teilhaben zu lassen.

Das nationalsozialistische »Feierjahr« begann mit dem »Tag der Machtergreifung« (30. Januar) und führte über folgende Stationen: »Parteigründungsfeier« (24. Februar), »Heldengedenktag«, »Verpflichtung der Jugend«, »Führers Geburtstag« (20. April), »Tag der nationalen Arbeit« (1. Mai), Muttertag, Sommersonnenwende, Reichsparteitag (Anfang September), Erntedankfest, Gedenktag für die »Gefallenen der Bewegung« (9. November), Wintersonnenwende und »Volksweihnacht«.[31] Teils wurden neue Feiertage zum Jahreszyklus hinzugefügt, teils wurden alte Feiertage umgewidmet und mit neuen Bedeutungen versehen. Neben christlichen Traditionen fanden auch Bestandteile der volkstümlichen und bürgerlichen Festkultur sowie Rituale der Jugend- und Arbeiterbewegung Eingang in das Repertoire an Techniken, derer man sich bei der festlichen Inszenierung der »Volksgemeinschaft« bediente. Exemplarisch seien hier drei der wichtigsten Festtage vorgestellt, die für die Vergemeinschaftung der »Volksgenossen« im öffentlichen Raum zentral waren: der »Tag der nationalen Arbeit« in Berlin, das Reichserntedankfest auf dem Bückeberg bei Hameln und der Reichsparteitag in Nürnberg.

Der 1. Mai stand im Dritten Reich ganz im Zeichen der Überwindung des Klassenkampfs und der Schaffung einer »Volksgemeinschaft«. Seit 1890 zentraler »Kampftag« der internationalen Arbeiterbewegung, wurde er 1933 zum »Tag der nationalen Arbeit« erklärt, ein Jahr später dann zum »nationalen Feiertag des deutschen Volkes«. Der 1. Mai galt auch als »Tag der Volksgemeinschaft«.[32] Vor allem in den Anfangsjahren der NS-Herrschaft war er von großer Bedeutung. Die Ereignisse der ersten beiden Maitage von 1933 waren charakteristisch für die nationalsozialistische Doppelstrategie von Inklusion und Exklusion: Am 1. Mai zelebrierte man die Integration der Arbeiterschaft, am 2. Mai verhaftete man ihre ökonomischen Interessenvertreter. Zunächst besetzte man den symbolischen Raum der Arbeiterbewegung, anschließend den physischen der Gewerkschaftshäuser.

Auch wenn an Traditionen der Arbeiterbewegung angeknüpft wurde, konnte der Kontrast zu früheren Maifeiern in vieler Hinsicht kaum größer sein. Die Sprache des Klassenkampfs wurde ersetzt durch die Rhetorik nationaler Einheit. Hitler brachte die zentrale Botschaft des Festtags in seiner Ansprache am Abend des 1. Mai 1933 auf den Punkt: »Das Symbol des Klassenkampfes, des ewigen Streites und Haders wandelt sich nun wieder [!] zum Symbol der großen Einigung und Erhebung der Nation«.[33] Diese Worte verweisen auf das für den Nationalsozialismus so typische Paradoxon einer »Wiederanknüpfung nach vorwärts«. Tatsächlich musste »Volksgemeinschaft« hergestellt werden; sie wurde nicht einfach »*wieder*hergestellt«. Der Arbeiterschaft kam dabei eine zentrale Funktion zu.

Arbeit bedeutete im Dritten Reich nicht einfach Erwerbstätigkeit, sondern, wie Hitler klar machte, »Verpflichtung dem Volksganzen gegenüber«. Aus Arbeit erwachse nur dann Leben, wenn sich hinter ihr die »starke Faust der Nation zu Schutz und

Schirm« erhebe.[34] Der Arbeitsbegriff war im Nationalsozialismus mit kriegerischen Assoziationen aufgeladen. Der deutsche Arbeiter war zugleich Soldat; aus dem früheren »Handarbeiter« und »Proletarier« wurde der »Arbeiter der Faust«.[35] Diese neuen Zuschreibungen, allen voran der nationalistische wie bellizistische Neuentwurf eines der »Volksgemeinschaft« verpflichteten, in Reih und Glied stehenden »Arbeitertums«, fanden ihren symbolhaften Ausdruck in den Maifeiern.

In Berlin strömten zehntausende Arbeiter im Sternmarsch zum Tempelhofer Feld – von Marienfelde im Süden wie vom Wedding im Norden. Der ehemalige Parade- und Exerzierplatz, der schon seit Jahren als Flughafen genutzt wurde, war Ort der zentralen Feierlichkeiten. Die sternförmige Formation war für Arbeiter nichts Neues; sie hatte schon in der Weimarer Republik zum Repertoire an Demonstrationstechniken gehört. Die Feier am 1. Mai 1933 sprengte jedoch den Rahmen des bisher Erlebten. Fast zwei Millionen Menschen versammelten sich. Sie wurden in militärähnlicher Formation angeordnet; jeder Betriebszug war einem bestimmten Bereich zugeteilt. SA- und SS-Leute sorgten für Ordnung und Disziplin. Die Maifeier war zudem das erste große Medienevent des NS-Regimes, der »erste Großversuch«, »Volksgemeinschaft« massenkommunikativ herzustellen.[36]

Das Tempelhofer Feld verwandelte sich in einen gigantischen »Hörraum«, indem man es mit einem Netz von mehr als hundert Großlautsprechern überzog. Die Lautsprecher verstärkten Hitlers Stimme auf »das 50000-Fache« und ließen »nirgendwo eine stumme Zone« entstehen, schrieb tags darauf die *Berliner Morgenpost*.[37] Zugleich hörten die Besucher, was sie nicht sehen konnten: Über dem Feld schwebte das Luftschiff »Graf Zeppelin«, aus dem ein Reporter über Lautsprecher das Geschehen kommentierte. Durch diese »Simultaninszenierung« wurde den Teilnehmern die »Monumentalität des Massenaufmarschs« vor Augen geführt. Die Kommentierung aus der Luft war außerdem Teil eines Radioprogramms, das Musik und Hörspiele, aber auch Reportagen über Maifeiern aus anderen Teilen Deutschlands sendete. So, wie man über Radio fernab vom Geschehen an den zentralen Maifeiern teilnehmen konnte, bekam man auch im Zentrum des Geschehens mit, was außerhalb geschah. Die größte Veranstaltung, die vom deutschen Rundfunk bislang mitgestaltet worden war, sollte »Volksgemeinschaft« nicht nur vor Ort, sondern auch virtuell als Erlebnisraum herstellen.[38]

Dass dieser Erlebnisraum ganz Deutschland umfasste, verdeutlicht auch ein Hörbericht, der Interviews mit Arbeitern aus unterschiedlichen Regionen brachte, ausgewählt aus jeweils ortstypischen Berufszweigen. Unter den Interviewten fanden sich ein Hafenarbeiter aus Hamburg, ein Holzhacker aus Bayern, ein Landarbeiter aus Ostpreußen und ein Bergmann aus dem Ruhrgebiet: Alle berichteten von der großen Not unter dem Weimarer »System« und der Erlösung durch »Volkskanzler« Hitler. Verschiedene Regionen traten als Bestandteile eines Kommunikationsraums zueinander in Beziehung, und Arbeiter traten als Mitglieder einer zusammenhängenden Gemeinschaft auf: Region, Klasse und Nation im perfekten Resonanzverhältnis – das war jedenfalls die Intention der Inszenierung. Schon im Vorfeld hatte die Presse die entsprechenden Deutungsmuster für die »richtige« Lesart des Festakts bereitgestellt. Am 30. April hatte die *Berliner Morgenpost* angekündigt, dass auf dem Tempelhofer Feld »Deutsche aller Klassen« zusammenkämen; nicht das, was sie trenne, würde wahrgenommen, sondern das, was sie eine.[39]

Dass diese Kommunikations- und Erlebnisgemeinschaft auch eine Opfergemeinschaft war, machte Goebbels in seiner Rede deutlich, in der er »Arbeitertum«, Soldatentum und politische Bewegung in charakteristischer Überblendung zusammenbrachte. Im Gedenken an sieben in Essen verunglückte Bergarbeiter und zwei in Kiel und Naumburg ermordete SA-Männer rief er mit folgenden Worten zu einer reichsweiten Schweigeminute auf: »Die neun Soldaten der Arbeit und der Politik fallen auf dem Feld der Ehre. Die ganze deutsche Nation erhebt sich in diesem feierlichen Augenblick und ehrt das Andenken dieser gefallenen Soldaten durch eine Minute ehrfurchtsvollen Schweigens.«[40] In sein Tagebuch schrieb er lakonisch: »Nun steht die ganze Nation still. Die Lautsprecher tragen die Stille über Stadt und Land.«[41]

Das ergänzende Gegenstück zum »Tag der nationalen Arbeit« war das Reichserntedankfest, auch »Tag des deutschen Bauern« genannt und wie der 1. Mai nationaler Feiertag.[42] Begangen am ersten Sonntag nach Michaelis, also Ende September, Anfang Oktober, war das Erntedankfest dem »Nährstand« gewidmet – als integraler Bestandteil und zentrale Stütze der »Volksgemeinschaft«. Ort der zentralen Feierlichkeiten war der Bückeberg bei Hameln im nördlichen Weserbergland. Man hatte diesen Ort gewählt, erstens, weil er infrastrukturell gut erschlossen war, zweitens, weil er angesichts der sanften Steigung des Hangs eine perfekte Bühne bot und drittens, weil er sich für die Konstruktion mythischer Überhöhungen bestens eignete. Schließlich lag er, genauso wie das zur »Reichsbauernstadt« erhobene Goslar, im Raum Niedersachsen und damit im »völkischen Kernland« des Deutschen Reiches. Das Gebiet galt als Heimstätte des germanischen Bauerntums und als Wirkstätte so großer Heldengestalten wie Arminius, Widukind und Heinrichs des Löwen. Außerdem zählte es schon seit Jahren zu den Hochburgen der NSDAP.

Die Zuschauer reisten aus allen Ecken des Reiches an. Hunderte von Sonderzügen wurden dafür eingesetzt. 1933 kamen rund 500 000 Menschen zum Bückeberg, 1937, als das Fest zum letzten Mal abgehalten wurde, mehr als 1,3 Millionen.[43] Am Morgen des Festtags strömten die Besucher auf das Gelände eines durch tausend Fahnenmasten abgesteckten Ovals, das sich leicht geneigt über eine Fläche von 300 mal 600 Metern erstreckte. Wie bei traditionellen Erntedankfesten wurde auch beim Reichserntedankfest die Erntekrone überreicht, doch geriet dieser Akt in der NS-Choreografie zur Nebensache. Das Fest diente der Inszenierung des volksnahen Führers.

Die Nähe zum Volk wurde hergestellt, indem Hitler nach seiner Ankunft, händeschüttelnd und Blickkontakt suchend, über eine halbe Stunde lang mitten durch die Zuschauermenge schritt, zu einer oben am Berghang aufgestellten Tribüne, dem Erntealtar. SS-Leute hielten eine Mittelgasse frei, doch in Trachten gekleidete »Volksgenossinnen« hatten die Gelegenheit, den »Führer« zu berühren und ihm aus nächster Nähe zuzujubeln. Diesen rituellen Akt nannte man »Weg durch das Volk«. Er wurde gleich zweimal vollzogen, einmal vor und einmal nach Hitlers Rede, und im Laufe der Jahre immer perfekter in Szene gesetzt: 1935 schüttete man den »Führerweg« um einen halben Meter auf, so dass man Hitler auch aus der Ferne nah sein konnte; 1936 bestückte man den Weg mit Mikrophonen, um das Herstellen räumlicher Nähe akustisch einzufangen.

Bemerkenswert war die Militarisierung des Rituals. Beschränkte sich der militärische Teil des Festakts anfangs auf die Einlagen eines Reiterregiments, wurden von 1935 an in Form von Artillerie und Luftwaffe größere Geschütze aufgefahren. Wie von einem Feldherrnhügel aus konnten die Festteilnehmer einer spektakulären Gefechtsübung zusehen, in der sich zehntausend Soldaten eine Schlacht lieferten und ein eigens für diesen Zweck errichtetes Kulissendorf (das »Bückedorf«) effektvoll in Flammen aufgehen ließen. Eine Weserbrücke wurde aus der Luft zerschossen. Hinter dem bizarren Schauspiel steckte eine gewisse Logik. Das »Bauerntum« galt vor dem Hintergrund der »Blut und Boden«-Ideologie nicht nur als »Blutsquell des deutschen Volkes«; es war auch für die Autarkiepolitik des NS-Regimes von entscheidender Bedeutung. Aus dem Ersten Weltkrieg hatte man die Lehre gezogen, dass sich Deutschland von Wirtschaftsimporten unabhängig machen müsse, um in einem künftigen Krieg vor den Folgen einer erneuten Blockadepolitik gefeit zu sein. »Nahrungsfreiheit« und »Wehrfreiheit« hingen eng miteinander zusammen.

Die Inszenierung der »Volksgemeinschaft« als disziplinierte Kampfgemeinschaft erreichte ihren alljährlichen Höhepunkt auf den Reichsparteitagen in Nürnberg. Zur Zeit der NS-Herrschaft wurden die Parteitage Anfang September abgehalten; sie dauerten zunächst fünf (1933) und zuletzt acht Tage (1938). Schon in der »Kampfzeit«, zum ersten Mal 1927, hatten die Nationalsozialisten ihren Parteitag in Nürnberg abgehalten. Die Stadt war verkehrsgünstig gelegen, der damalige Polizeidirektor war für Aktivitäten nationalistischer Gruppierungen aufgeschlossen, und es ließ sich über diesen Ort eine mythische Kontinuität zu den Reichstagen des Heiligen Römischen Reiches konstruieren. Zu diesem Zweck holte man 1938 auch die Reichskleinodien aus Wien zurück.

Doch wie oben beschrieben ging es auch hier, trotz legitimierender Vergangenheitsreferenz, nicht um eine Wiederherstellung des Alten, sondern um ein Experimentieren mit dem Neuen. Sicher: Das mittelalterliche Stadtbild bot für Paraden und besonders für Hitlers feierlichen Einzug am ersten Tag des Spektakels eine malerische Kulisse. Doch nicht nur ließ sich der »Führer«, gerade dem Flugzeug entstiegen, im offenen Mercedes durch die begeisterte Menge fahren; auch lag der Ort der zentralen Feierlichkeiten fernab vom mittelalterlichen Stadtkern. Das Gelände des Reichsparteitags bestand aus einem weitläufigen Ensemble moderner Kultstätten: Luitpoldarena und Zeppelinfeld, letzteres nach der Landung eines Luftschiffs im Jahr 1909 benannt, dienten als große Aufmarschplätze für Partei, SA und SS sowie für Wehrmacht und Reichsarbeitsdienst; das städtische Stadion, 1928 erbaut, lieferte den Rahmen für den Appell der Hitlerjugend; und sowohl die Eröffnung als auch der Abschluss des Parteikongresses fanden in der Luitpoldhalle statt, einer ehemaligen Maschinenhalle, die 1905/06 für eine Industrieausstellung gebaut worden war.[44] Diese Stätten, die von Hitlers Stararchitekt und späterem Rüstungsminister Albert Speer nach und nach zu einem riesigen Theater ausgebaut wurden (ohne je vollendet zu werden), boten eine gigantische Bühne für eine »Homogenisierung des ›Volkskörpers‹«.[45] In stundenlangen Aufmärschen, Appellen und Paraden schufen Hunderttausende uniformierter Individuen, in synchroner Bewegung und geometrischer Aufstellung, das Bild homogener Einheit und perfekter Ordnung. Die Anordnung der Körper im Raum war so rechtwinklig und symmetrisch wie die sie umgebende Architektur.

Die visuelle Kraft der Inszenierung organischer Homogenität und militärischer Stärke speiste sich insbesondere aus dem seriellen Effekt der schier endlosen Reihen stramm stehender Männer und der Wiederholung immer gleicher Bewegungsabläufe. Noch gesteigert wurde dieser Eindruck durch den symbolkräftigen Einsatz von Fahnen, Standarten, Spaten und Waffen, mit denen die einzelnen Körper zu verschmelzen schienen, sowie durch die ubiquitäre Verwendung des Farbencodes Schwarz-Weiß-Rot, der NS-Staat und Reichstradition miteinander verband. Riesige Hakenkreuze prangten auf Fahnen und Monumenten; das Spiel von Hell und Dunkel verlieh dem Schauspiel eine magische Aura. In der nächtlichen Weihestunde am fünften Tag des Spektakels strahlten von den Rändern des quadratischen Zeppelinfelds 150 Flakscheinwerfer kilometerweit senkrecht in den Himmel und formten eine Lichtkuppel. »Lichtdom« nannte Albert Speer seine Raumkreation; wie in einer »Kathedrale aus Eis« fühlte sich der britische Botschafter Nevile Henderson. Die mehr als 200 000 Teilnehmer und Zuschauer wurden Teil eines gigantischen Innenraums unter freiem Himmel, begrenzt durch illuminierte Hakenkreuzfahnen und Lichtstrahlen, die »wie gewaltige Pfeiler unendlich hoher Außenwände« in die Höhe ragten.[46]

Die Visualisierung der »Volksgemeinschaft« als homogener »Massenkörper« wirkte vor allem »nach außen«.[47] Die in Reih und Glied marschierenden Akteure konnten häufig nicht mehr als den Tornister des Vordermanns sehen. In der Tat war die Außendarstellung von besonderem Belang für die NS-Führung. Die Demonstration von Einigkeit, Stärke und Entschlossenheit sollte Zweifler überzeugen und Oppositionelle entmutigen. Es wurde schwieriger, bekannte der Romanist und Tagebuchschreiber Victor Klemperer, sich weiszumachen, der Nationalsozialismus »wurzele nur flach und locker«.[48] Auch gegenüber dem Ausland wollte sich das Regime entsprechend präsentieren. Das wurde 1935/36, wie auch die Olympischen Spiele zeigten, immer wichtiger.

Inszenierte Ordnung und Geschlossenheit: Lichtdom auf dem Nürnberger Reichsparteitag, 8. September 1936.

Zugleich aber sollte der Reichsparteitag auch »nach innen« wirken. Er sollte Gemeinschaft stiften, Erlebnis sein. Dabei stieß der Gestaltungswille der NS-Führung selbst bei Parteitagen an Grenzen. Prägten tagsüber jubelnde Passanten das Nürnberger Stadtbild, machten zu später Stunde betrunkene und grölende SA-Männer die Stadt unsicher. Darin zeigte sich die Ambivalenz und bedingte Kontrollierbarkeit von Rausch als öffentlicher Veranstaltung.[49] Auch die Politischen Leiter der NSDAP, vom Blockwart und Zellenleiter aufwärts, entsprachen nicht immer dem gewünschten Erscheinungsbild. Es mangelte an Disziplin und körperlicher Leistungsfähigkeit. Und selbst wenn es vielfach trotzdem gelang, Momente der Vergemeinschaftung zu schaffen, ist fraglich, inwiefern das »Parteitagserlebnis vor Ort« medial vermittelt und in andere Teile des Reiches transportiert werden konnte.[50]

Um die auf dem Reichsparteitagsgelände inszenierte »Volksgemeinschaft« über Massenmedien auch virtuell herzustellen, bedurfte es einer zusätzlichen Ästhetisierung wie durch Leni Riefenstahls propagandistischen Dokumentarfilm *Triumph des Willens*, der den Reichsparteitag von 1934 auf die Leinwand bannte. Bis zu 20 Millionen Menschen sollen den Film gesehen haben, darunter zahllose Schulklassen.

Der mit enormem technischen und personellen Aufwand gedrehte Film verlieh dem Parteitag mittels Kameraführung, Montage und musikalischer Untermalung eine spezifische Rhythmik und Ästhetik, die geeignet waren, Zuschauer vor der Leinwand zu Teilnehmern des Geschehens zu machen. Dass in der filmischen Repräsentation des Appells von 50 000 Arbeitsdienstmännern »Volksgemeinschaft« als regional vielfältiger, aber im Kern national verfasster Vorstellungsraum in Szene gesetzt wurde – großformatig und in Untersicht –, vergrößerte beim Publikum noch das Identifikationspotential. In einer chorischen Großfeier mit Wechselrede, deren Form man sich beim italienischen Faschismus bzw. beim Dichter Gabriele D'Annunzio abgeschaut hatte, fragte ein Arbeitsmann seine Kameraden: »Woher stammst du?«, und bekam der Reihe nach dialektal gefärbte Antworten: »aus Friesenland«, »aus Bayern«, »vom Kaiserstuhl«, »aus Pommern« und so weiter, bis der Chor rief: »*Ein* Volk, *ein* Führer, *ein* Reich: Deutschland!«[51]

Binnengrenzen

Bei aller inszenierten Einheitlichkeit war die »Volksgemeinschaft« als Strukturraum nicht nur nach Alter, Geschlecht und Beruf, sondern auch regional und konfessionell binnendifferenziert. Dieser Binnendifferenzierung soll jetzt nachgegangen werden. Zu diesem Zweck werden Innenräume ausgeleuchtet, die teils geschlossenen – etwa berufs- und konfessionsspezifischen – Öffentlichkeiten und teils der Privatsphäre Raum boten. Die Grenzen des Privaten waren dabei in vieler Hinsicht durchlässig.[52] Am Beispiel der folgenden Innenräume sollen die Binnengrenzen der »Volksgemeinschaft« skizziert werden: Kirchen,

Schulen, Betriebe und, in einem separaten Kapitel, die eigenen vier Wände.

Kirchen: Auch im Dritten Reich blieb die deutsche Bevölkerung konfessionell gespalten. 95 Prozent gehörten einer der beiden großen Konfessionen an: Knapp zwei Drittel waren protestantisch, ein Drittel war katholisch. In mancher Hinsicht verschärften sich konfessionelle Spaltung und Glaubenskonkurrenz sogar noch.[53] Dabei war es das erklärte Ziel des Nationalsozialismus gewesen, eine Gesellschaft zu schaffen, in der sozio-kulturelle Unterschiede wie Konfessions- und Klassenzugehörigkeit wenn nicht beseitigt, so doch zumindest volksgemeinschaftlich überformt waren.[54] »Nicht im Christentum [...], sondern in der geschlossenen Volksgemeinschaft« sehe der NS-Staat »das Primäre«, erklärte Hitler 1937. Dieser »tragfähigste Gedanke der Zukunft« sei »gegen alle religiöse Zersplitterung« in die Tat umzusetzen.[55] In diesem Sinne hatte Reichsinnenminister Wilhelm Frick mit Blick auf Vereine, Schulen und die Presse schon 1935 die »völlige Entkonfessionalisierung des gesamten öffentlichen Lebens« gefordert, was der Eingrenzung des kirchlichen Lebens auf ein »Sakristeichristentum« gleichkam.[56]

Zwischen den christlichen Kirchen und dem Nationalsozialismus gab es sowohl Prozesse der Annäherung und Verschmelzung als auch solche der gegenseitigen Abstoßung. Dem Nationalsozialismus am engsten verbunden war die Reformbewegung der »Deutschen Christen« (DC), die sich 1932 gegründet hatte und einen völkischen Protestantismus predigte. Sie pries Hitler als Erlöser und propagierte die Gründung einer »Volkskirche«, die »Heimat für alle Volksgenossen« sein sollte.[57] Ihr gehörten mit schätzungsweise 600 000 Mitgliedern zwar nicht mehr als zwei Prozent aller deutschen Protestanten an, doch übernahm sie nach den Kirchenwahlen vom Juli 1933 vielerorts die Führung. Sie stellte 25 von 28 Landesbischöfen und war in manchen Städten und Regionen, etwa in Berlin und Thüringen, besonders stark vertreten. Mit ihrem Plädoyer für ein »kämpferisches, judenfreies Christentum« und ihrer Praxis einer konsequenten Ausgrenzung »nicht-arischer« Christen stand sie keineswegs allein.[58]

Der radikale Reformeifer der Deutschen Christen bewirkte allerdings das Gegenteil ihres Credos »Ein Volk, ein Reich, ein Glaube«. Als Gegenbewegung entstand die Bekennende Kirche (BK), die sich 1934 in zwei Bekenntnissynoden sowohl theologisch als auch institutionell abgrenzte. Diese innerkonfessionelle Spaltung, die im Raum Berlin-Brandenburg am deutlichsten ausgeprägt war, wurde durch ihre schicht- und geschlechtsspezifische Dimension noch weiter vertieft: Waren die Deutschen Christen eine soldatisch-nationalreligiöse »Männerbewegung« mit häufig aus nichtakademischen Verhältnissen stammenden Pfarrern, kann man die Bekennende Kirche als »evangelische Frauenbewegung« sozial privilegierter Schichten fassen, die von Pfarrern wie Martin Niemöller und Dietrich Bonhoeffer geführt wurde.[59] Mit ihrem Wahlspruch »Kirche muss Kirche bleiben« wandte sich die Bekennende Kirche in erster Linie gegen die radikale Politisierung des Kirchenraums durch die Deutschen Christen.

Diese Politisierung äußerte sich in der materiellen Raumgestaltung ebenso wie in der praktischen Raumnutzung: Hitlerbüsten wurden im Kirchenvorraum aufgestellt und »Heldenleuchter« mit Eisernem Kreuz und Eichenblatt-Ornamenten aufgehängt; das Hakenkreuz prangte auf Fahnen, die innen den Altarraum »zierten« und außen von den Kirchtürmen wehten; und man ließ Glocken gießen, die mit Reichsadler und Hakenkreuz verziert waren.[60] Deutschchristliche Gemeinden hielten »vaterländische Dankgottesdienste« ab, zelebrierten Totengedenkfeiern für im Straßenkampf umgekommene SA-Leute, veranstalteten »Führergeburtstagsfeiern«, Fahnenweihen, Massentaufen und -trauungen und »entjudeten« die Liturgie bis hin zur Verbannung des »Hallelujas« aus den Kirchenliedern.[61]

In gespaltenen Gemeinden wurde erbittert um die »Vorherrschaft im Kirchenraum« gekämpft.[62] Besonders plastisch lässt sich dieser Kampf am Beispiel eines Adventsgottesdienstes in der Apostel-Paulus-Kirche in Berlin-Schöneberg schildern. Am 2. Dezember 1934 wurden dort parallel im selben Kirchenraum zwei Gottesdienste abgehalten: Während sich eine Gruppe von rund 200 Deutschen Christen um den Altar gruppierte und sich dem dort positionierten DC-Pfarrer Peters zuwandte, waren die übrigen 1500 Gemeindemitglieder gekommen, um den von der Kanzel predigenden BK-Pfarrer Rabenau zu hören. Da sich der Organist auf die Seite der Deutschen Christen geschlagen hatte, konnte sich Rabenau kaum Gehör verschaffen, weil er gegen das fortwährende Orgelspiel nicht ankam. Dafür spielte auf Seiten der Bekennenden ein Posaunenchor – zeitweise parallel, also quer zum Orgelspiel. Hier wurde ein »Stellungskrieg« um den Kirchenraum geführt, der sinnbildlich für den Kirchenkampf stand und zugleich, wenn auch regional begrenzt, auf die »zerstrittene Volksgemeinschaft« verwies.[63] Dem NS-Regime, das erklärtermaßen konfessionsneutral war, bereiteten diese Glaubensstreitigkeiten einiges Unbehagen. Zunehmend distanzierte sich die NSDAP von den Deutschen Christen, weil diese den Erfolg des nationalsozialistischen Sozialexperiments zu gefährden drohten.

Von anderer Art war die Gefährdung des »Volksgemeinschafts«-Projekts durch die katholische Kirche. Für den Nationalsozialismus stellte sie zwar nur selten eine »uneinnehmbare Festung« dar,[64] doch war sie nach Zerschlagung der Arbeiterbewegung »die einzige gesellschaftliche Kraft mit [...] Massenbasis«, die über ein erhebliches »Resistenzpotential« verfügte.[65] Vor allem in katholisch geprägten Agrarregionen, aber auch in katholischen Arbeiterkreisen bot das über Jahrzehnte gewachsene Milieu Rückzugsräume und setzte dem totalitären Gestaltungswillen der Nationalsozialisten Grenzen, wenngleich sich diese »Herrschaftsbegrenzung« in erster Linie auf die Religionspolitik und nur bedingt auf andere Felder bezog.[66]

Eine Ausnahme bildete in dieser Hinsicht der Protest des Münsteraner Bischofs Clemens August Graf von Galen, der 1941 von der Kanzel den als »Euthanasie« (»guter Tod«) verbrämten Massenmord an geistig und körperlich behinderten Menschen anprangerte. Dieser Praxis der gezielten Tötung »unheilbar Kranker« waren seit 1939 70 000 Menschen zum Opfer gefallen. Schon vor von Galens »Euthanasiepredigt« war aus der Kirche nicht nur Kritik an ihrer Zurückdrängung »in den Sakristeiraum«, sondern auch an zentralen Bestandteilen des NS-Weltanschauungsfelds zu hören gewesen. Das bekannteste Beispiel ist die Verlesung der Enzyklika *Mit brennender Sorge* im März 1937 von den Kanzeln fast aller 11 500 katholischen Pfarreien Deutschlands. Die Enzyklika war auf Initiative deutscher Bischöfe entstanden und verurteilte den »Wahnversuch«, Gott »in die Grenze eines einzelnen Volkes, in die blutmäßige Enge einer einzelnen Rasse einkerkern zu wollen«. Auch wenn die katholische Kirche weitaus schärfer und häufiger den gemeinsamen Feind des Bolschewismus attackierte und die Vision einer antisemitischen »Volksgemeinschaft« auch in ihren Reihen Fürsprecher hatte, konnte das Regime diese unverhohlene Kritik nicht ignorieren. Als Reaktion ordnete man die Wiederaufnahme von Hunderten von Sittlichkeitsprozessen gegen Priester an und enteignete die Druckereien, in denen die Enzyklika vervielfältigt worden war.[67]

Kirche konnte »Resistenzraum« sein und auch »Nische« im Gefüge der NS-Diktatur.[68] Dennoch wurde es zunehmend schwierig, sich dem totalitären Anspruch auf eine Homogenisierung des sakralen Raumes zu entziehen. Der Krieg hatte in dieser Hinsicht eine zwiespältige Wirkung: Einerseits erhielten die Kirchen als Ort des Trostes nach einer Austrittswelle in den Jahren 1937 bis 1939 wieder vermehrt Zulauf; andererseits nutzte das Regime den Ausnahmezustand für antikirchliche Maßnahmen. So beschlagnahmte man von 1940 an vielerorts die Kirchenglocken und nahm damit zahlreichen Gemeinden ihr »äußeres Lebenssymbol«. Im selben Jahr erging eine Weisung an die Kirchen, am Morgen nach Luftangriffen vor 10 Uhr keine kirchlichen Veranstaltungen abzuhalten, was erhebliche Folgen für die religiöse Praxis hatte und einen tiefen Eingriff in das »ureigenste Gebiet des Glaubens und des Gewissens« bedeutete, wie ein katholischer Pfarrer aus dem Breisgau klagte. Auf Betreiben Himmlers, dessen SS-Sicherheitsdienst als »Endziel« die »Zerschlagung des gesamten Christentums« ins Visier nahm, wurden in einem »Klostersturm« rund 300 Klöster und kirchliche Anstalten enteignet und über zehntausend Ordensleute ihrer Häuser beraubt. Und schließlich machte die NSDAP vor dem Hintergrund der steigenden Zahl von Luftkriegstoten der Kirche zunehmend Konkurrenz bei der Ausrichtung von Trauerfeiern, weil die Partei den Tod als »notwendiges Opfer für das Überleben der Volksgemeinschaft« darstellen wollte.[69]

War für manche Katholiken mit diesen Maßnahmen die Grenze volksgemeinschaftlicher Verpflichtung erreicht, wurde gleichwohl in Gottesdiensten eine Kriegsmoral vermittelt, derzufolge der gläubige Christ an der »Heimatfront« den Luftkrieg als »Bewährung« durchstehen müsse und der »Volksgemeinschaft« nicht in den Rücken fallen dürfe. Die religiös unterfütterte Kriegsmoral, die in abstrakten Kategorien von Schuld und Sühne gefasst wurde, war ein Grund, weshalb gläubige Christen trotz einer wachsenden Distanz zum NS-Regime der »Volksgemeinschaft« treu blieben.[70]

Schulen: Den »Grund zum gemeinsamen Leben in der Volksgemeinschaft« sollten die Schulen legen.[71] Zu diesem Zweck – und zugleich in Fortführung von Reformanstrengungen der Weimarer Zeit – verfolgte das Reichsministerium für Wissenschaft, Erziehung und Volksbildung eine Politik der institutionellen Vereinfachung und Vereinheitlichung.[72] Im zentralen Zugriff sollten Schulformen und Lehrpläne reichsweit auf Linie gebracht werden. Die über Jahrhunderte gewachsene, regional wie kirchlich bedingte Vielfalt im Schulsektor sah man als Hindernis auf dem Weg zur Formierung einer nationalen »Erziehungsgemeinschaft«. Privatschulen wurden in staatliche Trägerschaft überführt und Bekenntnisschulen in konfessionsneutrale Gemeinschaftsschulen umgewandelt. Schulgebete wurden abgeschafft, und Kruzifixe verschwanden aus den Klassenzimmern – trotz anfänglicher Widerstände, die sich mancherorts regten, wie im Oldenburger Münsterland, im saarländischen Frankenholz oder in ländlichen Regionen Bayerns.[73]

Der politischen Vorgabe nach waren Jugendliche zu »nützlichen Mitgliedern der Volksgemeinschaft« zu erziehen;[74] und in der Tat lassen sich zahlreiche Beispiele für eine entsprechende Politisierung von Stundenplan und Unterrichtsinhalten finden. In Übereinstimmung mit Hitlers Erziehungsideal vom »Heranzüchten kerngesunder Körper« wurde der Sportunterricht ausgedehnt, und Fächer wie Biologie, Erdkunde, Geschichte und Deutsch wurden antisemitisch und rassenideologisch grundiert. Bilderbücher wie *Der Giftpilz* (1938) oder *Trau keinem Fuchs auf grüner Heid und keinem Jud bei seinem Eid* (1936) kamen auch im Klassenzimmer zum Einsatz. Diese ideologische Indoktrination fand in der Ausgrenzung jüdischer Mitschüler ihre Entsprechung in der sozialen Praxis. Darüber hinaus geriet selbst der Mathematikunterricht in den Einflussbereich weltanschaulicher Ideen: So ließ man Schüler ausrechnen, wieviel der Staat für geistig behinderte Menschen ausgab, und wie viele »gesunde« Familien man von diesem Geld fördern könnte. Mit dem verstärkten Einsatz von propagandistischen Unterrichtsfilmen versuchte man, die Überlegenheit der »arischen Rasse« und die Notwendigkeit imperialer Expansion zu vermitteln.

Die Transformation des Schulraums geschah jedoch weder über Nacht, noch erfasste sie – allen Homogenisierungsbestrebungen zum Trotz – sämtliche Städte und Regionen in gleichem Maße. Das lag an Beharrungskräften des Bildungsföderalismus, aber auch an den Rivalitäten und Kompetenzstreitigkeiten zwischen Bernhard Rusts Erziehungsministerium auf der einen Seite und Reichsjugendführer Baldur von Schirach sowie Reichsarbeitsminister und DAF-Führer Robert Ley auf der anderen. Erst zwischen 1937 und 1939 wurden neue Richtlinien für die Volks-, Mittel- und Oberschulen erlassen, und erst dann gab es neue Lehrpläne. Auch danach mussten sich Lehrer zum Teil mit altem Lehrmaterial behelfen, weil neue Schulbücher noch nicht zur Verfügung standen. Eine Ausnahme bildete die bereits 1934 publizierte Neuausgabe von *Putzgers Historischem Schulatlas*, die mit visuell eingängigen Kreisdiagrammen ein Bewusstsein für das »bedrohte Deutschtum im Osten« zu schaffen versuchte und auf einer Karte mit Pfeillinien und Zuschauerzahlen Hitlers »Deutschlandflug« von 1932 plastisch vergegenwärtigte – Titel: »Deutschlands Erweckung«.[75]

Entscheidend war indes, dass angesichts eines sich verschärfenden Lehrermangels und einer sich kaum verbessernden Einkommenssituation nur ein Bruchteil des Lehrpersonals ausgetauscht wurde: Die meisten Lehrer, die 1939 an deutschen Schulen unterrichteten, hatten dies schon vor 1933 getan. Zwar versuchte der Nationalsozialistische Lehrerbund (NSLB), den bestehenden Lehrkörper in so genannten Schulungslagern auf nationalsozialistische Grundsätze zu eichen, doch erzielten solche »Lehrerlager« keineswegs immer den gewünschten Effekt. Es mag durchaus sein, dass das pädagogische Konzept von Schulungslagern (Stadtferne, einheitliche Lagerkleidung, Anrede mit dem »kameradschaftlichen ›Du‹«, etc.) in manchen Fällen aufging, doch waren der weltanschaulichen »Überholung« der Lehrerschaft enge Grenzen gesetzt. Es lag nicht zuletzt an finanziellen Engpässen, dass noch 1939 nicht mehr als 60 Prozent aller Mitglieder des NSLB ein Lehrerlager besucht hatten. Die vermeintliche Erziehungsgemeinschaft deutscher Pädagogen blieb in politischer, sozialer und beruflicher Hinsicht (zum Beispiel zwischen Grund-, Berufs- und Oberschullehrern) nach wie vor tief gespalten.[76]

Hinzu kam, dass schulische Wissensvermittlung, wie weltanschaulich gefärbt auch immer, erschwert wurde durch die Eingriffe der Hitlerjugend in das Zeitregime der Lehranstalten (etwa durch die Forderung nach Freistellung von Schülern für Parteiaktivitäten) und durch wiederholte Attacken aus den Reihen der HJ auf die »unechte«, »falsche Autorität« von Lehrern. Die Werte und Normen, die von Seiten der Schule und der Hitlerjugend vermittelt wurden, waren nicht unbedingt deckungsgleich, was angesichts der Tatsache, dass die HJ nach Einführung der Jugenddienstpflicht im Jahr 1939 8,7 Millionen Mitglieder zählte, erhebliches Konfliktpotential in sich barg. Schon der HJ-Leitsatz »Jugend muss von Jugend geführt werden« ließ sich im schulischen Raum nur bedingt verwirklichen.

Für die Ausbildung politischer Führungskader, die unabhängig von sozialer Herkunft vor allem in »rassischer«, körperlicher und »charakterlicher« Hinsicht eine volksgemeinschaftliche Elite bilden sollten, wurden so genannte Ausleseschulen aus der Taufe gehoben. Diese als Internate konzipierten Schulen brachten allerdings nicht viel mehr als ein bis zwei Prozent eines deutschen Abiturjahrgangs hervor. Die beiden Leuchttürme dieses schulpolitischen Experimentierfelds waren die Nationalpolitischen Erziehungsanstalten (Napolas), 1933 gegründet und dem Reichserziehungsministerium unterstellt, und die Adolf-Hitler-Schulen, die 1937 ins Leben gerufen und von DAF und Hitlerjugend geleitet wurden.

Erstere brachte man meist in ehemaligen Kadettenanstalten unter, zuerst im schleswig-holsteinischen Plön, im pommerschen Köslin und in Potsdam. 43 weitere Erziehungsstätten dieser Art folgten. Beeinflusst vom Vorbild englischer Internatsschulen und zugleich dem Ideal heroisch-opferbereiter, in Askese lebender »Spartanerjünglinge« verpflichtet, versuchte man, einen Kader kampfbereiter, ideologisch entschiedener Nachwuchskräfte für Führungsaufgaben in Staat, Partei und Militär zu schmieden. Nach dem »Anschluss« von 1938 richtete man auch Napolas für Mädchen ein, zunächst in österreichischen Eliteinternaten, dann auch in westlichen Grenzregionen des »Altreichs«.

Die Adolf-Hitler-Schulen unterschieden sich in der Zielvorstellung kaum von den Napolas, und wie bei diesen stammten die Schüler, ungeachtet des sozialegalitären Anspruchs, zu einem Großteil nicht aus der Arbeiterschaft, sondern aus der bürgerlichen Mittelschicht. Bei den Adolf-Hitler-Schulen scheint allerdings der pädagogische Gestaltungsraum größer gewesen zu sein, etwa was die Orientierung von Unterrichts- und Bewertungsmethoden an reformpädagogischen Konzepten betraf. Vor allem aber lag ein wichtiger Unterschied darin, dass Adolf-Hitler-Schulen nicht in schon bestehenden Gebäuden, sondern in von Grund auf neuen Räumlichkeiten untergebracht wurden. Ganz im Sinne von Hitlers Mantra, dass sich »das neue Reich [...] seine Räume und seine Bauten selber erstellen« werde,[77] begann man 1938 mit dem Bau neuer Erziehungsstätten – weitläufig angelegt und an landschaftlich imposanter Stelle in die deutsche Provinz gesetzt.

Da keines dieser Bauvorhaben auch nur annähernd fertiggestellt wurde, wichen die Adolf-Hitler-Schulen auf die Neubauten eines weiteren schulischen Prestigeobjekts der Nationalsozialisten aus: die so genannten Ordensburgen. Vergleichbar den späteren Napolas für Mädchen, verlegte man diese Schulungsstätten in die Peripherie des »Altreichs«: an den Crössinsee bei Falkenburg in Pommern, den Urftstausee bei Gemünd in der Nordeifel (»Vogelsang«) sowie an den Stadtrand von Sonthofen in Sichtweite der Allgäuer Alpen – stets erhöht an exponierter Stelle. Bei der Standortwahl verbanden sich meist Heimatideologie und Grenzlandkampf mit praktischer Strukturförderung in »sterbenden Ecken« des Reiches.[78] Von 1936 an betriebsbereit, wenn auch nicht vollendet, waren die Ordensburgen eigentlich als Kaderschmiede für Parteiangehörige zwischen 25 und 30 Jahren gedacht. Die Hauptfunktion der Ordensburg Sonthofen bestand jedoch darin, den Adolf-Hitler-Schulen geeignete Räumlichkeiten zur Verfügung zu stellen; bis Mitte des Krieges wurde dort das Gros der Adolf-Hitler-Schüler beherbergt. Allein die Ordensburg Vogelsang erfüllte über weite Strecken ihren eigentlichen Zweck.

An diesem Beispiel lässt sich auch verdeutlichen, inwiefern die architektonische Gestaltung für die Ausbildung eines neuen politischen »Führertums« bedeutsam war, inwiefern also »Raumprogramm« und Schulungskonzept miteinander verschränkt waren. Sicherlich war die imposante Anlage mit ihrem fünfzig

Meter hohen, flach gedeckten Bergfried und ihren terrassierten, symmetrisch an einem Steilhang angeordneten »Kameradschaftshäusern« zu einem Gutteil monumentale Repräsentationsarchitektur. Gleichzeitig aber unterstützten Lage und Raumgestaltung die zentrale Funktion der Ordensburg: die Bildung einer nationalen Führungsschicht, die sowohl integraler Bestandteil der »Volksgemeinschaft« als auch sich von der Masse abhebende Elite war. So, wie sich die Anlage majestätisch über dem See erhob und doch den Anschein erweckte, organisch mit der Landschaft zu verwachsen, verband sich die rustikale Schlichtheit der trutzigen »Kameradschaftshäuser« mit künstlerischen Ornamenten, die versinnbildlichten, dass an diesem Ort ein Führungskorps geschmiedet wurde.[79]

Der Erfolg dieses Erziehungsexperiments wird von der Forschung als eher gering eingeschätzt, doch gibt es Hinweise auf seine Bedeutung für den besatzungs- und vernichtungspolitischen Einsatz von »Ordensjunkern« in der Ukraine.[80] Für den hier relevanten Zusammenhang bleibt festzuhalten, dass »rassische«, »völkische« und politische Elitenbildung zur Binnendifferenzierung des volksgemeinschaftlichen Strukturraums beitrug, dass aber den inneren Grenzen, die auf diese Weise gezogen wurden, insofern eine Ambivalenz innewohnte, als der politische Führungsnachwuchs integraler Bestandteil, »Auslese« und Zukunftsprojektion der »Volksgemeinschaft« zugleich war.

Betriebe: Ähnlich ambivalent wie im Bereich der Schulbildung war die gleichzeitige Förderung von gemeinschaftlichem Erleben und individuellem Fortkommen im sozialen Raum des Betriebs. Die von der neueren Forschung herausgearbeitete Gemengelage von Individualismus und Gemeinschaftsideologie war für dieses Handlungsfeld, das mit dem Rückgang der Arbeitslosigkeit wieder zum zentralen Lebensbereich von Millionen von Menschen wurde, besonders charakteristisch. Wie in kaum einem anderen Bereich wurde hier deutlich, dass »Volksgemeinschaft« vor allem Leistungsgemeinschaft hieß.

Den kapitalismuskritischen Parolen zum Trotz, die vor allem in der »Kampfzeit« aus den Reihen der NSDAP zu hören gewesen waren, erwies sich der Nationalsozialismus in der Herrschaftspraxis als durchaus kompatibel mit dem Kapitalismus. Sicher: Staat und Partei griffen massiv in den Marktmechanismus ein. Im Zeichen der »Arbeitsschlacht« wurde die Beschäftigung von Arbeitskräften unter Einsatz von Zwang und Sanktionen sowie vielfachen Beschränkungen von Freizügigkeit und Berufsfreiheit in hohem Maße gelenkt; Hermann Görings »Vierjahresplanbehörde« sollte Deutschlands Wirtschaft von 1936 an binnen vier Jahren »kriegsfähig« machen; und im Zuge der gesellschaftlichen Ausgrenzung von Juden durch wirtschaftliche Existenzvernichtung wurden zahllose »jüdische Betriebe« liquidiert oder in den Besitz von »Ariern« transferiert.

Dennoch blieb, wenngleich unter dem Vorbehalt volksgemeinschaftlicher Zugehörigkeit und politischen Wohlverhaltens, der Bereich des Privateigentums auch weiterhin bestehen, und »arische« Unternehmer, denen in der Regel große Spielräume gewährt wurden, handelten meist wie gewohnt nach dem Prinzip der Gewinnmaximierung. Durch die Zerschlagung der Gewerkschaften sowie aller anderen Agenturen des sozialistischen Milieus (Presse, Vereine, etc.) wurden nicht nur die Arbeiter der für sie zentralen Sinngebungsinstanzen beraubt, was einer Schwächung des Klassenbewusstseins Vorschub leistete; auch manche Entwicklungstendenzen des Kapitalismus wurden jetzt »geradezu entfesselt«.[81] Das galt vor allem für die Trends der Lohndifferenzierung und Rationalisierung im Industriebetrieb.

Im Einklang mit der nationalsozialistischen Vision einer »nach Leistung hierarchisierten Volksgemeinschaft«[82] lässt sich eine Vertiefung von Lohnunterschieden sowohl zwischen Produktions- und Konsumgüterindustrie (etwa zwischen Rüstungs- und Textilbetrieben) als auch zwischen einer dünnen Schicht privilegierter Facharbeiter und verschiedenen Abstufungen »niedrigentlohnter Arbeitergruppen« feststellen.[83] Das Kölner

Maschinenbauunternehmen Klöckner-Humboldt-Deutz (KHD) führte zum Beispiel 1941 einen Leistungslohn ein, der sich aus drei Komponenten zusammensetzte: einem Grundlohn, der sich nach dem Anforderungsprofil der Tätigkeit richtete, einem Zuschlag für die »persönliche Arbeitsleistung« und einem Zuschlag für den persönlichen »Einsatz in der Arbeit« sowie für die »charakterliche Haltung«.[84] Die in etlichen Betrieben zu beobachtende Tendenz der Lohndifferenzierung führte zu Entsolidarisierung und (passiver) Integration. Auch darin liegt ein Grund dafür, dass die Industriearbeiterschaft, die vor 1933 nicht gerade zu den Hauptstützen der NS-Bewegung gezählt hatte, dem Regime keinen größeren Widerstand entgegenbrachte.

Darüber hinaus lässt sich für Industriearbeiter eine erhöhte soziale Mobilität konstatieren. Während den meisten ein sozialer Aufstieg über Klassengrenzen hinweg nach wie vor versperrt blieb, gab es größere Aufstiegschancen »über klasseninterne Differenzierungslinien«: vom Hilfsarbeiter bis zum Facharbeiter.[85] Im Krieg vergrößerten sich noch die Aufstiegsmöglichkeiten, zumindest für Arbeiter, die als »u.k.« (unabkömmlich) eingestuft und daher nicht zur Wehrmacht eingezogen wurden. Das lag vor allem an der »Unterschichtung« mit ungelernten Zwangsarbeitern, die man nach »Rasse« und »Volkstum« kategorisierte und die dementsprechend diskriminiert wurden. Vor dem Hintergrund eines schon seit Jahren bestehenden und durch kriegsbedingte Einberufungen noch verschärften Arbeitskräftemangels arbeiteten im Sommer 1941 circa drei Millionen ausländische »Zivilarbeiter« und Kriegsgefangene im Deutschen Reich, mehrheitlich Polen und Franzosen; im Herbst 1944 wurde mit 7,8 Millionen der Höchststand erreicht – davon stammten 2,2 Millionen aus der Sowjetunion.[86] Mit dieser radikalen Transformation des betrieblichen Raumes näherte man sich einer Vision an, die das Arbeitswissenschaftliche Institut der DAF wenige Jahre zuvor formuliert hatte: Für die Fließbandfertigung seien als »Rationalisierungsproletariat« vor allem Arbeitskräfte aus den eroberten Gebieten einzusetzen, während sich eine »arische Arbeiteraristokratie« allein auf »hochwertige Facharbeit« konzentrieren könne.[87]

Rationalisierung ging aber nicht in Fließbandfertigung auf. Durch die gezielte Schaffung von Freiräumen für eigenverantwortliches Handeln versuchten Unternehmen subjektive Potentiale stärker als bisher zu nutzen und Arbeiter effektiver als zuvor in den Produktionsprozess einzubinden. Unter dem Schlagwort der »echten Menschenführung« wollte man Arbeiter zum »aktiven Einsatz des eigenen Ichs« gewinnen. Bei Humboldt-Deutz wurden ausgewählte Facharbeiter zu »Selbstkontrolleuren« und von 1935 an auch zu »Selbstkalkulatoren« ernannt; d.h. sie wurden nicht nur von der Kontrolle, sondern auch von »jeglicher Bevormundung« bei der Vorkalkulation ihrer nach Akkord bezahlten Arbeit befreit.[88]

Diese auf Eigenverantwortung und Selbstkontrolle ausgerichtete Personalpolitik wurde von der NS-Propaganda als Ausdruck einer »Volksgemeinschaft« gefeiert, in der sich Selbstkontrolleure als »kleine Meister« fühlten und in der es »keine ›Arbeitskräfte‹« mehr gebe, sondern nur »wertvolle deutsche Menschen, von denen nichts käuflich zu haben« sei.[89] Die 1934 im »Gesetz zur Ordnung der nationalen Arbeit« verankerte »Betriebsgemeinschaft« zielte auf die Aufhebung des Klassengegensatzes im harmonischen Treue- und Fürsorgeverhältnis von »Betriebsführer« und »Gefolgschaft« und basierte auf Sozialdisziplinierung und Selbstmobilisierung gleichermaßen. So beabsichtigte die für den betrieblichen Raum zuständige Einrichtung der Deutschen Arbeitsfront, das Amt »Schönheit der Arbeit« – Teil der DAF-Freizeitorganisation »Kraft durch Freude« (KdF) –, sowohl die individuelle Leistungsfähigkeit des Arbeiters zu stärken als auch, wie es in einer zeitgenössischen Abhandlung über die »Betriebsgemeinschaft und ihre Verwirklichung« hieß, eine »Erziehung zur Gemeinschaftshaltung« zu fördern.[90]

Im Einklang mit arbeits- und organisationspsychologischen Konzepten, die teilweise zur Weimarer Zeit entwickelt worden waren und sich an Vorbildern des amerikanischen *scientific so-*

cial management und des faschistischen *Opera Nazionale Dopolavoro* orientierten, verfolgte »Schönheit der Arbeit« das Ziel, den Betrieb nicht bloß zu einem »störungsfreien Raum«,[91] sondern zu einer Arbeitsstätte zu machen, die auch »Lebensraum« und »zweite Heimat« sein konnte: eine »lebendige Zelle im Aufbau der Volksgemeinschaft«, wie es Albert Speer, Generalbauinspektor und Leiter des Amtes, formulierte.[92] Größere Fenster, besseres Licht, reinere Luft und weniger Lärm sollten genauso die »Arbeitsfreude« steigern – und die Leistung erhöhen – wie die Schaffung von Gemeinschaftsräumen, Erholungseinrichtungen und Sportanlagen. Sauberkeit sollte nicht mehr Distinktionsmerkmal des Bürgertums sein, sondern verstärkt auch den Raum des Arbeiters prägen – eine »Dekontamination«, die arbeits- wie »rassenhygienisch« konnotiert war.[93] Diese arbeitsphysiologischen Verbesserungen bedeuteten gemeinsam mit allgemeineren symbolischen Verweisen auf die »Ehre der Arbeit« eine »neue Qualität von Anerkennung und praktischer Fürsorge«.[94] Bei aller Aufwertung der Lohnarbeit und aller Beschwörung des »kameradschaftlichen Geistes im Betrieb« verschwanden schichtspezifische Differenzierungslinien aber auch beim ästhetischen Raumprogramm von »Schönheit der Arbeit« nicht.[95] So berichtete die gleichnamige Zeitschrift von einem Neubau der »Deutschen Versuchsanstalt für Luftfahrt« in Berlin-Adlershof und betonte, dass die weiträumigen Hallen im neusachlichen Stil sinnbildlich für »hochwertige Facharbeit« stünden; schließlich seien »Spezialarbeiter« »berechtigt, besonders hohe Anforderungen an ihre Umgebung« zu stellen.[96]

Konstitutiv für den betrieblichen Raum waren zudem geschlechtsspezifische Differenzierungslinien. Arbeitswissenschaftliche wie propagandistische Schriften betonten, wie wichtig »Blumen am Fenster, lichte Arbeitsräume und Ordnung am Arbeitsplatz« gerade für Frauen seien.[97] Gleichzeitig beschwor man, was keineswegs NS-spezifisch war, die geringere Monotonieempfindlichkeit von Frauen, die für eintönige Fließbandarbeit geeigneter seien als Männer – und installierte Trennwände

Schöne neue Arbeitswelt. Plakat der NS-Organisation »Kraft durch Freude«, 1936.

zwischen Fließbandarbeiterinnen, um »weiblicher Geschwätzigkeit« vorzubeugen. Anders als im Umgang mit der männlichen Facharbeiterschaft bei KHD versuchte man hier, dem »Eigen-Sinn« der Beschäftigten durch die räumliche Ordnung des Arbeitsplatzes entgegenzuwirken.[98]

Auch weil die Zahl von Industriearbeiterinnen trotz einer anfangs geführten Kampagne gegen das »Doppelverdienertum« zunahm, von 1936 an auch prozentual zur gesamten Industriearbeiterschaft, schenkte die Deutsche Arbeitsfront dem Thema weiblicher Erwerbstätigkeit größere Aufmerksamkeit. Von besonderer Bedeutung war in diesem Zusammenhang das Konzept der »Sozialen Betriebsarbeit«. Mitte der 1920er-Jahre im Umfeld der Dr. Oetker Nährmittelfabrik entwickelt, aber zur Weimarer Zeit noch kaum verbreitet, fand dieses Konzept bei der DAF großen Anklang. Für die NS-Volksgemeinschaftsidee war es in hohem Maße anschlussfähig.[99] Es sah den Einsatz »Sozialer Betriebsarbeiterinnen« vor, die im Unterschied zur herkömmlichen, vor allem auf den außerbetrieblichen Bereich konzentrierten Arbeit von Werksfürsorgerinnen sozial- und volkspädagogische Aufgaben im Betrieb übernehmen sollten. Es ging, wie es in zeitgenössischen Publikationen hieß, um die »soziale Betreuung« von Arbeiterinnen »am Arbeitsplatz«, um die »Mitarbeit an der Erziehung aller werktätigen Frauen des Betriebes zu einer lebendigen Werksgemeinschaft«.[100]

In größeren Unternehmen konnte sich die DAF mit ihren Vorstellungen sozialer Betriebspolitik allerdings nur bedingt durchsetzen. So war mancherorts die Praxis der »Sozialen Betriebsarbeit« vom Profil der Werksfürsorge nicht allzu weit entfernt. Mit einem Schwerpunkt in der Schwangeren- und Wohnungsfürsorge zum Beispiel konzentrierte sie sich weniger auf die Sphäre der Produktion als auf die Sphäre der Reproduktion, also Haushalt und Familie. Unter dem Stichwort der »Rationalisierung des Privatlebens« war dieser Bereich schon in den 1920er-Jahren in Unternehmensstrategien der Leistungssteigerung mit einbezogen worden.[101]

Im Dritten Reich wurde diese Linie fortgeführt, allerdings versuchte das Regime in Gestalt von Parteigliederungen und -verbänden wie der NS-Frauenschaft (NSF) und der Nationalsozialistischen Volkswohlfahrt (NSV), die alleinige Hoheitsgewalt über den Bereich der Familie zu erringen und die »Rationalisierung des Privatlebens« mit Zielen der »Rassenhygiene« zu verbinden. Frauen wurden auch weiterhin »zur tüchtigen Mutter *und* tüchtigen Arbeiterin« erzogen, doch stand im Nationalsozialismus die Doppelfunktion erwerbstätiger Mütter stets unter bevölkerungs- und rassenpolitischen Prämissen.[102]

Die eigenen vier Wände

Häufig gilt die Aufhebung der Privatsphäre, also die staatliche Durchdringung der eigenen vier Wände, als ein wesentliches Merkmal der NS-Diktatur. Diese Sicht begegnet schon bei Zeitgenossen. Die Abschaffung des Privatlebens, bzw. die Angst davor, konnte sie bis in die Träume verfolgen: »Mein Zimmer, meine Wohnung [wird] plötzlich wandlos. Ich sehe mich entsetzt um, alle Wohnungen, soweit das Auge reicht, haben keine Wände mehr. Ich höre einen Lautsprecher brüllen: ›Laut Erlass zur Abschaffung von Wänden vom 17. des Monats‹.«[103]

Gleichzeitig finden sich in der Forschungsliteratur Hinweise darauf, dass die Innenräume der »Volksgemeinschaft« nicht ganz so »wandlos« waren, wie in diesem Alptraum beschrieben. In seiner auch heute noch lesenswerten »Sozialgeschichte des Dritten Reiches«, die 1971 erschien, schrieb der britische Historiker Richard Grunberger (in Wien geboren und nach dem »Anschluss« durch den »Kindertransport« gerettet), dass sich für die »meisten Leute« vor Ausbruch des Krieges das Leben »innerhalb ihrer vier Wände« in der eigenen Wahrnehmung nicht verändert habe, also von Ideologie und Terror weitgehend unbeeinträchtigt geblieben sei.[104] Dieser Spur ging zehn Jahre darauf der Literaturwissenschaftler Hans Dieter Schäfer nach, indem er in einem assoziativen Essay über die »Alltagskultur im Dritten Reich« die »unpolitische«, »staatsfreie Sphäre« in den Blick nahm: etwa den Coca-Cola-Konsum, die Verbreitung elektrischer Haushaltsgeräte und den »Rückzug in die Familie oder das eigene Haus«.[105]

Den »Rückzug in den Privatraum«, ja in die »kleinräumige, gemütliche Vertrautheit« einer »politikfreien Privatsphäre«, thematisierte 1982 auch der Alltags- und Sozialhistoriker Detlev Peukert. Seine Gesellschaftsgeschichte des Nationalsozialismus förderte die Spannungen zwischen »Innen- und Außenseite der Volksgemeinschaftsfassade« zutage, setzte aber die These vom »Rückzug ins Private« nur bedingt zu der Beobachtung ins Verhältnis, dass sich in der NS-Diktatur »ein wirklich autonomer Bereich, in dem man noch man selber sein konnte, nicht ausmachen« lasse.[106] Schließlich waren die eigenen vier Wände in ein vielschichtiges Netzwerk der Sozialkontrolle eingebettet – versinnbildlicht in der Person des Blockwarts wie in der Praxis der Denunziation, ohne die der Verfolgungsapparat der Gestapo nur halb so effektiv gewesen wäre. Wie privat war also der Privatraum, in den sich so viele Menschen »zurückzogen«?[107]

Das Interesse am »Privaten im Nationalsozialismus« hat in den letzten Jahren durch Forschungen zu »Volksgemeinschaft« und Individualität im Dritten Reich sowie durch einen verstärkten Fokus auf Tagebücher einen neuen Schub erhalten. So hat sich gezeigt, dass der Volksgemeinschaftsbegriff, wenngleich er im Wesentlichen auf das Kollektiv zielte, auch Angebote für das Individuum bereithielt. In der Tat konnte der »ideologische und institutionelle Rahmen« der NS-Herrschaft nicht nur »gemeinschaftsstiftend«, sondern auch »individualisierungsfördernd« wirken.[108] Andreas Wirsching hat die These aufgestellt, dass das NS-Regime »mit allen Kräften« die Privatsphäre gefördert habe, um die »Leistung der Volksgemeinschaft« zu steigern und eine »effizientere Mobilisierung [...] für den Krieg« zu erreichen. Einerseits habe der Nationalsozialismus individuelle Sehnsüchte nach privatem Familienglück bedient – mit Zugang zu Konsumgütern und einer Arbeit, von der man leben konnte. Andererseits habe es im Dritten Reich keinen geschützten Raum des Privaten gegeben, der ein von äußerer Kontrolle unbeeinträchtigtes bürgerliches Leben ermöglichte, denn das Private sei in der NS-Diktatur stets politisch gewesen. Mehr noch: »Privatheit war in erster Linie der Erholungsraum der Kampfgemeinschaft.«[109] Privates Glück sollte gerade aus der Zugehörigkeit zu einer Gemeinschaft erwachsen, »die nach außen stark und im Inneren gereinigt« war.[110]

Die Grenzen der Privatsphäre bestimmten sich nach sozialtechnologischem Interventionsbedarf, ohne rechtsstaatliche Beschränkungen gelten zu lassen. Je nach dem, was politisch geboten und ideologisch vonnöten schien, wurden private Bereiche eingeräumt, eingeschränkt oder zerstört.[111] Die eigenen vier Wände werden im Folgenden vor allem als Raum der Reproduktion, aber auch des Konsums in den Blick genommen. Im Zentrum des Interesses stehen familiale Formen geschlechtsspezifischer Vergesellschaftung und die Politisierung des Privaten. Mit diesem Fokus bewegt man sich im Überlappungsbereich verschiedener Themenfelder: Ehe und Sexualität, Erziehung und Haushalt, Medienkonsum und Wohnen.

Ehe und Sexualität: Der Nationalsozialismus wollte nicht nur den Klassenkampf überwinden, sondern auch den Kampf der Geschlechter. Die Vorstellung von einer naturgegebenen sozialen Ungleichheit zwischen Mann und Frau, die sich beide in harmonischer Differenz ergänzten, war konstitutiv für die »innere Ordnung der ›Volksgemeinschaft‹«.[112] Die traditionelle Trennung in zwei Sphären, eine weibliche, die auf Mutterschaft und Haushalt orientiert, und eine männliche, die von Politik und Erwerbsarbeit bestimmt war, galt grundsätzlich auch im Dritten Reich. Allerdings wurde die Grenze zwischen beiden Sphären immer häufiger überschritten. Das zeigt ein Blick auf die weibliche Erwerbstätigkeit, und das demonstrieren neuere Studien über SS-Aufseherinnen in Konzentrationslagern (ca. 4000), SS-Helferinnen (ca. 3000), Wehrmachtshelferinnen (ca. 500000), Frauen beim Reichsluftschutzbund (ca. 600000) und Aktivistinnen der Germanisierungspolitik im besetzten Polen. Die NS-Herrschaft zielte auf die Formierung einer »Kameradschaft der Geschlechter«, die zwar im Privaten dem Bedürfnis nach gediegener Gemütlichkeit Raum geben mochte, die aber vor allem eine auf Krieg geeichte rassistische Leistungsgemeinschaft war.[113] Der Aufbau der »Volksgemeinschaft«, meinte Hitler in einer Ansprache vor der NS-Frauenschaft, werde nur dadurch ermöglicht, dass Millionen »fanatischer Mitkämpferinnen« sich »für das gemeinsame Leben im Dienste der gemeinsamen Lebenserhaltung« einsetzten.[114]

Im Nationalsozialismus wurde die Ehe zum »Ort leistungsorientierter ›Arterhaltung‹«. Die schon zuvor entworfene Vorstellung von der Ehe als »Angriffspunkt der Eugenik« geriet im Dritten Reich zur Staatsdoktrin. Unter den Prämissen von »Rasse« und »Erbgesundheit« trieb das NS-Regime eine Entwicklung auf die Spitze, die um die Jahrhundertwende eingesetzt hatte: die Auflösung der Ehe »als rechtlich geschütztes, exklusives Privatverhältnis [...] zugunsten eines sozialpolitisch motivierten Zugriffs ärztlicher Experten«. Eheleute wurden zum »kontrollierten Paar«.[115]

Frisch vermählte bzw. heiratswillige Paare konnten im Dritten Reich auf »Eheeignung« und »Ehetauglichkeit« untersucht werden. Das »Eheeignungszeugnis« war Voraussetzung für die Bewilligung eines Ehestandsdarlehens, das im Wert von durchschnittlich 600 bis 700 Reichsmark in Form von Gutscheinen für Möbel, Küchengeräte und anderen Hausrat vergeben wurde. Das primäre Ziel dieser 1933 eingeführten Maßnahme lag darin, Ehen zu fördern, aus denen »eugenisch und rassisch wertvoller Nachwuchs zu erwarten« war.[116] Antragsteller wurden daher vielfach auf ihre »Würdigkeit« überprüft: Neben der Prüfung ihrer politischen Zuverlässigkeit durch NS-Frauenschaft und NS-Volkswohlfahrt wurde ein Nachweis ihrer »arischen« Abstammung verlangt. Ein solcher Nachweis konnte zum Beispiel in Form einer beglaubigten Ahnentafel oder eines »Ahnenpasses« erbracht werden. Der Ahnenpass, der mit Hilfe von Standesämtern und Pfarreien sowie, falls nötig, auch mit der eines Genealogen erstellt wurde, erfüllte eine wesentliche Funktion für die Biologisierung und »rassische Selbstmodellierung« der deutschen Gesellschaft, also für die Schaffung »rassischer« Normalität und die Einübung »arischer Sehgewohnheiten«.[117]

Mindestens ebenso wichtig war die medizinische Prüfung auf »Eheeignung«. Wie Berufseignungsprüfer im Betrieb wirkten hier Amtsärzte als »Eheeignungsprüfer«. Der Eignungsbegriff, der aus der Arbeitswelt stammt, war mit Bedacht gewählt. Auch für die Ehe forderte man ein bestimmtes Qualifikationsprofil und die Einhaltung von Leistungsstandards. »Fortpflanzungsfähigkeit«, »Erbgesundheit«, Sozial- und Erziehungskompetenz im Sinne der »Volksgemeinschaft«: Die Ehe wurde zu einem »Ort der Arbeit«.[118]

Dass sie auch zu einer staatlichen Veranstaltung wurde, deutet schon semantisch die Einführung von »Ehetauglichkeitszeugnissen« an. Solche Zeugnisse, die vom Amtsarzt auszustellen waren, konnten nach dem Ehegesundheitsgesetz von 1935 im Vorfeld einer Eheschließung verlangt werden. Die Übernahme des Tauglichkeitsbegriffs aus der militärärztlichen Praxis verweist auf die neue Qualität des staatlich-medizinischen Zugriffs auf die Ehe. Eine Überprüfung der »Ehetauglichkeit« wurde dann angeordnet, wenn Heiratswillige oder deren Familienangehörige in der »erbbiologischen Kartei« mit »Erbkrankheiten« oder anderen »Auffälligkeiten« negativ »verkartet« waren. Diese Kartei wurde in Gesundheitsämtern und den angeschlossenen »Beratungsstellen für Erb- und Rassenpflege« von 1935 an als Steuerungsinstrument der »negativen Auslese« reichsweit aufgebaut. Lebte ein Paar trotz Verbots in einer »eheähnlichen Gemeinschaft«, wurde es gewaltsam getrennt, unter Umständen durch Internierung des »schuldigeren« Partners in einem Konzentrationslager – Delikt: »asoziales Handeln«.[119]

Wenngleich die Überprüfung von »Eheeignung« und »Ehetauglichkeit« in der Praxis uneinheitlich und mancherorts nur wenig systematisch ausfiel,[120] wurde die Ehe in einer Weise sozialtechnologisch kontrolliert, dass in dieser Hinsicht die eigenen vier Wände wenn überhaupt, dann nur in sehr eingeschränktem Maße einen Ermöglichungsraum für das Private darstellten. In einem Umfang wie nie zuvor verschaffte sich der Staat auf dem Weg amtsärztlicher Untersuchungen Zugang zur Körperlichkeit eheschließender und jungvermählter Männer und Frauen.[121] Allein über die Beantragung von Ehestandsdarlehen wurden Details über den Intimbereich von mehr als vier Millionen Menschen registriert. Das entsprach rund einem Fünftel aller Eheschließenden im Dritten Reich. Rund 40 000 Paaren wurde zwischen 1935 und 1941 ein Ehestandsdarlehen verwehrt, in knapp zwei Dritteln aller Fälle wegen mangelnder »Eignung« der Frau – häufigste Diagnose: »angeborener Schwachsinn« und »Gebärunfähigkeit«.

Die logische Fortsetzung einer solchen volksgemeinschaftlichen Funktionalisierung der Ehe war die Novellierung des Scheidungsrechts im Jahr 1938. Die Novelle öffnete das Ehegesetz hin zum »Zerrüttungsprinzip« und vereinfachte die Auflösung des Ehebandes. Konnten seit 1933/35 bereits »Rassenmischehen« und »erbkranke Ehen« angefochten werden, wurde nun der Geltungsbereich des Schuldprinzips durch den Paragraphen »Verweigerung der Fortpflanzung« ausgeweitet. Darüber hinaus wurde eine Scheidung auch ohne Verschulden nach dreijähriger »Auflösung der häuslichen Gemeinschaft« ermöglicht – nämlich für den Fall, dass die Wiederherstellung einer dem »Wesen der Ehe« entsprechenden »Lebensgemeinschaft« nicht mehr zu erwarten war. Da das »Wesen der Ehe« im »Wert für die Volksgemeinschaft« lag, konnten Ehen jetzt auch deshalb geschieden werden, weil aus ihnen kein Nachwuchs mehr hervorgehen würde.[122]

Angesichts des Krieges, der Millionen Ehepaare räumlich trennte, lassen sich die praktischen Auswirkungen der Gesetzesnovelle nur bedingt beurteilen. Die Scheidungsrate stieg zwischen 1938/39 und 1941 zwar leicht an, doch wurden die meisten Ehen auch weiterhin nach dem klassischen Schuldprinzip geschieden. Die Zahl der Scheidungen aufgrund von »Zerrüttung« sowie aus eugenischen Gründen lag jeweils nur bei wenigen Tausend pro Jahr. Grundsätzlich bedeutete die neue Rechtslage einen Autonomiegewinn für den Mann, und in der Tat reichten Männer, im Vergleich zu Frauen, drei Mal so häufig Scheidungsklagen aufgrund von »Zerrüttung« ein. Sosehr der Nationalsozialismus auch Hausarbeit und Mutterschaft ideell aufwertete – die Position der Hausfrau wurde rechtlich geschwächt. Entgegen dem konservativen Ideal der Hausfrauenehe wurde bei der richterlichen Festsetzung von Unterhaltszahlungen nun auch die Frage berücksichtigt, ob der geschiedenen Ehefrau – nach der »heutigen Auffassung vom Werte der Arbeit als einer Verpflichtung gegenüber der Volksgemeinschaft« – der »Verdienst durch eigene Arbeit« zugemutet werden konnte. Solche Regelungen, die politisch keineswegs unumstritten waren, lassen die Neuordnung der Geschlechterverhältnisse im Nationalsozialismus deutlich komplexer erscheinen, als es stereotype Vorstellungen von den drei K (Kinder, Küche, Kirche) nahelegen.[123]

Genährt werden solche Vorstellungen durch jene Facetten der NS-Familienpolitik, die in der Regel als »Mutterkult« beschrieben werden. So wurde der Muttertag, der sich nach amerikanischem Vorbild schon seit 1923 etabliert hatte, in das NS-Feierjahr übernommen und propagandistisch zum Zweck der Bevölkerungspolitik und emotionalen Vergemeinschaftung genutzt. Auch führte man 1938 nach französischem Vorbild das »Ehrenkreuz der Deutschen Mutter« ein, mit dem Frauen ausgezeichnet werden sollten, die mehr als vier »deutschblütige und erbtüchtige« Kinder zur Welt gebracht hatten. Im Volksmund »Kaninchenorden« genannt, wurde das Mutterkreuz an insgesamt fünf Millionen Frauen verliehen. Geburtenfördernd wirkte es kaum. Den größten Anstieg der Geburtenrate verzeichnete das Dritte Reich in den beiden Anfangsjahren, wofür insbesondere die Erholung der Wirtschaftslage verantwortlich war. Von Bedeutung war das Mutterkreuz in erster Linie wegen der bürokratischen Erfassung der für die Ehrung vorgeschlagenen Mütter und der Auslese durch örtliche Parteistellen und städtische Ämter, vor allem in Form von amtsärztlichen Untersuchungen und Hausbesuchen durch Fürsorgerinnen. Etwa fünf Prozent aller Mutterkreuzanträge wurden abgelehnt, meist aus Gründen der »Rassenhygiene«. Nur die »arische«, »erbgesunde«, »würdige« Mutter galt als »deutsche Mutter«.[124]

Doch wie sehr hing Mutterschaft im Dritten Reich eigentlich von der Ehe ab? Die Antwort fällt überraschend vielschichtig aus: Grundsätzlich propagierte man das Ideal der verheirateten »deutschen Mutter«. Frauen, die sich dafür entschieden, nicht zu heiraten, wurden im Allgemeinen nicht als »vollwertige Mitglieder der Volksgemeinschaft« angesehen. Gleichzeitig aber ergriff man Maßnahmen, die das Leben für unverheiratete Mütter und uneheliche Kinder erträglicher machten, sofern sie nach Kriterien der »Rasse« und »Erbgesundheit« als »wertvoll« eingestuft wurden. Unverheiratete Mütter standen zwar vielfach auch weiterhin unter dem Verdacht, »asozial« zu sein, doch wurden sie sowohl steuerlich als auch sozial- und arbeitsrechtlich bessergestellt. Außerdem stand ihnen das Fürsorgeangebot des Hilfswerks Mutter und Kind offen, einer Organisation des angeschlossenen Parteiverbands der NS-Volkswohlfahrt. Zum Fürsorgeangebot zählten die Gesundheitsförderung bei Schwangerschaft und Geburt, die Mütter- und Säuglingsfürsorge sowie ein Netz aus Familienberatungsstellen, Kindertagesstätten und Erholungsheimen.[125]

Dabei ging es nicht um eine emanzipatorisch motivierte Sozialreform, sondern um eine aus eugenischen und bevölkerungspolitischen Gründen erfolgende Neujustierung. Weil das Eherecht gewissermaßen als Türhüter fungierte und regelte, wer sich vermehren durfte und wer nicht, galten uneheliche Geburten zunächst einmal als »schwer zu überwachendes Einfallstor, durch das das gefürchtete ›fremde Blut‹ in den deutschen ›Volkskörper‹ eindringen konnte« – eine Angst, die im Krieg angesichts der großen Zahl an »Fremdarbeitern« noch wuchs.[126] Wie so oft musste das Regime Probleme lösen, die es durch seine Politik selbst geschaffen oder zumindest verschärft hatte. Die Wahrscheinlichkeit unehelicher Schwangerschaften und Geburten nahm nämlich durch die Einführung von Eheverboten eher zu als ab. Man versuchte daher, das Phänomen unehelicher Schwangerschaften auch auf anderem Weg als dem der Heirat in die nationalsozialistische Rassen- und Bevölkerungspolitik zu integrieren – zumal man Abtreibungen bei »rassisch wertvollen Volksgenossinnen« nicht allein durch Strafandrohung verhindern wollte.[127]

Einen besonders radikalen Ansatz vertrat in dieser Hinsicht Heinrich Himmler. Der SS-Führer gründete 1935 den Verein »Lebensborn«, um nicht nur Ehefrauen von SS-Männern, sondern auch unverheirateten Frauen, sofern sie »guten Blutes« waren, die Möglichkeit zu geben, ihre Kinder zur Welt zu bringen. Im Oktober 1939 forderte er in den Krieg ziehende SS-Männer, ob verheiratet oder nicht, sogar explizit dazu auf, rechtzeitig für Nachwuchs zu sorgen: »Über die Grenzen vielleicht sonst notwendiger bürgerlicher Gesetze und Gewohnheiten hinaus wird es auch außerhalb der Ehe für deutsche Frauen und Mädel guten Blutes eine hohe Aufgabe sein können, nicht aus Leichtsinn, sondern in tiefstem Ernst, Mütter der Kinder ins Feld ziehender Soldaten zu werden«.[128] Auch wenn vermutlich nicht mehr als 5000 von den in Lebensborn-Heimen geborenen Kindern von alleinstehenden Frauen stammten, offenbarte sich hier ein wichtiger Aspekt des NS-Sozialexperiments: die rassenpolitische Funktionalisierung der Ehe als einer Einrichtung, auf die man bei entsprechender institutioneller Kontrolle von Schwangerschaft und Geburt im Zweifelsfall auch verzichten konnte. Die Bedeutung der ehelichen Lebensgemeinschaft als »sozialer Kernzelle des Alltagslebens« relativierte sich zur NS-Zeit jedenfalls in mancher Hinsicht.[129]

Im Lichte der ambivalenten Haltung des NS-Regimes gegenüber der Ehe als sozialer Institution liegt die Frage nahe, ob der Nationalsozialismus – in den Grenzen der »Volksgemeinschaft« – einer weniger strikten Sexualmoral Raum bot. In der Tat gab es Tendenzen hin zu einer »Liberalisierung« sexueller Sitten und einer Tolerierung von vor- und außerehelichem Geschlechtsverkehr.[130] Eine solche Haltung galt jedoch, wenn überhaupt, allein für heterosexuelle, »erbgesunde« »Arier«. Während weibliche Homosexualität straffrei blieb, wurden im Nationalsozialismus etwa 50000 homosexuelle Männer gemäß § 175 des Strafgesetzbuches verurteilt. Dieser Paragraph hatte schon seit dem Kaiserreich sexuelle Beziehungen unter Männern unter Strafe gestellt; 1935 wurde er nochmals verschärft. Gerade weil gleichgeschlechtliche »Vergemeinschaftungsagenturen« wie Hitlerjugend, Reichsarbeitsdienst, Armee und SS im Dritten Reich von so großer Bedeutung waren, gab es immer wieder Anlass für Gerüchte über homoerotische Beziehungen. Vor diesem Hintergrund ging das NS-Regime verschärft gegen homosexuelle Männer vor: Mehrere Tausend kamen als »Volksfeinde« in KZ-Haft.[131]

Erziehung und Haushalt: War oben vom »kontrollierten Paar« die Rede, so kann man für die frühkindliche Erziehung vom »kontrollierten Kind« sprechen. Ein streng getakteter Nahrungs- und Schlafrhythmus; zeitliche und emotionale Reglementierung der körperlichen Nähe zwischen Mutter und Kind; Sauberkeitserziehung mit Prügelstrafe; Abhärtung durch Gewöhnung an die raue Umwelt: das waren Bestandteile der Norm und zum Teil auch der Realität des Erziehungsalltags in deutschen Haushalten. Ziel frühkindlicher Sozialisation war die »Lebensbemeisterung«. Erziehungsratgeber warnten vor »Verzärtelung« und »Überbehütung«; Mütter müssten den Kampf aufnehmen gegen die Triebnatur des »kleinen Haustyrannen«, lautete der Appell der Ärztin Johanna Haarer. Ihr Ratgeber *Die deutsche Mutter und ihr erstes Kind* wurde zum Bestseller, von dem sich bis 1945 rund eine halbe Million Exemplare verkauften.[132]

Der so genannte Mütterdienst von NS-Frauenschaft und Deutschem Frauenwerk, der mit seinen Schulungen zu Säuglingspflege, Haushaltsführung und Kindererziehung zwischen 1935 und 1941 etwa zwei Millionen deutsche Mütter erreichte, strich die Bedeutung der Aufzucht »gesunder«, abgehärteter Kinder als Verpflichtung gegenüber der »Volksgemeinschaft« heraus. Das *Buch der Kindheit*, vom Reichsbund der Standesbeamten als Kombination aus Familienstammbuch, Anleitung zur Säuglingspflege und Elterntagebuch herausgegeben, erinnerte Eltern daran, dass ihre Kinder nicht ihnen gehörten, sondern die Verantwortung für diese bloß ein vom »Volk« übertragenes »Lehen« sei.[133]

Schutz- und Schonraum sollte Familie also nur in eingeschränktem Maße sein. Entgegen früheren Annahmen handelte es sich aber nur bedingt um eine spezifisch nationalsozialistische Politisierung des Privaten. Von »Normierung und Erziehungswut« gekennzeichnete Sozialisationsmodelle waren für moderne Industriestaaten der damaligen Zeit allgemein typisch und hatten schon vor 1933 eine gewisse Verbreitung erfahren. Spezifisch für den Expertendiskurs der NS-Zeit war dagegen die Verbindung einer auf psychologisch-medizinischem Wissen beruhenden Erziehung »nach Tabelle« und einer Rhetorik, die das Instinktmäßig-Irrationale betonte und in einer extremen Auslegung darwinistischer Anthropologie die Härten des Lebens ebenso mythisch überhöhte wie das dem Leben »hilflos ausgelieferte«, erst durch Kontrolle, Disziplin und Schmerzerfahrung »lebenstüchtig« gemachte Kind.[134]

Die Frage, ob solche Erziehungstechniken zu einer Bindungslosigkeit zwischen Mutter und Kind führten, die zum Zweck totalitärer Vergesellschaftung vom Regime ausgenutzt werden konnte, ist bis heute umstritten. Eine umfangreiche Oral History-Studie zum Kinderalltag im Nationalsozialismus konnte keine größeren Veränderungen im Eltern-Kind-Verhältnis feststellen, auch wenn Familie keine »Insel des Privaten« und bei Kindern über zehn Jahren dem Einfluss von Hitlerjugend und BDM ausgesetzt war.[135]

Der Nationalsozialismus hatte ein ambivalentes Verhältnis zu bürgerlichen Werten und Normen: Einerseits richtete sich sein Projekt einer totalitären Vergesellschaftung gegen Vorstellungen von bürgerlich-liberaler Freiheit, andererseits bediente er individuelle Sehnsüchte nach einem bürgerlichen Leben. Diese Ambivalenz war besonders charakteristisch für den Bereich der Hausarbeit und Haushaltsführung. Auch im Dritten Reich wirkte der »diskrete Charme des deutschen Bürgertums«, den der Historiker David Blackbourn für das neunzehnte Jahrhundert konstatiert hat: Das Bürgertum habe sich dort am erfolgreichsten etabliert, wo es am wenigsten sichtbar gewesen sei, das heißt fernab der politischen Bühne.[136] Sauberkeit, Ordnung und Sparsamkeit waren für die häusliche Sphäre schon im Kaiserreich propagiert worden, und zwar nicht nur als bürgerliche, sondern auch als nationale, also »deutsche Tugenden«. So, wie im Zuge der Industrialisierung das Gütesiegel »deutscher Wertarbeit« entstanden war, hatte sich für das familiäre Heim das Ideal der »deutschen Hausfrau« herausgebildet. Der Haushalt wurde zum Ort nationaler Sinnstiftung.[137]

Im Dritten Reich trieb man diese Tendenz auf die Spitze und nutzte das Ideal deutscher Haushaltsführung als politisches Integrationsinstrument und rassistische Ausgrenzungsstrategie gleichermaßen. Sauberkeit war jetzt ein Erkennungsmerkmal des »rassereinen« Deutschen: die Wäsche gestärkt und blütenweiß, der Fußboden geschrubbt und gebohnert, das Haushaltsbuch akkurat geführt. War das nicht der Fall, vermutete man »asoziales Verhalten«. In Bremen steckte man deswegen einige hundert Familien in die »Asozialen-Kolonie« der »Wohnungsfürsorgeanstalt Hashude« – eine Häusersiedlung hinter Stacheldraht, hufeisenförmig angelegt und von einem Verwaltungsgebäude aus, das im Scheitelpunkt lag, »panoptisch« kontrollierbar. Hier sollte »deutsche Haushaltsführung« erlernt werden.[138]

Ohne die Mitarbeit der »deutschen Hausfrau« konnte die nationalsozialistische Politik von Konsumlenkung und Konsumverzicht (im Zeichen von Autarkie und Vierjahresplan) nicht funktionieren. In der häuslichen Sphäre sparsam zu haushalten wurde wie der Kauf inländischer Produkte »arischer« Herstellung zur »Verpflichtung gegenüber Volk und Staat«. Hausfrauen, ermahnte die NSF-Zeitschrift *Deutsche Hauswirtschaft*, sollten »das ›Ich‹ und ›Wir‹« zusammendenken: private Bedürfnisse und Gemeinnutz, Küchenzettel und »neue Marktordnung«.[139] Haushaltsgehilfinnen wurden zu »Treuhänderinnen der Volksnahrung und Volksgesundheit« erklärt – ein Status, der natürlich nicht für die Zehntausende hauswirtschaftlicher Ostarbeiterinnen galt, die während des Krieges in deutschen Haushalten Zwangsarbeit verrichten mussten.[140]

Eine ganze Reihe von Maßnahmen wurde ergriffen, um die Effizienz der Hauswirtschaft zu steigern sowie das Konsumverhalten von Hausfrauen auf die restriktive Konsumpolitik des Regimes auszurichten. Dabei wirkten Partei, Staat und Unternehmen eng zusammen; die Grenzen zwischen privatwirtschaftlichem Kalkül und politischem Gestaltungswillen waren oft fließend. Neben den erwähnten Mütterkursen sowie den Publikationen, Ausstellungen und Beratungsbüros von NS-Frauenschaft und Deutschem Frauenwerk sind als Maßnahmen insbesondere die Einführung eines hauswirtschaftlichen Pflichtjahrs für Frauen zwischen 18 und 25 Jahren, die Ausbildung staatlich zertifizierter »Meisterinnen der Hauswirtschaft« sowie Programme zur Konsumentenerziehung zu nennen, vor allem die

Kampagne »Kampf dem Verderb«. Auch gab es eine wahre Flut von Ratschlägen für ressourcensparendes Recycling, und statt modisch-vergänglicher Dutzendware empfahl man den Kauf einer schlichten Inneneinrichtung aus »solider deutscher Eiche« – beim örtlichen Schreiner, nicht im Warenhaus.

Hausarbeit sollte sowohl intensiviert als auch rationalisiert werden. Haushaltstechnisierung wurde als Mittel propagiert, um, wie das *Deutsche Frauenblatt* schrieb, »Frauenkräfte freizubekommen zum wahren Dienst an der Familie und am Volksganzen«. 1934/35 führte die Elektroindustrie im Verbund mit staatlichen Stellen einen reichsweiten »Werbefeldzug« für elektrische Haushaltsgeräte. Dabei nutzte sie das Arsenal der Volksgemeinschaftsrhetorik und betonte neben dem individuellen Nutzen einer Elektrifizierung des Haushalts vor allem die moralische Verpflichtung zum Konsum: erstens um arbeitslose »Volksgenossen« wieder in Lohn und Brot zu bringen; zweitens, etwa an kommunale Einrichtungen und private Vermieter adressiert, um »jeden Volksgenossen« an den Vorteilen der Haushaltstechnisierung teilhaben zu lassen.[141] Auch andere Zweige der Konsumgüterindustrie bedienten sich des rhetorischen Registers der Volksgemeinschaftssemantik und stabilisierten dadurch, zum Teil effektiver als jede Staats- und Parteipropaganda, die damit verbundenen Werte und Normen – zumindest solange der Mangel an Konsumgütern durch systematische Ausbeutung der besetzten Gebiete noch in Grenzen gehalten werden konnte.[142]

Besonders augenfällig war die Politisierung des Haushalts durch Beeinflussung häuslicher Rituale: So rief das Winterhilfswerk zwischen Oktober und März einmal im Monat »Eintopfsonntage« aus, an denen sich alle deutschen Haushalte beteiligen sollten. Was man durch das frugale Mahl einsparte, sollte an das Hilfswerk gespendet werden. Das Spendenaufkommen war gewaltig, auch wegen der sozialen Kontrolle durch Blockwart und Nachbarschaft. Wichtig war aber auch der symbolische Wert der Aktion: Privates und Öffentliches verschmolzen in der Bildung einer reichsweiten »Tischgemeinschaft«.[143]

Beide Aspekte, der finanzielle und der symbolische, kamen auch in der Politisierung des Weihnachtsfests zum Tragen. Das Weihnachtsfest war, als Symbol für Bürgerlichkeit und soziale Harmonie, gerade durch seine Situierung im häuslich-familiären Bereich für die nationale Vergemeinschaftung wichtiger als so manche Staatsfeier im öffentlichen Raum. Das Winterhilfswerk nutzte auch diese Gelegenheit erfolgreich für Spendensammlungen. Es appellierte an die »Solidarität mit den notleidenden Volksgenossen« und gab im Gegenzug, als Symbol der Zugehörigkeit zur »Volksgemeinschaft« und Mittel sozialer Kontrolle, Türplaketten und Abzeichen aus. Allein im Jahr 1936 wurden 18 Millionen solcher Abzeichen produziert. Sie trugen Aufschriften wie »Deutsche Weihnacht allen Volksgenossen« oder »Weihnachten in jedem deutschen Haus. Wir helfen!«

Inwieweit die extremeren Umdeutungen des Weihnachtsfests zu einem vorchristlichen, nordisch-germanischen »Julfest« Eingang in private Haushalte fanden, ist schwer zu sagen. Sicher ist, dass auch hier die Grenzen zwischen Öffentlichem und Privatem durchlässig waren. Neben den gängigen Propagandamedien fungierten vor allem die rund elf Millionen Frauen, die sich für die NS-Frauenschaft und ähnliche Organisationen engagierten, als wichtige Vermittler (und Gestalterinnen!) von Innovationen des häuslichen Weihnachtsrituals. Natürlich kamen nicht alle der Aufforderung der Reichsfrauenführerin Gertrud Scholtz-Klink nach, unter Verwendung neuer Liederbücher, Backrezepte und Bastelanleitungen zu Hause eine »Erlebnisgemeinschaft« im Zeichen von Sonnwendkranz und Sonnenrad zu schaffen. Doch fanden manche Neuerungen wie das Weihnachtslied *Hohe Nacht der klaren Sterne* durchaus Verbreitung. Dieses Lied kleidete christliche Motive in folkloristische Naturmetaphorik und war von Wintersonnenwende-Mystik deutlich stärker durchdrungen als von der Weihnachtsbotschaft.[144]

Medienkonsum und Wohnen: Staatlicher Gestaltungswille und individueller Eigensinn bestimmten auch die Nutzung eines Mediums, mit dessen Hilfe das Regime politische Propaganda in private Haushalte hineintragen wollte: das Radio. Im Dritten Reich ein beliebtes Weihnachtsgeschenk, trug es mit dazu bei, die Grenzen zwischen Öffentlichem und Privatem durchlässig zu machen. Während im Zeichen des »Gemeinschaftsempfangs« auch im Betrieb, in der Schule und an anderen (halb-) öffentlichen Orten Radio gehört wurde, fand ein Großteil des Radiokonsums in den eigenen vier Wänden statt. Dabei sollte Radiohören dem Anspruch nach nicht mehr die »Privatangelegenheit jedes einzelnen«, sondern »staatspolitische Pflicht« des »Volksgenossen« sein.[145]

In der Tat wurde das Radio zur Politisierung des privaten Raums genutzt. Die mediale Übertragung zentraler NS-Feiern ist schon erwähnt worden, und auch sonst diente das Radio als wichtiges Medium, um Reden des »Führers« und anderer ranghoher Funktionsträger in die Wohnzimmer zu tragen. So versammelten sich am 30. Januar 1939 Millionen von Deutschen zu Hause vor den Rundfunkgeräten, um eine von Hitlers berüchtigtsten Reden zu hören, in der er die »Vernichtung der jüdischen Rasse in Europa« »prophezeite«, falls »es dem internationalen Finanzjudentum in und außerhalb Europas gelingen sollte, die Völker noch einmal in einen Weltkrieg zu stürzen«.[146]

Diese Form der direkten Politisierung über den Rundfunk beschränkte sich allerdings, von der Anfangszeit der NS-Herrschaft abgesehen, auf einige wenige zentrale Anlässe. Goebbels war sich der Gefahr propagandistischer Übersättigung bewusst und bevorzugte, wie auch im Film, subtilere Formen der Beeinflussung, meist eingebettet in Unterhaltungsformate. »Nur keine Öde«, war sein Motto; »Gesinnung braucht nicht Langeweile zu bedeuten«.[147] Während man kein Pendant zu Franklin D. Roosevelts populären Radioansprachen entwickelte, die als Kamingespräche gestaltet waren und den Bürger in jovialem Ton adressierten, passten sich weltanschaulich gefärbte Unterhaltungsformate durchaus den Konventionen der Alltagssprache an, so dass man von einer »Verhäuslichung der Radiopropaganda« sprechen kann.[148]

Beispielhaft für dieses Konzept waren Sendungen wie *Rund um den Familientisch* oder *Wir treiben Familienforschung*, die zum Teil humorvoll und im Plauderton nationalsozialistische Vorstellungen von Rasse, Nation, Konsum und Erziehung vermittelten. Da der Radiokonsum bei Hausfrauen erfahrungsgemäß am höchsten war, versuchte man durch zielgruppenorientierte Programme politische Initiativen von NS-Frauenschaft und Deutschem Frauenwerk medial zu unterstützen und die nationalsozialistische Geschlechterordnung zu stabilisieren.[149] Der »eigensinnige« Radiohörer konnte jedoch im (wenn auch prekären) Schutz der eigenen vier Wände nicht nur den Apparat abschalten, sondern, trotz des »Feindsenderverbots« von 1939, auch Programme der BBC hören, also gewissermaßen in die »mediale Emigration« gehen.[150]

Vor dem Hintergrund, dass Musik- und Unterhaltungsformate den Großteil des Radioprogramms ausmachten, bestand die Hauptfunktion des Rundfunks weniger in der Verbreitung griffiger Propagandaslogans als in der Inszenierung von »Volksgemeinschaft« »auf virtueller Ebene«. Sendungen wie *Stunde der Nation* oder das *Wunschkonzert für das Winterhilfswerk* (später: *Wunschkonzert für die Wehrmacht*) verfolgten das Ziel, reichsweit eine »Hörergemeinschaft« zu schaffen – synchronisiert durch den regelmäßigen Rhythmus der Sendezeiten und ebenso durch das definiert, was die Sendungen zum Inhalt hatten, wie durch das, was nicht in ihnen vorkam. Denn all jene, die nicht zur »Volksgemeinschaft« gehörten – Juden, »Asoziale« und andere »Gemeinschaftsfremde« – waren, außer in politischen Reden, im Radioprogramm abwesend. 1939 schloss man Juden auch per Gesetz von der Hörergemeinschaft aus, denn von da an war es ihnen verboten, ein Radiogerät zu besitzen.[151] Das Radiohören diente der Erzeugung eines »Unter uns«-Effekts – ein Effekt, der im Krieg noch räumlich potenziert wurde durch Sendungen wie die Weihnachtsringschaltung von 1942, die Kriegs- und Heimatfronten miteinander verband.[152]

Wohnideal: »Nach Feierabend sitzt die Arbeiter-Siedlerfamilie in der Wohnstube beisammen und lauscht der Musik aus dem Radio«.

Die Strategie einer Vergemeinschaftung über den Äther konnte natürlich nur dort funktionieren, wo Haushalte auch Zugang zum Rundfunk hatten. Das war nicht überall der Fall. Der Slogan eines Werbeplakats von 1933: »Ganz Deutschland hört den Führer – mit dem Volksempfänger«, formulierte den *Anspruch* des Regimes; die Wirklichkeit sah anders aus. Zwar nahm die Rundfunkdichte signifikant zu, von 25 Prozent aller Haushalte im Jahr 1933 auf 65 Prozent im Jahr 1941 (bezogen auf das »Altreich«). Doch blieben ländliche Regionen ebenso wie einkommensschwache Haushalte in Städten auch weiterhin medial unterversorgt. Wenngleich mit dem »Volksempfänger« ein relativ günstiges Produkt angeboten wurde, konnte in Arbeiterhaushalten die monatliche Rundfunkgebühr zum Grund werden, sich kein Radio anzuschaffen. Für viele war die Tageszeitung nach wie vor »die wichtigste Form der medialen Partizipation«. In der zweiten Hälfte des Krieges nahm der Pressekonsum angesichts des Mangels an Ersatzteilen für Radios sogar noch an Bedeutung zu; die NS-»Volksgemeinschaft« war dann mehr denn je eine »lesende Gesellschaft«.[153]

Das Leben in den eigenen vier Wänden wurde vielfach, politisch wie ideologisch, »von außen« bestimmt. Inwiefern aber waren sie selbst Träger des totalitären Gestaltungswillens der NS-Herrschaft? Inwiefern funktionierte die Politisierung des Privaten nicht bloß über eine staatliche, weltanschauliche Durchdringung, sondern auch über die wohnungs- und siedlungspolitische Errichtung der eigenen vier Wände?

Architektur ist der steingewordene Ausdruck sozialer Ordnungsvorstellungen. Gerade die neuere Forschung hat sich verstärkt mit Architekten als »Sozialingenieuren« befasst: ihren Entwürfen einer rationalen Gesellschaftsgestaltung und ihren Konzepten für eine »Ordnung des Wohnraums«. Seit den späten 1920er-Jahren war ein »Ordnungsdenken« verbreitet, das den Menschen, also das Individuum, zum Maßstab machte, gleichzeitig aber Gemeinschaft zur obersten Maxime erklärte. Mit der NS-Volksgemeinschaftsidee war dieses Denken ohne weiteres kompatibel.[154] Sofern sie sich zur Weimarer Zeit nicht als Speerspitze der Avantgarde exponiert hatten, standen Architekten im Dritten Reich hoch im Kurs, denn auch führende Nationalsozialisten waren von der Notwendigkeit überzeugt, ihre »Weltanschauung« architektonisch zum Ausdruck zu bringen.

Dass architektonische Raumordnung Ausfluss sozialer Ideen ist, bedeutet jedoch nicht, dass man diese Ideen von baulichen Oberflächen einfach ablesen kann. Die Beziehung zwischen Architektur und Ideologie ist deutlich offener. Selten verweisen bestimmte Bauformen per se auf eine bestimmte Weltanschauung. Meist handelt es sich um die Schaffung von Ermöglichungsräumen, die unterschiedliche Arten der Ausdeutung, Aneignung und Nutzung zulassen. Deshalb lässt sich eine spezifisch nationalsozialistische Architektur nur bedingt ausmachen. Der reduzierte Klassizismus, meist Neoklassizismus genannt, wie er sich in Paul Ludwig Troosts Haus der Deutschen Kunst (München) oder in Albert Speers Tribüne auf dem Zeppelinfeld (Nürnberg) manifestiert, war in der Zwischenkriegszeit bei staatlichen Repräsentationsbauten international verbreitet. Umgekehrt findet sich der Funktionalismus des Neuen Bauens, der sich in der Weimarer Republik etabliert hatte, trotz Bauhaus-Schließung auch im Nationalsozialismus, etwa bei Industrie- und Verkehrsbauten, vereinzelt auch im Wohnungsbau.

Beide Aspekte, die weltanschaulich motivierte und propagandistisch stilisierte Ordnung des Wohnraums sowie die ideologische Polyvalenz architektonischer Formensprache, bestimmten auch das nationalsozialistische Experiment, den privaten Raum durch seine bauliche Gestaltung zu politisieren. Das Scheitern dieses Experiments ist aber nicht nur den daraus erwachsenen Spannungen zuzuschreiben, sondern auch, wie so oft im Nationalsozialismus, selbst geschaffenen Dilemmata, politischen Zielkonflikten sowie der Kombination aus immensem ideologischen und mangelndem finanziellen Engagement.

Im Fokus der Wohnungspolitik stand zu Beginn die so genannte Kleinsiedlung. In Stadtrandnähe angelegt, bestanden Kleinsiedlungen aus meist eingeschossigen Wohngebäuden mit Satteldach, die in der Regel nicht mehr als 35 bis 60 Quadratmeter umfassten: Wohnküche, Elternschlafzimmer, Kinderzimmer, Wirtschaftsraum, ausbaufähiger Dachboden. Hauptmerkmal waren Stall und Nutzgarten (600 bis 1000 Quadratmeter groß). Konzipiert als Maßnahme zur Eigentumsbildung und teilweisen Selbstversorgung, waren Kleinsiedlungen Wohn- und Wirtschaftseinheit in einem – mit sozialer Krisenabsicherung hinter dem Haus.[155] Hauptzielgruppe waren Stammarbeiter, also bewährte Mitarbeiter eines Betriebs. Neben einer »Entproletarisierung« versprach man sich als ideologischen Mehrwert vor allem eine »Wiederverwurzelung mit der Scholle«.[156]

Die in Großstädten wie Berlin und Hamburg verbreiteten mehrgeschossigen Mietshäuser galten dagegen als »Totengräber des deutschen Volkes«, nicht nur weil sie zur Weimarer Zeit Hochburgen des »Marxismus« gewesen waren, sondern auch, weil in ihnen angeblich »der Wille zum Kind systematisch getötet« wurde, wie es 1938 in der *Einführung in die Wohnungs- und Siedlungspolitik* des Architekten Joachim Fischer-Dieskau hieß. In Gottfried Feders »Standardwerk« *Die neue Stadt* (1939) wurde dieser Umstand durch Zeichnungen und Diagramme eindrücklich illustriert. Als Symbol für Großstädte diente der Sensenmann: Geburtenrate »0,2 Kinder«; das Dorf repräsentierte ein Landarbeiter, aufrecht wie ein Baum stehend mit Spaten in der Hand: Geburtenrate »6,4 Kinder«. Jede Familie, sofern sie »guten Blutes« war und für »würdig« befunden wurde, sollte ihr »eigenes Heim auf eigener Scholle« bekommen. Nur das Eigenheim biete die Gewähr, so warb das DAF-Reichsheimstättenamt, dass ein »mit der Heimat verwurzeltes Geschlecht« herangezogen werde. Die »Wiederverbindung mit dem Boden« bringe den deutschen Arbeiter »innerlich wieder in ein unmittelbares Verhältnis zum Staat«: »Mein Haus. Mein Boden. Mein Vaterland.«[157]

An der Auswahl von geeignetem »Siedlungsmaterial« waren zum Teil acht Behörden und Parteidienststellen beteiligt, neben der zuständigen Gemeinde, dem Arbeitgeber und dem Arbeitsamt vor allem das Gesundheitsamt, die NS-Volkswohlfahrt und das Gauheimstättenamt der DAF. Zwar wurden Bewerber um eine Siedlungsstelle – anders als bei der Überprüfung von Eheeignung und -tauglichkeit – in der Regel nicht amtsärztlich untersucht, doch waren Nachweise über »Erbgesundheit«, politische Konformität und »reinrassige« Abstammung auch hier erforderlich. Frauen mussten sogar über ihre monatliche Regelblutung und die Anzahl ihrer Fehlgeburten Auskunft geben. Das Überprüfungsverfahren war derart aufwendig, dass von amtlichen Stellen moniert wurde, man würde auf diese Weise »dem schaffenden Volksgenossen die Lust zum Siedeln« nehmen. Ein weiterer Bericht vermerkte, dass das Auswahlverfahren von Seiten der Bevölkerung als »ein unnötig starkes Eindringen in ihre persönlichen Verhältnisse« gesehen werde.[158] Hier wurden Grenzen der Privatsphäre verhandelt.

Bis 1936 wurden von 67000 Bewerbungen rund 15000 abgelehnt. Manche der Arbeiterfamilien, die in den Genuss eines

Kleinhauses mit Wirtschaftsfläche kamen, mögen ihre Bewerbung schon bald bereut haben. Nicht nur, dass sie sich während einer dreijährigen Probezeit erst bewähren und zum Schluss einer intensiven Überprüfung unterziehen mussten. Die Bewirtschaftung der Stelle, die werktags in erster Linie die Ehefrau übernahm, war derart arbeitsintensiv und der Wohnraum des Kleinhauses derart knapp bemessen, dass sich individuelle Hoffnungen auf ein gemütliches Leben im Eigenheim kaum erfüllten. Der Grad der Haushaltstechnisierung entsprach dem Stand der vorindustriellen Referenzgröße nationalsozialistischer Siedlungsromantik. Oft gab es aus Kostengründen weder Gas noch Strom noch fließend Wasser. Das wohnungs- und wirtschaftspolitische Modell der Kleinsiedlung scheiterte auch an den Erwartungen seiner Bewohner, die zunehmend versuchten, die Siedlerstelle ihren privaten Bedürfnissen eigensinnig anzuverwandeln, das heißt den Wohnraum, wenn möglich, auf Kosten der Nutzfläche auszubauen. Ohnehin passte das als »Idealform des deutschen Wohnungsbaues« gepriesene Modell schwerlich zu den familien- und bevölkerungspolitischen Prämissen, die das Regime seiner Politik allgemein zugrunde legte. Wie eine »kinderreiche Familie« in einem Kleinhaus Platz finden sollte, blieb ebenso unklar, wie eine so flächenintensive Bauweise der effektiven Behebung eines Wohnungsmangels dienen konnte, der sich auch aufgrund der eigenen Familienpolitik immer weiter verschärfte.[159]

Insgesamt wurden im Reichsgebiet nicht mehr als 130 000-150 000 Kleinsiedlerstellen gebaut: vom Aachener Revier, wo die ersten Kleinsiedlungen entstanden, über die »Gemeinschaftssiedlung« Braunschweig-Lehndorf, eine der größten Kleinsiedlungen im Dritten Reich, bis zur »Reichskleinsiedlung« Am Hart am Münchner Stadtrand. Das waren gerade einmal acht bis zehn Prozent der gesamten Wohnungsbauleistung der Jahre 1933 bis 1939. Danach kam der Wohnungsbau ohnehin bald zum Erliegen, abgesehen von rüstungsrelevanten Projekten, die mehrgeschossige Mietwohnungen bevorzugten, wie die »Stadt des KdF-Wagens« (Wolfsburg) und die »Stadt der Hermann-Göring-Werke« (Salzgitter). Ursprünglich hatte man mehr als Hunderttausend Kleinsiedlerstellen pro Jahr schaffen wollen.[160]

Trotz des Scheiterns war die Kleinsiedlung der wichtigste Versuch des NS-Regimes, den privaten Raum nicht bloß über die Durchdringung, sondern auch die Errichtung der eigenen vier Wände zu politisieren. Versuche mit anderen Wohnformaten wie in der »Mustersiedlung Ramersdorf« im Münchner Süden oder der DAF-»Gemeinschaftssiedlung« Braunschweig-Mascherode führten unter diesem Gesichtspunkt nicht zu überzeugenderen Resultaten. Im Gegenteil: Hatte letztere immerhin ein »NSDAP-Gemeinschaftshaus« als sozialräumlichen Mittelpunkt, war erstere von einer »zeitlos-unspektakulären Formensprache« geprägt und bot bürgerlichen Wohnkomfort in gehobener Preislage. Arbeiterfamilien blieb häufig nur die »Volkswohnung«, die ab 1935/36 als Teil von ein- oder mehrgeschossigen Mietshäusern reihenweise gebaut wurde. Wegen der räumlichen Enge (ca. 35 bis 40 Quadratmeter) war sie bevölkerungspolitisch ähnlich problematisch wie die Kleinsiedlung; außerdem hatte sie im Unterschied zu dieser mit dem Ideal vom »bodenständigen« Eigenheim nicht mehr viel zu tun.[161]

Während sich das Ideal der Schollenbindung im Wohnungsbau zusehends verflüchtigte, äußerte sich dafür die ideologische Schlagkraft der NS-Herrschaft umso mehr, wenn auch kommunal unterschiedlich, in der Vertreibung jüdischer Deutscher aus ihren Wohnungen: Von 1939 an wurden sie zunächst in »Judenhäuser« verbannt, 1941/42 dann, falls nicht direkt in Konzentrationslager deportiert, in Barackenlagern am Stadtrand ghettoisiert. Euphemistisch »Judensiedlung« genannt, waren sie als Sammel- und Durchgangslager Zwischenstationen auf dem Weg in den Tod. Wie so häufig erwies sich der Nationalsozialismus dort am effektivsten, wo es um Zerstörung ging, und wie so häufig gingen dabei Inklusion und Exklusion Hand in Hand: Entmietung und »Entsiedelung« als Teil der Neugestaltung von Großstädten und der Wohnraumbeschaffung für »Volksgenossen«.[162]

6 Nah und fern

Die deutsche Autobahn sollte die »Volksgemeinschaft« verbinden, hier die Saalebrücke an der thüringisch-bayerischen Grenze.

Dieses Kapitel richtet den Blick auf Praktiken der Inklusion und Exklusion, die auf verschiedenen räumlichen Ebenen und Schauplätzen – von den Regionen des »Altreichs« bis zu den Expansionsgebieten des nationalsozialistischen Imperialprojekts – »Volksgemeinschaft« als einen von unterschiedlichen Distanzverhältnissen gekennzeichneten Vorstellungs- und Wahrnehmungsraum konstituierten. Zu diesen Praktiken zählen auch Raumplanungen und -repräsentationen, die von Architekten, Geografen und Kartografen produziert wurden. Der Fokus des Kapitels liegt auf drei Aspekten: Infrastrukturen als Integrationsmedien und soziale Leitbilder der Landschaftsplanung; die Bedeutung regionaler Identitäten und Praktiken der »Germanisierung« in den eroberten »Ostgebieten«; Gewalthandeln und Vergemeinschaftung zwischen Front und »Heimatfront«.

Infrastrukturen

Infrastrukturen, also Verkehrs-, Versorgungs- und Kommunikationseinrichtungen, die »erschließen, verbinden, vernetzen und integrieren«, sind ideologisch, wenn überhaupt, nur schwer zuzuordnen.[1] Das hinderte die Nationalsozialisten aber nicht, Infrastrukturprojekte als Integrationsmedien politisch zu funktionalisieren und als Verräumlichung eines volksgemeinschaftlichen Sozialexperiments zu entwerfen. Das galt insbesondere für das Prestigeprojekt Autobahn. Als »Straßen des Führers« und »Straßen des Volkes« gepriesen, wurden die Autobahnen zum »volksverbindenden« Medium stilisiert: »Von Entfernungen kann man innerhalb unseres Vaterlandes nach der Fertigstellung dieses Monumentalwerkes deutscher Willens- und Schöpferkraft nicht mehr sprechen«, tönte Hessens Gauleiter Jakob Sprenger bei der Eröffnung der Reichsautobahnstrecke Frankfurt/Main–Darmstadt.[2] Die für infrastrukturelle Innovationen typische Verkürzung von Raum und Zeit diente nicht nur der Vernetzung einer Bevölkerung; sie versprach auch deren Verdichtung zu einer Gemeinschaft.[3] Die Autobahn sollte zum »räumlichen Symbol der ›Volksgemeinschaft‹« werden, zum »einigenden Band«, das Regionen wie »Volksgenossen« miteinander verband.[4]

Dabei wurde eine Infrastruktur imaginiert, in der das Ich des »Volksgenossen« nicht einfach im Wir der »Verkehrsgemeinschaft« aufging, sondern in der jeder einzelne in den Genuss der »individuellen Freiheit des Verkehrs« kam: »Nicht der Fahrplan«, betonte Hitler 1933 in einer Rede zur Eröffnung der Internationalen Automobil- und Motorradausstellung in Berlin, »sondern der Wille des Menschen bedient sich des ihm ununterbrochen gehorchenden Verkehrsinstrumentes«.[5] Der Erwerb eines »Volkswagens«, auf den man durch wöchentliche Ratenzahlungen in Höhe von fünf Reichsmark sparen konnte, blieb allerdings ein Wunschtraum und im Bereich des »virtuellen Konsums« (Hartmut Berghoff). Auch wurden statt der geplanten 6 000 Kilometer zwischen 1933 und 1940 nur 3 700 Kilometer Autobahnstrecke gebaut. Danach kam der Ausbau immer mehr zum Erliegen.

Für Konzeptionen einer infrastrukturellen Herstellung der »Volksgemeinschaft« sind besonders die Planungen der »Landschaftsanwälte« aufschlussreich, die für die »landschaftliche Eingliederung« der Autobahn verantwortlich waren. Der Landschaftsarchitekt Alwin Seifert, 1940 zum »Reichslandschaftsanwalt« ernannt, strebte eine »organische« Einbettung der Autobahn in die deutsche Landschaft an, die ihm als »unversiegliche Quelle aller Kraft und Freude und Schönheit« galt. Die symbiotische Verschmelzung von Natur und Technik war für Seifert eine Frage von »Sein oder Nichtsein des deutschen Volkes«. Die größte Gefahr ging in seinen Augen von der »Versteppung« aus. Ohne Wald könne es auf Dauer kein deutsches Volk geben, »das zäh an seinem Boden haftet und gegen jede Not ihn verteidigt«; eine »deutsche Straße« war ohne Bäume nicht denkbar.

Seifert verfolgte die Konzeption einer »lebens«- und »naturnahen« Verkehrs-Landschaft, die sich durch »schwingende Straßen«, regionstypische Formen und »bodenständige« Bepflanzungen auszeichnete, kurz: durch eine »Harmonie des Mannigfachen« und den Rhythmus »wechselnder Räume«. Den amerikanischen Parkways konzeptionell näher als den italienischen Autostrade, die eine gerade Linienführung bevorzugten, boten die Autobahnen im Vergleich zu Reichs- und Landstraßen nicht bloß den »kürzeren Weg zu echter Natur«; sie sollten auch einen von regionaler Vielfalt geprägten »Erholungs- und Erhebungsraum« (Erhard Schütz) schaffen. Der »Volksgenosse« hinterm Steuer sollte »in jedem Augenblick fühlen: hier ist bairisches Voralpenland und hier Niedersachsen ganz und gar und nichts Fremdes in ihm, hier Thüringen und hier die Mark«. Gleichzeitig fungierte die Autobahn als Integrationsmedium, denn, ob märkischer Sand oder Thüringer Wald, »sie sind alle eines: deutsche Heimat!«[6]

Konnten sich Seiferts Vorstellungen gegen Fritz Todt, den Generalinspektor für das deutsche Straßenwesen, nur bedingt durchsetzen, wurden sie von einem weiteren großen Bauprojekt in weit höherem Maße konterkariert. Das »KdF-Seebad Rügen«, das von 1936 bis 1939 zwischen den Badeorten Sassnitz und Binz an der Prorer Wiek angelegt (wenn auch nicht vollendet) wurde, folgte größtenteils der funktionalistischen Architektur der »Wohnmaschine« Le Corbusiers. Geplant als eines von fünf (später zehn) KdF-Seebädern, die sämtlich an die Ostsee verlegt wurden, sollte der Betonbau auf sechs Geschossen und einer Länge von viereinhalb Kilometern 20 000 Gästen Platz bieten. Die Ferienanlage antizipierte die Bettenburgen des modernen Massentourismus, wie er sich in den 1950er- und 1960er-Jahren entfaltete, und bot, vom Kino bis zur Sportanlage, vom Zimmer mit Meerblick bis zum Aussichtscafé in 70 Meter Höhe, eine »hochentwickelte touristisch-konsumistische Infrastruktur«.[7]

Während die KdF-Bettenburg, für die eine riesige Fläche Wald gerodet wurde, den Idealen des Heimat- und Naturschutzes diametral zuwiderlief, war sie zweifellos integraler Bestandteil der NS-Volksgemeinschaftspolitik. Auf einer Insel, die nicht nur zu den Hochburgen des »Bäder-Antisemitismus«, sondern auch zu den bevorzugten Erholungsregionen des betuchten Bürgertums zählte, sollte Prora der durchschnittlichen Arbeiterfamilie einen bezahlbaren Badeurlaub ermöglichen, mit allem nötigen Komfort. Das war nicht zuletzt vor dem Hintergrund stagnierender Löhne von Bedeutung. Davon abgesehen ging die Ferienanlage nicht in reinem Funktionalismus auf. Neben »Gemeinschaftshäusern«, die senkrecht zu den Wohnflügeln in Form eines Schiffshecks Richtung Meer zeigten, war im Zentrum der Anlage ein 400 000 Quadratmeter großer Festplatz mit einer tempelartigen Festhalle im Stil des Neoklassizismus vorgesehen: ein Ort der politischen Massenmobilisierung, der sämtlichen Badegästen Platz geboten hätte.

In dem Ferienresort bündelten sich somit eine Reihe zum Teil gegenläufiger Vorstellungen: familiäre Privatheit und nationale Vergemeinschaftung, »komfortabler Funktionalismus« und »völkischer Individualismus«.[8] Realität wurde der Urlaub in Prora jedoch nur in KdF-Reisekatalogen (*Dein Urlaub 1939*). Statt Badegästen brachte man dort zunächst Hamburger Bürger unter, die im Juli 1943 ausgebombt worden waren, später dann Flüchtlinge aus den preußischen Ostprovinzen.

Der Konflikt zwischen einer »organischen« Erschließung der Natur und ihrer »mechanistischen« Ausbeutung war mit nationalsozialistischen Vorstellungen von »Volksgemeinschaft« eng verwoben. Meist wurde der Konflikt nach einem Kosten-Nutzen-Kalkül entschieden, doch blieb das Spannungsverhältnis zwischen »naturnaher« Landschaftsgestaltung und Planung auf dem Reißbrett bestehen. Manche versprachen sich eine Lösung von der kriegerischen Expansion nach Osten, weil Naturschutz im Reich durch Raubbau in den östlichen Besatzungsgebieten ermöglicht werden könne. Doch war die Beziehung zwischen »Volksgemeinschaft« und »Lebensraum im Osten« komplexer, als es sich in Konzeptionen einer simplen Arbeitsteilung zwischen Metropole und Kolonie widerspiegelte.

Im Kontext deutscher Eroberungspolitik und Besatzungsherrschaft »im Osten« knüpften sich nationalsozialistische Vorstellungen von »Volksgemeinschaft« verstärkt an imperiale Selbstbilder eines ebenso kultivierten wie kultivierenden Volkes. Während Slawentum und Judentum zu »Aufbau« und »Gestaltung« unfähig seien, zeige sich die kulturelle Überlegenheit des »deutschen Volkstums« auch in der Beherrschung, Erschließung und Kultivierung der Natur. So ließ Hitler eine transkontinentale 3-Meter-Breitspureisenbahn zur Vernetzung eines künftigen »Großeuropäischen Imperiums« planen, und so erdachten wissenschaftliche Experten im Auftrag von Himmlers »Reichskommissariat für die Festigung deutschen Volkstums« (RKF) Kultivierungsprojekte wie die Urbarmachung der Pripjetsümpfe, dem mit rund 90 000 Quadratkilometern größten Sumpfgebiet Europas (heute in Weißrussland und in der Ukraine gelegen). Neben der Torfgewinnung beinhaltete das Projekt die Regulierung des Pripjets und seiner Nebenflüsse und damit die infrastrukturelle Entwicklung des gesamten Gebiets zu einem Verkehrsknotenpunkt. Zwischen Baltikum und Schwarzem Meer, zwischen Deutschem Reich und »dem Osten« sollte es nicht mehr Barriere, sondern Brücke sein – Infrastruktur als Integrationsmedium. Dabei wollte man die Kultivierungsarbeiten von jenen Menschen in Zwangsarbeit verrichten lassen, die man der »schöpferischen Gestaltung« für unfähig hielt: Juden und Slawen. Das Projekt blieb unverwirklicht, doch fanden in den Pripjetsümpfen 15 000 Juden den Tod, ermordet durch Einsatzgruppen der SS. Massenmord statt Aufbau.[9]

Die Planungen zur Erschließung und Kolonisation des »Ostens« beschränkten sich aber nicht auf eine technokratische Nutzbarmachung der Natur. Der zwischen 1940 und 1942 mehrfach überarbeitete »Generalplan Ost«, der maßgeblich von Konrad Meyer, Agrarwissenschaftler und Leiter des RKF-Planungsamts, entworfen wurde, enthielt auch Pläne zur »naturnahen Gestaltung der Landschaft«. Denn, so formulierte es eine Anordnung für die »eingegliederten Ostgebiete« vom Dezember 1942, es genüge nicht, »fremdes Volkstum auszuschalten« und »deutsches Volkstum« anzusiedeln. Der »germanisch-deutsche Mensch« müsse sich in seiner neuen Umgebung »heimisch« fühlen, und das könne er nur, wo er von den Charakterzügen »deutscher Kulturlandschaften« umgeben sei, etwa der »Grüngestaltung der Siedlungen« und der »Gliederung und Begrenzung der Feldflur durch Wald, Waldstreifen, Hecken, Gebüsche und Bäume«. Schließlich finde die »Volks- und Raumgemeinschaft« im »Gesicht der Landschaft« ihren »schönsten und würdigsten Ausdruck«.[10]

Neben dem landschaftsplanerischen Gestaltungsideal eines »standörtlichen, natürlichen Lebens«[11] bündelten sich im »Generalplan Ost« Vorstellungen, die auf eine Optimierung von Bevölkerungsdichte und »Bedürfnismanagement« (Dirk van Laak) zielten. Dabei orientierte man sich vor allem an der Theorie der zentralen Orte, die der Geograf Walter Christaller Anfang der 1930er-Jahre entwickelt hatte und die sowohl eine hierarchische Abstufung als auch gestaffelte Distanzverhältnisse von Orten unterschiedlicher Größe und infrastruktureller Bedeutung vorsah. Christaller selbst arbeitete für Meyers Planungsamt Vorschläge aus. Seine Theorie, die meist in schematischen Kreis- oder Sechseckdiagrammen veranschaulicht wurde, war zwar wegen des zugrundeliegenden Prinzips abstrakter Deduktion umstritten, doch war der Grundsatz einer Hierarchisierung von »Raumgemeinschaften«, also der Schaffung von »führenden« und »folgenden« Siedlungseinheiten, durchaus vereinbar mit dem sozialen Leitbild der »Volksgemeinschaft«. Dieses Leitbild spielte in der Raumplanung auch im Hinblick auf die Zielvorstellung der »Schaffung gleicher Lebensbedingungen« und eines »gerechten Ausgleichs« zwischen Stadt und Land sowie zwischen Wachstums- und »Notstandsgebieten« (Grenzregionen!) eine wichtige Rolle, gerade auch hinsichtlich der infrastrukturellen Versorgung und Erschließung.[12]

Darüber hinaus ließ sich Christallers Theorie mit dem städtebaulichen Modell der »Ortsgruppe als Siedlungszelle« kombinieren, das der Architekt Konstanty Gutschow 1940 im Rahmen der Stadterweiterungspläne für Hamburg als imperiale »Führerstadt« entwickelte und das in engem Zusammenhang mit Konzeptionen von Gutschows Kollegen Hans Bernhard Reichow und Wilhelm Wortmann stand – letzterer prägte das Leitbild der »Stadtlandschaft«. Nicht nur mit Blick auf das »Altreich«, sondern auch mit der Absicht, den »neuen Deutschen Osten« zu gestalten, entwarfen die Architekten Modelle zur Übertragung der politischen Ordnung des Nationalsozialismus, insbesondere der Parteistruktur, auf die räumliche Ordnung neuer Siedlungen. Über die Netzwerke der Raumforschung fand die darauf basierende Konzeption kleiner überschaubarer (und damit leicht kontrollierbarer) »Siedlungszellen« Eingang in den »Generalplan Ost«. Hierarchisch aufgebaut nach Zellen, Ortsgruppen und Kreisen, sollten Siedlungsformen die »organische« Formierung der »Volksgemeinschaft« fördern, indem sie ihr baulichen Ausdruck verliehen und sie architektonisch erlebbar machten.[13] Von besonderer Bedeutung war in diesem Zusammenhang das von Christaller konzipierte »Hauptdorf«, dessen infrastruktureller Versorgungsraum (»Kultur- und Marktbereich«) ungefähr der

Größe einer Ortsgruppe entsprach und dem eine zentrale Rolle für die »Gemeinschaftslenkung« zukam: »Grundlage intensiver Menschenführung (Parteiortsgruppe), Betreuung (Arztbezirk) und Überwachung (Gendarmeriebereich)«.[14]

Die Verwirklichung von Christallers Theorie der zentralen Orte und Gutschows Modell der »Ortsgruppe als Siedlungszelle« rückte mit dem Fortgang des Krieges in immer weitere Ferne. Die imperialen Landschafts-, Raum- und Stadtplanungen im Dritten Reich erlauben jedoch Einblicke in Vorstellungen von einer infrastrukturellen Konstituierung nationalsozialistischer »Volksgemeinschaft«. Zudem lassen sie sich als symbolische Raumaneignungen deuten, die mit der tatsächlichen infrastrukturellen Transformation und institutionellen Durchdringung der eroberten Gebiete einhergingen.[15]

Das Medium der Karte spielte hier eine wichtige Rolle. Vor allem die auf Christallers Theorie beruhenden Raumplanungen wurden mittels Karten effektvoll visualisiert. Aber natürlich kamen Karten, ob mit der trügerischen Aura wissenschaftlicher Genauigkeit versehen oder offen als politische Waffe verwendet, auch auf anderen Feldern zum Einsatz. Besonders instruktiv ist das Kartenmaterial, das vor dem Hintergrund der deutschen Eroberungs- und Besatzungspolitik zur deutschen Kolonialgeschichte produziert wurde. So veröffentlichte der Kartograph Arnold Hillen Ziegfeld 1943 ein Buch mit dem bezeichnenden Titel *1000 Jahre deutsche Kolonisation und Siedlung. Rückblick und Vorschau zu neuem Aufbruch*. Mittels suggestiver Karten zur deutschen Ostsiedlung im Mittelalter vermittelte Ziegfeld die Vorstellung, dass es sich schon damals um eine »deutsche *Wieder*besiedlung des Ostens« gehandelt habe. Im Rezeptionskontext deutscher Besatzungsherrschaft erzielten solche Raumrepräsentationen den Effekt einer Verschmelzung verschiedener Zeitebenen, mit entsprechendem legitimatorischen Mehrwert.[16]

Dass neben Karten auch Reiseführer ein effektives Medium der symbolischen Raumaneignung sein können, hat die neuere Forschung gezeigt. Dabei ist im Zusammenhang mit der NS-

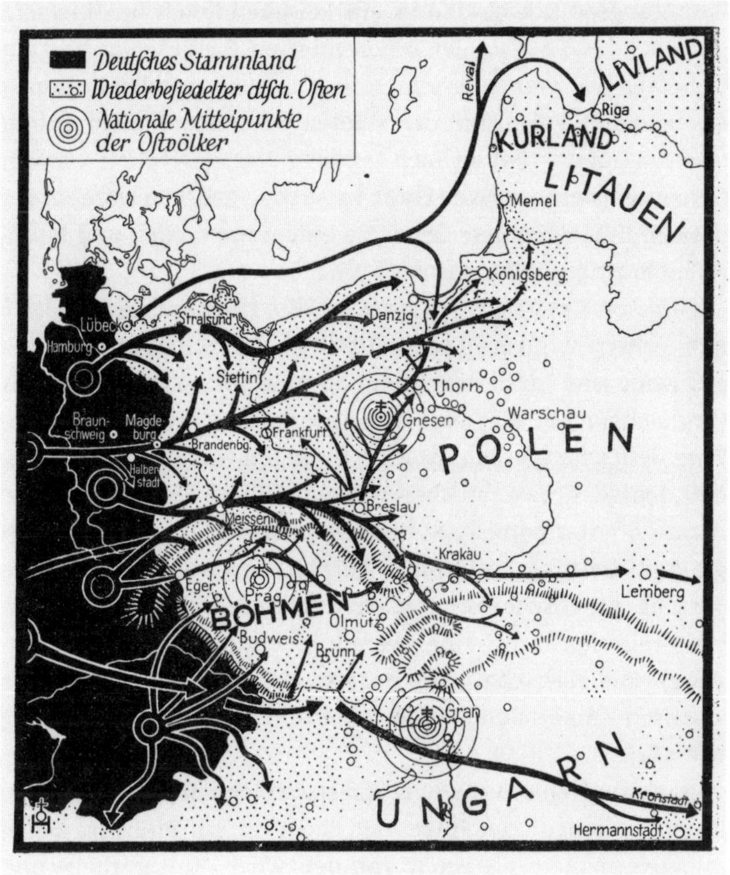

»Die größte Kolonisationsleistung in der Geschichte: Die deutsche Wiederbesiedelung des Ostens im 12.–14. Jahrhundert.« Karte aus Arnold Hillen Ziegfelds Buch *1000 Jahre deutsche Kolonisation und Siedlung*, 1943.

Besatzungspolitik besonders ein Reisehandbuch ins Blickfeld gerückt, das 1943 in der renommierten Baedeker-Reihe zum Generalgouvernement erschien, also zu den zentralen Regionen des besetzten Polens mit den Städten Warschau, Krakau, Lublin und von August 1941 an auch Lemberg. Der Reiseführer war von Generalgouverneur Hans Frank in Auftrag gegeben worden, der das von ihm verwaltete Gebiet zu einem imperialen und kulturellen Prestigeobjekt machen wollte.[17]

Baedekers Generalgouvernement erfüllte zwei zentrale Funktionen: Erstens stand er in einer »Tradition herrschaftlicher Raumerfassung und Landesbeschreibung« und vermittelte, durchaus vergleichbar mit Ziegfelds Kartenwerk, eine mythische Erzählung deutscher Ostkolonisation in Gegenwart und Vergangenheit, lediglich unterbrochen von einer Phase kultureller Degeneration unter polnischer Herrschaft. Zweitens zielte er durch die Beibehaltung bestimmter Formatkonventionen (sachliche Sprache, praktische Reisetipps und bildungsbürgerliche Kulturbeschreibungen) auf eine »›Veralltäglichung‹ deutscher Besatzungs- und Herrschaftspraxis«, also auf die Vermittlung einer »rassisch«-imperialen Raumproduktion im Gewande des Gewöhnlichen.

Nach der Logik von Hauptzufahrtsstrecken und -verbindungslinien aufgebaut, zeichnete der Baedeker ein Bild vom Generalgouvernement als einem von deutscher »Kulturarbeit« und Infrastruktur geprägten Raum: Für Krakau empfahl er einen Stadtrundgang, der über die »Wehrmachtstraße«, das »Institut für Deutsche Ostarbeit« und den »Adolf-Hitler-Platz« führte; in Lemberg schlug er einen Besuch von Gaststätten vor, die Namen wie »Haus Ostland«, »Willkommen« oder »Heimat« trugen. *Baedekers Generalgouvernement* lieferte ein »praktisches Handbuch für Kolonisatoren«. Zugleich ist er ein Beispiel für eine symbolische Raumaneignung, die Praktiken von Inklusion und Exklusion auf zwei Ebenen miteinander verband: Zum einen bildete *Baedekers Generalgouvernement* den Status quo deutscher Besatzungsherrschaft ab – den Bau deutscher Infrastrukturen wie das Ergebnis von Deportation und Massenmord; zum anderen folgte er Strategien der Sichtbarmachung und Unsichtbarmachung, die das Generalgouvernement als »rassisch« und kulturell homogenen Raum erscheinen ließen (ohne Ghettos, Synagogen und andere »Fremdkörper«). Während die Baedeker-Sterne »deutsche Kulturgüter« auswiesen, fanden die Träger des gelben Sterns keinerlei Erwähnung – die Zwangskennzeichnung von Juden war im November 1939 von Hans Frank eingeführt, im September 1941 dann auch für das Reichsgebiet verbindlich gemacht worden. Allein die Abwesenheit von Juden wurde thematisiert: Krakau und Lublin »jetzt judenfrei«.[18]

Heimat, Region und Germanisierung

Parallel zu einer Neubewertung von Kommunen und Gauen als wichtigen Herrschaftsinstanzen des NS-Staats hat die Forschung in den letzten Jahren auch die Bedeutung lokaler und regionaler Identitäten in den Blickpunkt gerückt. Vor dem Hintergrund von Globalisierungs- und Beschleunigungserfahrungen um die Jahrhundertwende sowie als Reaktion auf die territorialen Neuordnungen durch den Versailler Vertrag erfuhr die Region als zusehends ethnisch imaginierter Raum eine enorme Aufwertung. Diese Aufwertung bündelte sich in der großen Popularität des »Heimat«-Begriffs, der als Bindeglied und Übersetzungshilfe zwischen lokalen, regionalen und nationalen Identitäten fungierte und bei aller ideologischer Polyvalenz verstärkt völkisch aufgeladen war. Den bürgerlichen Eliten, die sich in Heimat- und Geschichtsvereinen engagierten, baute die Gaukulturpolitik eine »goldene Brücke« ins Dritte Reich. Viele wollten mitwirken an der Bildung einer »heimatlichen ›Volksgemeinschaft‹«: einer stammeskulturell aufgebauten Einheit, die »landschaftsverbunden« aus »gesundem« Volkstum hervorging, von allem »Fremden« zu säubern war und den Konflikt zwischen Tradition und Moderne in organischer Harmonie aufhob. Die »völkische Gemeinschaft«, so warb die Tourismus- und Heimatzeitschrift *Das Schöne Allgäu* 1939, erwachse aus der »sittlichen Idee der Heimat« und habe dort ihre »stärksten Wurzeln«.[19] Weltanschauliche Orientierung an einem sozialen Ordnungsmodell und strategische Legitimation individueller Interessen konnten nahe beieinander liegen.

Die regionale Heimatpropaganda des Gaus Sachsen verfolgte die Strategie, seine »Volksgenossen« über die Identitätskonstruktion eines »zähen«, »abwehrbereiten« Volkes von »Grenzlanddeutschen« zu integrieren. Zu diesem Zweck gründete man 1936 das »Heimatwerk Sachsen«, das zwar als »Verein zur Förderung des sächsischen Volkstums« firmierte, aber dem Gauleiter unterstand und Teil der Sächsischen Staatskanzlei war. Das Narrativ von der landschaftlichen Schönheit eines kulturell wie territorial bedrohten Grenzlands war vorher schon von Heimat- und Tourismusvereinen verbreitet worden. Das aus dem etablierten Mythos der deutschen Ostkolonisation und der spezifischen Grenzlage des südlichen Sachsen geschöpfte Identitätskonstrukt wurde für den gesamten Gau geltend gemacht. Wie schon vor Jahrhunderten diene Sachsen als »Schutzwall [...] gegen jede Bedrohung deutschen Volkstums von außen her«. Volksgemeinschaftliche Integration funktionierte hier in erster Linie über eine militante Abgrenzung gegenüber dem Slawentum.[20]

Der beidseits der Grenze operierende Sudetendeutsche Heimatbund versuchte, sich in diese identitätspolitische Strategie einzuklinken und entwarf eine *mental map*, die den »Schutzwall« auf das Gebiet des Sudetenlands ausdehnte und die territoriale Grenze gewissermaßen verflüssigte. Bis 1937 konzentrierte sich das NS-Regime jedoch ganz auf die Sicherung und Festigung der deutsch-tschechischen Grenze, die auch für Sudetendeutsche weitaus weniger durchlässig wurde als zuvor. In der Geschichte der über Jahrzehnte gewachsenen, durch Migration und ökonomische Austauschbeziehungen geprägten sächsisch-böhmischen Grenzregion markierte das Jahr 1933 eine spürbare Zäsur. In der Terminologie des Historikers Lucien Febvre wurde aus einem verbindenden Grenzsaum (*couture*) eine trennende Grenzlinie (*coupure*). Vor ihrer Eliminierung am 1. Oktober 1938 wurde die zwischen Sachsen und Böhmen verlaufende Staatsgrenze in einem Maße zu einem distanzschaffenden Faktor wie selten zuvor in ihrer dreihundertjährigen Geschichte. Sogar nach der Eingliederung des Sudetenlands wurde die Grenze noch streckenweise wegen Schwarzmarkthandels kontrolliert, und häufig unterschied man auch weiterhin zwischen »Reichsdeutschen« und »Sudetendeutschen«.

Welche Auswirkungen die Identitäts- und Grenzpolitik des Regimes auf die kognitiven Karten »gewöhnlicher Deutscher« auf beiden Seiten der Grenze hatte, insbesondere was das Verhältnis zwischen innerstaatlich-regionalen, grenzregionalen und nationalen Identitäten betrifft, bedarf trotz erhellender Studien zur sächsisch-böhmischen Grenzregion noch der näheren Erforschung. Fest steht jedoch, dass die Formierung einer nationalsozialistischen »Volksgemeinschaft« sowohl im Sudetenland als auch im angrenzenden »Protektorat Böhmen und Mähren«, das im März 1939 gebildet wurde, durch mehrere Faktoren erschwert wurde: den verstärkten Einsatz von tschechischen Arbeitern in nordböhmischen Fabriken (sehr zum Ärger sudetendeutscher Nationalisten vor Ort); das Scheitern der auf Kinder und Jugendliche fokussierten Germanisierungspolitik in den böhmischen Ländern; und das Fortbestehen nationaler Ambiguität, etwa wenn Sudetendeutsche den privilegierten Status als »Grenzlanddeutsche« vor allem aus ökonomischem Eigeninteresse, weniger aus nationaler Überzeugung beanspruchten, oder wenn manche, zeitgenössisch »Hermaphroditen« genannt und in NS-Berichten als »Zwischenschicht« bezeichnet, je nach Zweckmäßigkeit die deutsche oder die tschechische Nationalität für sich reklamierten (letztere zum Beispiel, um der Wehrpflicht zu entgehen).

Das Phänomen nationaler Ambiguität bzw. »nationaler Indifferenz« hat in der jüngeren Forschung größere Aufmerksamkeit erfahren.[21] So ist für die Region um Oppeln/Opole im westlichen, also »reichsdeutschen« Teil Oberschlesiens gezeigt worden, wie marginal nationale und wie zentral regionale Identitäten für weite Teile der Bevölkerung waren. Nationalistische Agitation scheint nationale Indifferenz sogar unwillentlich gefördert zu haben. Nationalistischer Aktivismus und regionale Selbstkonzeptionen, die von Katholizismus, Zweisprachigkeit und anderen Faktoren geprägt waren, verstärkten sich gegenseitig. Auch angesichts des verstärkten Einsatzes polnischer Arbeiter während des Krieges entsprach die Region keineswegs dem Bild erfolgreicher Germanisierung, das NS-Behörden entwarfen. Nicht zuletzt dieser Prämisse verdankte es sich aber, dass im westlichen Teil Oberschlesiens auf Programme der »Umsiedlung« und das Einführen der Deutschen Volksliste (DVL) verzichtet wurde.[22]

Die Deutsche Volksliste diente als wichtigstes Instrument der Germanisierungspolitik in den westpolnischen Gebieten, die nach dem Angriff auf Polen am 1. September 1939 annektiert wurden. Entsprechend den dort eingerichteten Zivilverwaltungen zählten dazu die Reichsgaue Danzig-Westpreußen und Wartheland sowie die Region Ostoberschlesien, die in den Gau Oberschlesien inkorporiert wurde. Die Germanisierungspolitik war Teil einer aus Umsiedlung, Deportation und Massenmord bestehenden »Neuordnung der ethnografischen Verhältnisse« (so der Ausdruck, den Hitler in einer Reichstagsrede vom Oktober 1939 verwendete). Dabei töteten Einsatzgruppen der SS, rekrutiert aus Sicherheitspolizei (Sipo) und Sicherheitsdienst (SD) sowie unterstützt von der Wehrmacht, gezielt Angehörige der sozialen und politischen Eliten Polens. Zudem deportierte die so genannte Umwandererzentralstelle der Sipo, die im November 1939 in Posen eingerichtet wurde, insgesamt rund 900 000 überwiegend nicht-jüdische Polen ins »Generalgouvernement«, also außerhalb des zum »Großdeutschen Reich« erklärten Gebietes. Das schaffte Platz und vor allem Agrarland für »Volksdeutsche« aus Ost- und Südosteuropa, die nach bestandener Eignungsprüfung in einem Verfahren »rassischer« und eugenischer Selektion unter dem Motto »Heim ins Reich« dorthin umgesiedelt wurden – ein Prozess, den Himmlers »Reichskommissariat für die Festigung deutschen Volkstums« steuerte. Parallel zu diesen Maßnahmen der Bevölkerungsverschiebung (und mit ihnen korrespondierend) wurden Juden ermordet, vertrieben und deportiert – zunächst in Ghettos zusammengepfercht (allein im Ghetto Litzmannstadt/Lódź nahe der Grenze zum Generalgouvernement an die 160 000 Menschen auf vier Quadratkilometern), dann, nach dem Angriff auf die Sowjetunion am 22. Juni 1941, im Rahmen einer systematischen, auch als Folge selbst geschaffener Problemlagen radikalisierten Vernichtungspolitik getötet. Die Massenvergasungen begannen Ende 1941 unweit von Lódź in Kulmhof/Chełmno im Warthegau; 1943 wurde Auschwitz-Birkenau in Ostoberschlesien zum Zentrum der Massenvernichtung. Am Ende waren der Vernichtungspolitik 5,6 bis 6,3 Millionen Juden zum Opfer gefallen; auch 220 000 bis 500 000 Sinti und Roma wurden in Folge der NS-Rassenpolitik ermordet.[23]

Diese Zusammenhänge von Umsiedlung, Deportation und Massenmord weisen auf die entscheidende Funktion der SS und die zentrale Rolle der Rassenpolitik bei der Schaffung »deutschen Lebensraums« im Osten hin. Als »Vorstellungsraum«, den politische Funktionsträger, aber auch wissenschaftliche Experten im Umkreis der SS entwarfen, war »Volksgemeinschaft« in erster Linie durch das Strukturprinzip »rassischer« Homogenisierung definiert. Das sollte man sich vergegenwärtigen, um den Stellenwert der Deutschen Volksliste einzuordnen.

Die Praktiken von Inklusion und Exklusion, die sich in der DVL manifestierten und »Volksgemeinschaft« als einen von unterschiedlichen Distanzverhältnissen gekennzeichneten Vorstellungsraum konstituierten, waren bedeutsam, da auf diese Weise in den annektierten Gebieten Polens rund drei Millionen Menschen, das heißt mehr als ein Drittel der dort lebenden Bevölkerung germanisiert wurden. Die Germanisierungspolitik im annektierten Westpolen war nicht nur rassenbiologische Ausgrenzungs-, sondern auch »völkische« Inklusions-, also auf Zwang beruhende Assimilationspolitik. Im Gegensatz zur Leitlinie, die Hitler in *Mein Kampf* formuliert hatte, dass nämlich

»Germanisation nur am Boden [...] und niemals an Menschen« vorgenommen werden könne, ähnelten die »Eindeutschungskriterien« der DVL eher der preußischen Assimilationspolitik der Jahrhundertwende als den Utopien einer »rassereinen Siedlergesellschaft«.[24] Im politisch-ideologischen Ringen zwischen Himmlers Reichskommissariat, dem Reichsinnenministerium und den regionalen Zivilverwaltungen der Landräte, Regierungspräsidenten und Gauleiter (zugleich Reichsstatthalter in Personalunion) setzten sich letztere Instanzen mit ihrer flexibleren, »herrschaftsrationalen« Politik durch. Diese Politik richtete sich zwar verstärkt auch nach militärischen und wirtschaftlichen Erfordernissen; sie ist aber nicht mit purem Pragmatismus zu verwechseln, sondern kreiste, bei allen Unterschieden zwischen den drei Gauen Danzig-Westpreußen, Wartheland und Oberschlesien, statt um die Kategorie der »Rasse« vorwiegend um den Begriff des »Volkes«. Ohne dass diese beiden Kategorien sauber voneinander zu trennen wären, wurde der Volksbegriff im politischen Diskurs wie im öffentlichen Raum oft als positiver Inklusionsbegriff verwandt, während von »Rasse« immer dann besonders häufig die Rede war, wenn Abgrenzungen »nach außen« artikuliert wurden.[25]

Wer von den ehemals polnischen Staatsbürgern in die Deutsche Volksliste aufgenommen wurde und die deutsche Staatsangehörigkeit erhielt, bestimmte sich grundsätzlich danach, ob sich der Antragsteller zum »deutschen Volkstum« bekannte und ob sich ein solches Bekenntnis durch den Nachweis über Sprache, Erziehung, Kultur, häusliche Hygiene und Arbeitsleistung, besonders aber durch entsprechendes politisches Verhalten stützen ließ. Da die Frage der Zugehörigkeit zum deutschen oder polnischen »Volkstum« in vielen Fällen nicht einfach zu beantworten war und es einen großen Graubereich umstrittener »Volkszugehörigkeiten« gab, führte die Deutsche Volksliste verschiedene Abstufungen ethnischer Zugehörigkeit ein (visualisiert durch verschiedenfarbige Ausweise), die einzelne Antragsteller in unterschiedlichen Distanzen zum »reichsbür-

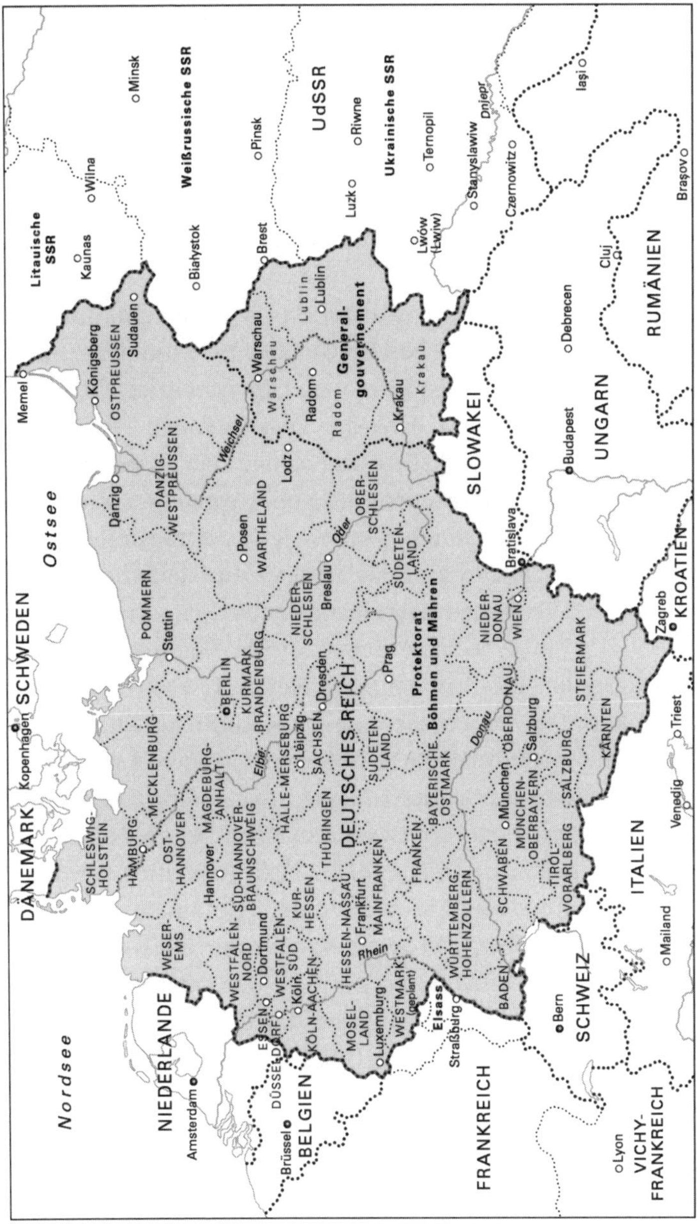

Die Gaustruktur im Deutschen Reich und im »Generalgouvernement«, Juni 1941.

gerlichen« Kern der »Volksgemeinschaft« verorteten. Das hatte Konsequenzen für die Gewährung sozialer Leistungen (zum Beispiel Lebensmittelkarten), für das Eingehen sozialer Bindungen (insbesondere der Ehe), für den Zugang zu Schulen, Berufen und politischen Ämtern sowie allgemein für die Verteilung von (Über-)Lebenschancen. Aus einer »gestaffelten ethnischen Hierarchisierung« wurde eine »rechtliche und soziale Hierarchisierung« abgeleitet.[26]

1940/41 für alle »eingegliederten Ostgebiete« verbindlich gemacht, doch in nuce schon im Oktober 1939 durch Arthur Greiser im Warthegau eingeführt, dem Experimentierfeld der Bevölkerungs- und Rassenpolitik der ausgreifenden NS-Herrschaft, sah die Deutsche Volksliste vier Zonen der Zugehörigkeit vor, die man sich als konzentrische Kreise vorstellen kann: In den innersten beiden Zonen wurden jene Antragsteller verortet, deren »Deutschtum« als gesichert galt und denen deswegen im Sinne der Nürnberger Gesetze die deutsche Staatsangehörigkeit mit Reichsbürgerrecht verliehen wurde. Dagegen verwies man Antragsteller, die ihre deutsche Herkunft zwar plausibel machen konnten, denen aber »deutschfeindliche Betätigung mit polnischem Nationalbewusstsein« nachgewiesen wurde, in die äußerste Zone der Gruppe D. Sie wurden anfangs wie »fremdvölkische«, wenn auch »artverwandte« Polen behandelt; ihr Grund und Boden konnte umstandslos beschlagnahmt werden. Der Gruppe C, um deren Zusammensetzung man am meisten rang, wurde zugeordnet, wer nach Ansicht der Zivilverwaltung »in den Strom der Umvolkung geraten« war, aber durch richtiges Verhalten »vollwertiges Mitglied der deutschen Volksgemeinschaft« werden konnte. Von 1942 an wurde den Angehörigen dieser Gruppe die deutsche Staatsangehörigkeit »auf Widerruf« verliehen; das machte sie zu Deutschen auf Bewährung.[27]

Die Germanisierungspraxis variierte erheblich von Region zu Region. So stellte das Reichsinnenministerium im Juli 1940 besorgt fest, dass die Verleihung der deutschen Staatsangehörigkeit wesentlich davon abhänge, *wo* ein Antrag auf »Eindeutschung« gestellt werde: Die Grenzen würden »teils zu eng, teils zu weit gezogen«.[28] Das lag zum einen an weltanschaulichen Differenzen zwischen Gauleitern, zum anderen an variierenden Handlungsspielräumen der Zivilverwaltung und schließlich an historischen Unterschieden in der staatlichen Prägung der annektierten Gebiete: ob polnisch, russisch, preußisch oder habsburgisch. Die davon beeinflusste »ideologische Topografie« Ostmitteleuropas, die für die deutsche Besatzungspolitik relevant wurde, ließ »manche historische Regionen [...] nah erscheinen und rückte andere [...] in die Ferne«.[29]

Eine besondere Herausforderung war es, die Grenzen des »Deutschtums« in ehemals sowjetisch beherrschten Regionen zu bestimmen. Da sich dort, anders als in Polen, deutsche Minderheiten politisch nicht hatten organisieren können, war es deutlich schwieriger, »Bekenntnisdeutsche« zu identifizieren. Die ethnischen Distanzbestimmungen der Deutschen Volksliste (die allein für die »eingegliederten Ostgebiete« galt) griffen hier nicht. Besonders komplex stellte sich die Situation in der multi-ethnischen Region um Odessa dar. Als Teil Transnistriens fiel die Region formal unter rumänische Besatzungsherrschaft, doch wurde sie, teilweise abgedeckt durch deutsch-rumänische Vereinbarungen, auch zum Schauplatz der SS-Bevölkerungs- und Vernichtungspolitik.

Die Registrierung von »Volksdeutschen« in Odessa, die im Herbst 1941 kurz nach der Besetzung begann und im Frühjahr 1944 im Angesicht der heranrückenden sowjetischen Truppen mit einer Evakuierungs- und Umsiedlungsaktion endete, offenbarte sowohl den prekären Status dieser Zuschreibungskategorie als auch die Radikalisierungsdynamik, die sich daraus ergab. Der Status als »Volksdeutscher« brachte erhebliche materielle Vorteile mit sich, etwa die Versorgung mit Lebensmitteln, den Zugang zu Wohnraum und die Übertragung von Besitz, der deportierten und ermordeten Juden entrissen worden war. Das war einerseits Teil der Strategie, »Volksdeutsche« vor Ort politisch zu mobilisieren und zu einem Vorposten der nationalsozialistischen »Volksgemeinschaft« zu machen. Andererseits luden die materiellen Anreize zur Vortäuschung deutscher Abstammung und Verheimlichung »fremdvölkischer« bzw. »fremdrassiger« Bindungen geradezu ein.

Die wackelige Basis, auf der das Volksgemeinschaftsprojekt am Schwarzen Meer stand, war der SS ebenso bewusst wie den als »Volksdeutschen« registrierten Bewohnern. Der daraus erwachsende prekäre Status der Kategorie des »Volksdeutschen« hatte, als Teil eines größeren Ursachenbündels, zwei verheerende Folgen: Erstens versuchte das zuständige »Sonderkommando R« durch die systematische Ermordung von Menschen, die man als »Schein-Volksdeutsche« »entlarvte«, die Grenzen der »Volksgemeinschaft« durch Gewalt zu ziehen. Zweitens beteiligten sich »Volksdeutsche«, meist als Mitglieder des »Volksdeutschen Selbstschutzes«, in großer Zahl an der Vernichtungspolitik gegen Juden, um ihren ethnischen Status durch Gewalthandeln für jedermann vor Ort sichtbar zu machen, also weniger prekär werden zu lassen: Inklusion durch Massenmord.[30]

Front und Heimatfront

Dieser Aspekt leitet zum Schluss des Kapitels über: Gewalthandeln und Vergemeinschaftung zwischen Front und »Heimatfront«. Gewalthandeln wurde durch Praktiken der Vergemeinschaftung begünstigt und konnte gleichzeitig selbst Gemeinschaft stiften. Im Krieg wurde Gewalt in vielfacher Form von verschiedenen Organisationen ausgeübt, die meist eng miteinander kooperierten: Einsatzgruppen der SS und Bataillone der Ordnungspolizei waren die maßgeblichen Akteure der NS-Vernichtungspolitik vor Ort, das heißt insbesondere in den besetzten Gebieten Polens und der Sowjetunion. Vor allem waren sie zuständig für die mit äußerster Brutalität durchgeführten Ghettoräumungen, für Deportationen in Vernichtungslager und für Massenerschießungen. Auch Wehrmachtseinheiten beteiligten sich an Erschießungen von Juden, doch waren für die kriegsverbrecherische Gewalt, die vom Heer im Osten ausging, andere Formen typischer: Im Hinterland der Front, also in den rückwärtigen Heeres- und Armeegebieten, zählten dazu die Behandlung sowjetischer Kriegsgefangener, die rund drei Millionen Soldaten das Leben kostete, und die so genannte Partisanenbekämpfung, der eine halbe Million Menschen zum Opfer fielen. Durch Zwangsumsiedlung, Vertreibung und Massenerschießungen entstanden besonders in Weißrussland »tote Zonen«. An der Front wurden infolge des »Kommissarbefehls« vom Juni 1941 Politoffiziere der Roten Armee exekutiert, und im Schutze des »Kriegsgerichtsbarkeitserlasses« vom Mai 1941 verübte man Verbrechen gegen die Zivilbevölkerung. Auch sexuelle Gewalt wurde selten geahndet, ungeachtet des Gebots zur »Aufrechterhaltung der Manneszucht«. Im Gegensatz zur Nachkriegslegende von der »sauberen« Wehrmacht waren Kriegsverbrechen nicht auf Brigaden der Waffen-SS beschränkt.

Die Frage, warum der Gewalt kaum Grenzen gesetzt waren und wie Soldaten, Polizisten und SS-Männer Gewalttaten in dieser Brutalität und Größenordnung begehen konnten, hat Historiker immer wieder beschäftigt. Auch ist unabhängig von dem Aspekt kriegsverbrecherischer Gewalt nach den Gründen gefragt worden für die Härte und Effizienz, mit der Wehrmachtssoldaten kämpften, sowie für die anhaltende Kampfbereitschaft in der Endphase des Krieges, als die Niederlage immer näher rückte. Ideologische zu situativen Faktoren in Beziehung zu setzen, gehört in dieser Hinsicht zu den großen Herausforderungen. Weder können die annähernd 18 Millionen Wehrmachtssoldaten umstandslos zu »Weltanschauungskriegern« erklärt werden, noch die 500 Angehörigen des Hamburger Reserve-Polizeibataillons 101, die 1942/43 im Generalgouvernement an der Tötung von mindestens 38 000 Juden direkt beteiligt waren – also Männer, Frauen und Kinder aus nächster Nähe erschossen –, obwohl sie sich vor ihrem Einsatz in der Mehrzahl nicht als glühende Nationalsozialisten hervorgetan hatten. Es waren meist Familienväter mittleren Alters mit zivilen Berufen gewesen (Handwerker, Hafenarbeiter, Kaufleute), deren Biografien keine besondere Disposition zu Gewalttaten erkennen ließen.

Um die Frage zu beantworten, wie vor diesem Hintergrund die Ausübung von extremer Gewalt zu erklären ist, wird oft ein Bündel von Faktoren benannt, darunter Zwang, Gruppendruck, Brutalisierung und Indoktrination. Zuletzt hat der Soziologe Stefan Kühl vorgeschlagen, verschiedene Tötungsmotivationen über die zentrale Bedeutung von »Organisationsmitgliedschaften« (also bei Wehrmacht, Ordnungspolizei und SS) stärker zueinander in Beziehung zu setzen. Dabei sei aus Sicht von Organisationen weniger entscheidend, dass sich ihre »Verhaltenserwartungen« mit den Motiven der Mitglieder vollends deckten, sondern allein, dass sie in eine kulturell normierte »Indifferenzzone« fielen, in deren Rahmen die Mitglieder nicht »Nein« sagen konnten, ohne die Mitgliedschaft infrage zu stellen.[31]

Mit Blick auf Wehrmachtssoldaten, deren Wahrnehmungen und Weltbilder in den letzten Jahren auf der Basis geheimer Abhörprotokolle untersucht worden sind, die in britischer und amerikanischer Kriegsgefangenschaft entstanden, wird einerseits die Bedeutung des militärischen Wertesystems und der »sozialen Nahwelt« hervorgehoben und mit verallgemeinernder Tendenz auf den »Referenzrahmen des Krieges« verwiesen (»Versoldatung«).[32] Andererseits wird, historisch spezifischer, die Wirkungsweise von Sozialisation und Ideologie herausgestrichen: So gab es unter Soldaten eine weit verbreitete »Loyalität zu Hitler und dem NS-Staat«, und viele orientierten sich an »ideologisch imprägnierten Feindbildern« sowie an dem Vorbild individueller Truppenführer (von Kompaniechefs über Bataillons- zu Regimentskommandeuren). Als »intrinsisch motivierte Kämpfer« interpretierten diese ihre Handlungsspielräume im Rahmen des NS-Weltanschauungsfelds.[33]

Doch nicht nur die Führung auf unterer und mittlerer Ebene, auch die Bildung von Kameradschaftsbeziehungen in überschaubaren Kleingruppen, also in Kompanien, Zügen und informellen Cliquen, konnte Gewalthandeln maßgeblich fördern.

Kameradschaft erfüllte sowohl eine kompensatorische als auch eine Gewalt erzwingende Funktion. Fernab der Heimat konnte Kameradschaft zum Ort der Geborgenheit werden und den Krieg erträglicher machen. Sie schuf soziale Nähe in der Ferne. Wichtiger noch war aber die andere Seite von Kameradschaft: »der soziale Zwang, den die Blicke der Anderen exerzierten«. Kameradschaftliche Gruppendynamik wurde durch eine Schamkultur bestimmt, die konformes Mittun wie auch brutales Sich-Hervortun förderte. Handlungsleitend wurde die »Furcht vor der Beschämung durch die Anderen«. Eine solche »Moral des Mitmachens«, nach der alles gerechtfertigt war, »was der Vergemeinschaftung nützte«, wirkte den Mechanismen einer christlich-aufklärerischen Gewissenskultur, die dem Prinzip individueller Verantwortung verpflichtet ist, entgegen. Während manche bewusst das »Erleben sozialer Verdichtung« suchten, sei es im Gefecht oder im Gelage, mussten andere, um in der Gruppe bestehen zu können, ihre »Distanz zur Zwangsgemeinschaft« verbergen. Verstärkt durch geschlechtsspezifische Leitvorstellungen von »männlicher Härte«, wurde Kameradschaft auf diese Weise zum »Motor der Gewalt«.[34]

Umgekehrt konnte gemeinsam ausgeübte Gewalt Prozesse kameradschaftlicher Vergemeinschaftung fördern. Erst das geteilte Wissen, die Grenzen bürgerlicher Normen überschritten zu haben, machte aus einem Zug oder einer Clique eine »verschworene Gemeinschaft«. Gewalt wurde hier zum identitätsstiftenden Referenzpunkt. Während sich die Forschung in diesem Punkt weitgehend einig ist, gehen die Meinungen darüber auseinander, inwiefern zwischen »Kameradschaft« und »Volksgemeinschaft« eine Wechselbeziehung bestand. Hinsichtlich sozialer Aufstiegsmobilität und der Abschleifung sozial-moralischer Milieugrenzen kam die Wehrmacht mit fortschreitendem Kriegsverlauf nationalsozialistischen Vorstellungen von »Volksgemeinschaft« ziemlich nahe.[35] Darüber hinaus scheint die Annahme, dass Bombardierungen deutscher Städte sowie Vorstellungen einer belagerten und in ihrer Existenz bedrohten

»Volksgemeinschaft« Rückwirkungen auf das Kampfverhalten deutscher Soldaten an der Front und die Vernichtungspraxis in den besetzten Gebieten hatten, durchaus plausibel. Für die These, dass Massenmord als Medium *nationaler* Vergemeinschaftung fungierte, dass also »Volksgemeinschaft« erst im und durch den Holocaust geschaffen wurde, gilt das weniger.[36]

Welche Rückwirkungen hatte aber die Vernichtungspolitik auf die »Volksgemeinschaft« an der »Heimatfront«? Das fragmentarische Wissen von der systematischen Verfolgung und Vernichtung von Juden förderte in Kombination mit den alliierten Bombenangriffen und einer im »sozialen Nahfeld« der Bevölkerung wieder deutlich sichtbareren Ausübung nationalsozialistischer Gewalt eine verstärkte »Selbstbezüglichkeit« der »Volksgemeinschaft«, die zur Stabilisierung der »Heimatfront« beitrug. Man kann von einem »immer enger werdenden sozialen Nahbereich« sprechen, dessen Horizont sowohl von deutscher als auch von alliierter Gewalt bestimmt wurde.[37] Viele »Volksgenossen« brachten seit 1943, als die Bombardierungen gegen deutsche Städte intensiviert wurden, den Luftkrieg mit der antijüdischen Verfolgungspolitik in Verbindung. Diese Annahme war ohne jede faktische Grundlage, folgte aber der moralischen Logik von Schuld und Sühne. Sie war Ausdruck einer emotionalen Gemengelage aus »Bestrafungserwartungen, Vergeltungsängsten und schlechtem Gewissen«.[38]

Vergeltungsängste wurden vom Regime bewusst geschürt, indem man (besonders von 1942 bis Frühjahr 1943) den Weltkrieg propagandistisch zum Krieg gegen die »jüdische Weltverschwörung« stilisierte und für den Fall einer Niederlage prophezeite, »die Juden« würden »den Deutschen« das Gleiche antun, was ihnen widerfahren sei. »Volksgemeinschaft« sollte auch Tatgemeinschaft sein, eine Gemeinschaft von Mitwissern und Komplizen, die alle Brücken hinter sich abgebrochen hatten. In diesem Sinne notierte Goebbels im März 1943: »Vor allem in der Judenfrage sind wir ja so festgelegt, dass es für uns gar kein Entrinnen mehr gibt. Und das ist auch gut so. Eine Bewegung und ein Volk, die die Brücken hinter sich abgebrochen haben, kämpfen erfahrungsgemäß viel vorbehaltloser als die, die noch eine Rückzugsmöglichkeit besitzen.«[39]

1943 markierte zwar das Ende des von einem Großteil der Bevölkerung getragenen »antijüdischen Konsenses«, doch nicht nur blieb die »Heimatfront« erstaunlich stabil, auch verfestigte sich das dominante Verhaltensmuster, sich jeder Verantwortung für die Ausgrenzung und »Entfernung« von Juden aus der deutschen Gesellschaft zu entziehen – vom Massenmord ganz zu schweigen. Die Distanzierungs- und Entlastungsstrategie, totale Ahnungslosigkeit vorzugeben, wurde nach 1945 ubiquitär: »Davon haben wir nichts gewusst!«[40]

Angesichts der Tatsache, dass Kriegsgefangene, Zwangsarbeiter und Arbeitskolonnen von KZ-Häftlingen in den unmittelbaren »Wahrnehmungshorizont der ›Volksgenossen‹« rückten, erforderte die zunehmende Selbstbezüglichkeit und Einengung des sozialen Nahbereichs einen bewussten Akt des Wegschauens, um das Nahgekommene fernzuhalten.[41] Sicher: Zu keinem Zeitpunkt waren Konzentrationslager hermetisch geschlossene Räume, ein »abgeriegelter Kosmos« fernab des Lebens der »Volksgemeinschaft«.[42] Dafür waren sie mit ihrer Nachbarschaft viel zu eng verwoben, ob mit Dachau, Weimar, Mauthausen oder, im Fall des Frauen-KZ Ravensbrück, mit dem brandenburgischen Fürstenberg. Besonders intensiv waren die wirtschaftlichen Verflechtungen zwischen Konzentrationslagern und »Führerstädten« wie Berlin, Hamburg und Linz. Allerdings: In den letzten Kriegsjahren weiteten sich die Kontaktzonen zwischen KZ-Häftlingen und »Volksgenossen« enorm aus. Bis Kriegsende entstanden mehr als 1000 Außenlager, nicht nur in der Nähe von Städten und Dörfern, sondern teilweise mitten im Ort, etwa in zerbombten Schulen oder Fabrikgebäuden. Inmitten deutscher Städte wurden KZ-Häftlinge für jedermann sichtbar als Teil von »SS-Baubrigaden« eingesetzt, zum Beispiel bei Aufräumarbeiten nach Bombenangriffen. Der französische Widerstandskämpfer und spätere Pfarrer Aimé Bonifas schrieb in seinen kurz nach dem Krieg verfassten Erinnerungen über seine Erfahrungen in einem Außenlager des KZ Mittelbau-Dora im Harz: »Das Lager befindet sich direkt bei dem Dorf Mackenrode. Wir können alle Häuser erkennen und den hohen Turm einer evangelisch-lutherischen Kirche. Der Anblick dieser Kirche wird mir in den folgenden Tagen oft ein Rätsel. [...] wie kann man so dicht bei solchen Ungerechtigkeiten vom Himmel reden?«[43]

Gewalt gegen KZ-Häftlinge wurde nicht mehr nur hinter Stacheldraht in der Ferne ausgeübt, sondern geschah jetzt auch unter den Augen der Bevölkerung: Schläge und sogar Erschießungen, obwohl die SS angehalten war, sich in der Öffentlichkeit mit Akten der Brutalität zurückzuhalten; Anwohner hörten Schreie und entdeckten Leichen. Während sich der KZ-Operationsbereich immer weiter in die deutsche Kriegsgesellschaft ausdehnte, wurde die Grenze zwischen KZ-Häftlingen und »Volksgenossen« verstärkt durch das soziale Verhalten von Passanten gezogen bzw. aufrechterhalten. Durch den Akt des Wegschauens wurden sie gewissermaßen zu einem »Teil des Lagerzauns, der die Häftlingsgesellschaft aus dem Leben ausgrenzte«.[44] Die Gründe für ein solches Verhalten des Wegschauens und Abschottens waren mannigfach: der Schock, die Physiognomie der KZ-Gewalt in Form ausgemergelter Gestalten aus nächster Nähe zu sehen; die Angst, durch ein Zeichen des Mitgefühls da zu landen, wo die anderen jetzt standen; aber auch Verachtung und Ekel vor einer »Schar entmenschter Wesen« mit »blutlosen grau-gelben Gesichtern«, die, wie Ende 1943 ein Düsseldorfer Bürger in seinem Tagebuch notierte, einem »aufs bloß Zoologische reduzierten Menschenschlag« glichen.[45]

Vor allem für die städtische Bevölkerung wurden im Krieg Bunker und Luftschutzkeller zu »zentralen Räumen der Vergemeinschaftung«, in denen man versuchte, soziale Beziehungen im Ausnahmezustand zu stabilisieren.[46] Dem *moral bombing* der Alliierten, das auf die Moral der deutschen Zivilbevölkerung zielte, wollte man den »Wehrwillen« und die »Kriegsmoral« der »Luftschutzgemeinschaft« entgegenstellen. Zu den Konstituti-

Verdichtete »Volksgemeinschaft«, hier in einem Luftschutzstollen im Ruhrgebiet, um 1943.

onsbedingungen dieses neuen sozialen Raumes gehörten Zugangsregeln, von denen Überlebenschancen abhingen und über deren Einhaltung lokale Funktionsträger des NS-Regimes wachten: meist Mitglieder der Partei und des Reichsluftschutzbundes (RLB). Über die Betreuung und Organisation der Kriegsgesellschaft konnte die NSDAP ihre Macht spürbar ausweiten.

Zwangsarbeitern aus Osteuropa blieb der Zugang versperrt, so dass sich unter den Luftkriegstoten überproportional viele »Ostarbeiter« befanden. Jüdischen Deutschen war der Zugang nicht prinzipiell untersagt, doch machten sie auch in diesem Bereich, oft auf Druck von NSDAP-Ortsgruppen, Ausgrenzungserfahrungen. Bei einem Fliegeralarm im Januar 1945 wurde der schon oben zitierte Victor Klemperer – der unter anderem wegen seines »Mischehen«-Status noch nicht deportiert worden war – von der »arischen« Hausgemeinschaft wieder aus dem Luftschutzkeller verjagt: »Sie dürfen sich hier nicht aufhalten!« »Was machen Sie hier?« Unten war nur Platz für »Volksgenossen«.[47]

Die Zugangsregeln folgten aber nicht allein der Logik »völkischer« und »rassischer« Diskriminierung, sondern speisten sich auch aus traditionellen Vorstellungen von der besonderen Schutzbedürftigkeit von Frauen, Kindern und alten Menschen. So blieb Männern zwischen 16 und 60 (später 70) Jahren aufgrund des knappen Luftschutzraums ab 1942/43 der Zugang zu Bunkern verwehrt. In ihrer propagandistischen Vermittlung, etwa durch die illustrierte RLB-Zeitschrift *Die Sirene*, changierten behördliche Schutzvorstellungen zwischen traditionellen und tendenziell nivellierenden Rollenbildern der Geschlechterordnung. Luftschutzhelferinnen, die eine zentrale Rolle im »Selbstschutz« der »Heimatfront« spielten, wurden einerseits als »Kämpferinnen« und weibliches Pendant zum Frontkämpfer dargestellt.[48] Andererseits, und dieses Bild dominierte die zweite Kriegshälfte, betonte man den »mütterlichen Instinkt« der Luftschutzhelferinnen, die für die Hausgemeinschaft wie Mütter für ihre Familien sorgten.[49]

Zentrales Symbol für »Selbstschutz« und »Wehrhaftigkeit« waren indes die Hochbunker, die als Betonbauten mit Stahlarmierungen infolge des »Führer-Sofortprogramms« vom Oktober 1940 gebaut wurden. Teilweise dort errichtet, wo vor 1938 Synagogen gestanden hatten, in typischer Verknüpfung von »volksgemeinschaftlicher ›Sicherheit‹« und antijüdischer Gewalt, sollten sie sowohl als »Symbol für den unbändigen Überlebenswillen« von »Volksgenossen« stehen als auch, in die Zukunft gerichtet, »Teil einer neuen, wehrhaften nationalsozialistischen Stadt« sein.[50] In der Presse wurden Bunker zu »Stätten der Volksgemeinschaft« stilisiert.[51]

In der Wahrnehmung von Bürgern konnten Bunker allerdings auch zum Fanal der Zerstörung werden und, wie in Hamburg, an die über 34 000 Tote erinnern, die im Luftangriff der »Operation Gomorrah« ums Leben gekommen waren. Bunker waren beides: Demonstration der Wehrhaftigkeit und »Spiegelbild der inneren Verletzbarkeit«. Ähnliches galt für den Fliegeralarm, der sowohl als akustisches Zeichen staatlicher Präsenz und volksgemeinschaftlicher Fürsorge wahrgenommen werden konnte, als auch, wie vor allem in den letzten Kriegsjahren, als Symbol für den Zusammenbruch des sozialen Lebens. Bei aller »Verhaltensnormierung«, um die sich Bunkerwarte, Luftschutzhelferinnen und NSDAP-Funktionsträger bemühten, wurde das »Zusammenrücken« der »Volksgenossen« in meist kaum erträglicher Enge zum Problem: Im Gegensatz zur lieblichen Heimatidylle, von der die Innendekoration mancher Bunker zeugte, wurden diese oft genug zu einem Ort des Konflikts, Gerüchts und Gestanks; statt geregeltem Zugang und sozialer Disziplin herrschten vielerorts Chaos und Angst.[52] Mochten auch manche Frontsoldaten das »Erleben sozialer Verdichtung« suchen – in Bunkern und Luftschutzkellern konnte es selbst für Volksgemeinschafts-Enthusiasten ein Zuviel an Verdichtung geben.

In der Endphase des Krieges wirkte die Idee der »Volksgemeinschaft« vor allem als Motor der Gewalt. Ihre integrierende Kraft kam ihr aber immer mehr abhanden. Auch ist zweifelhaft, ob in den letzten Kriegsmonaten – also zwischen Herbst 1944, als amerikanische Truppen die Reichsgrenze überschritten, und Mai 1945, als Deutschland kapitulierte – Gewalt noch eine gemeinschaftsstiftende Funktion erfüllte. Tendenzen sozialer Desintegration waren allgegenwärtig; viele Historiker zeichnen das Bild einer »Trümmer- und Zusammenbruchgesellschaft«.[53] Angesichts der »großflächigen Zerstörung funktionierender Nahmilieus« sei »Volksgemeinschaft« bloß noch »propagandistische Chimäre« gewesen; in Wahrheit habe die deutsche Bevölkerung aus einem »Haufen verzweifelter Individuen« bestanden, die versuchten, ihre eigene Haut zu retten.[54] Es häuften sich Akte der Entsolidarisierung; Plünderungen und Vandalismus nahmen zu. »Wo ist die vielgenannte Volksgemeinschaft«, fragte ein Tagebuchschreiber aus Hagen im März 1945, »stur denkt jeder nur an sich«.[55]

Die Idee der »Volksgemeinschaft« verschwand aber nicht einfach zwischen den Trümmern der »Zusammenbruchgesellschaft«. Sie war weiterhin wirksam. Auch in den letzten Kriegsmonaten bot sie einen handlungsleitenden Orientierungsrahmen – einen Rahmen, der Orientierung im Chaos versprach und zur Krisenbewältigung vor allem ein Mittel empfahl: das der Gewalt. Es ist das enorme Ausmaß der Gewalt im Horizont der näher rückenden Niederlage, das der Erklärung bedarf. Mit der Herausgabe der Strafurteilssammlung *Justiz und NS-Verbrechen*, mit der 1968 begonnen und die 2009 zu einem Abschluss geführt wurde, hat sich für diese Gewalttaten, die auf den »Kriegsschauplatz Innerdeutschland« beschränkt waren, ein besonderer Terminus eingebürgert: »Verbrechen der Endphase« bzw. »Endphasenverbrechen«.[56]

Zu den Opfern dieser Verbrechen zählten Häftlinge aus Konzentrationslagern (mehr als 250 000) sowie aus Straf- und Haftanstalten, die aufgrund des Vormarschs der Alliierten geräumt wurden. Manche Häftlinge wurden noch vor, andere während der Evakuierungen erschossen – viele KZ-Häftlinge kamen auf den Zugtransporten oder Fußmärschen ums Leben, die ins Innere des Reichs und oft in den Tod führten. Auch wurden zahllose Zwangsarbeiter getötet – beispielsweise weil sie sich auf der Flucht vor Bombenangriffen zu Gruppen zusammengeschlossen hatten, die man als »Banden« und (bolschewistische) Bedrohung für die »Volksgemeinschaft« einstufte; oder weil sie in evakuierten Sperrzonen, wie in den »feindbedrohten Gebieten« im Raum Aachen, zum Bau von Abwehrstellungen eingesetzt waren und man sie des Plünderns oder der Spionage »überführte«: »Gefahrenabwehr« im »Niemandsland hinter der Front«.[57]

Darüber hinaus richteten sich Endphasenverbrechen gegen Angehörige der Wehrmacht, die wegen Fahnenflucht und »Wehrkraftzersetzung« standrechtlich erschossen wurden, sowie gegen alle, die sich des »Defaitismus« und der Sabotage schuldig gemacht hatten: sei es durch das Hissen der weißen Fahne und das Ablegen der Parteiuniform, sei es durch die Beseitigung von Panzersperren und die Verhinderung der gezielten Zerstörung von Infrastruktur (Taktik der »verbrannten Erde«). Im Zeichen des »Durchhalteterrors« konnte grundsätzlich jeder in den Verdacht geraten, nicht mehr »Volksgenosse«, sondern »Volksverräter« zu sein. Zugehörigkeiten zur »Volksgemeinschaft« waren prekärer denn je.

Damit korrelierte, dass das Spektrum der Tätergruppen so breit war wie nie zuvor: Wehrmacht, Waffen-SS, Gestapo, Parteifunktionäre, Hitlerjugend und nicht zuletzt der im Herbst 1944 gebildete Volkssturm, der »alle waffenfähigen Volksgenossen im Alter von 16 bis 60 Jahren« zusammenfasste und, wenn auch militärisch von geringer Bedeutung, ein wichtiges Mobilisierungs- und Disziplinierungsinstrument der Partei darstellte. Da die zentrale Ordnungsmacht in Auflösung begriffen war und Kompetenzen immer stärker auf regionale und lokale Entscheidungsebenen verlagert wurden, handelten viele Gruppen weitgehend autonom. Ob in Soltau in der Lüneburger Heide, wo im April 1945 Transportzüge mit KZ-Häftlingen strandeten und mehr als 90 von ihnen ermordet wurden, oder in Gardelegen bei Magdeburg, wo im gleichen Monat mehr als tausend gestrandeter KZ-Häftlinge in einer Scheune umkamen, die man in Brand steckte – meist gingen Massaker wie diese auf lokale Initiativen zurück, und häufig entstammten die Akteure nicht nur den etablierten Täterorganisationen von Wehrmacht, Polizei und SS, sondern rekrutierten sich auch aus dem Volkssturm, der Hitlerjugend und der örtlichen Zivilbevölkerung.

Die Motivation hinter diesen Gewalttaten variierte von Fall zu Fall. Dennoch lassen sich übergreifende Faktoren ausmachen, von denen hier einer hervorgehoben sei: Wie bereits ausgeführt, war die von Mythen geleitete Erinnerung an den Ersten Weltkrieg und die Revolution von 1918/19 für Entstehung und Aufstieg des Nationalsozialismus von zentraler Bedeutung. Sie diente als Folie bei der Formierung des NS-Weltanschauungsfelds und bildete die Grundlage für wichtige Leitlinien der NS-Politik. Vor allem bestimmte sie die fortwährende Sorge um die Stabilität der »Heimatfront«. Es kann daher kaum verwundern, dass Erinnerungen an »1918« gegen Ende des Zweiten Weltkriegs so präsent waren wie selten zuvor. 1918 war das Menetekel – sowohl für die NS-Führung als auch für weite Teile der Bevölkerung. Es ist bezeichnend, das zu den Durchhalteparolen, die an Häuserwände geschrieben wurden, nicht nur »Ein Volk steht auf« gehörte, sondern auch: »Nie wieder 1918«.[58] Weil die Erinnerung an die Niederlage von 1918 den meisten Deutschen so deutlich vor Augen stand, war es nur folgerichtig, dass die Idee, die das zentrale Gegenmodell bildete, ebenfalls von besonderer Relevanz war: die Idee der »Volksgemeinschaft«.[59]

Schwindende Integrationskraft und gewaltsame Exklusionsdynamik bedingten sich gegenseitig: Je verzweifelter die Lage schien, desto radikaler waren die Mittel, zu denen man griff. Soziale Desintegration wurde entweder als Folge individuellen Versagens gedeutet oder als Ausdruck mangelnder Entschiedenheit, mit der das Ordnungsmodell der »Volksgemeinschaft« bis dahin durchgesetzt worden war. Weltanschauliche Leitbilder wurden so bis zuletzt aufrechterhalten. Das Ergebnis war eine Spirale der Gewalt. Das war typisch für die totalitäre Dynamik des Nationalsozialismus, der durch seinen Gestaltungswillen immer neue Problemlagen schuf, und dessen Neuordnungsdrang mit Zerstörungswut einherging.

Auch weil der Nationalsozialismus der Idee der »Opfergemeinschaft« verpflichtet war – nicht nur als Legitimationsstrategie (Opfer sein), sondern vor allem als Handlungsanweisung (Opfer bringen und sich opfern) –, verbot sich jeder Gedanke an Kapitulation. Zwischen Juli 1944 und Mai 1945 starben 2,6 Millionen deutscher Soldaten, fast so viele wie in den vorangegangenen Kriegsjahren zusammen; allein im Januar 1945 starben mehr als 450 000. So wurde Deutschland, wie der Historiker Richard Bessel schreibt, »das erste Land in der Geschichte der Neuzeit, das eine totale Niederlage zustande brachte«.[60] Die aktivische Formulierung ist entscheidend: Natürlich *wurde* Deutschland von den Alliierten besiegt – dass dieser Sieg aber nur auf dem Weg totaler Zerstörung errungen werden konnte, dafür waren die deutschen Aggressoren selbst verantwortlich.

7 Topografie der Erinnerung

Stolperstein des Künstlers Gunter Demnig in Bonn.

Mehr als siebzig Jahre nach Kriegsende ist die NS-Vergangenheit noch sehr gegenwärtig. Mit wachsender zeitlicher Entfernung scheint sie in mancher Hinsicht sogar näher gerückt. Der »Abschied von der Zeitgenossenschaft« hat nicht nur neue Perspektiven in der wissenschaftlichen Beschäftigung mit der NS-Zeit eröffnet.[1] Er hat auch, so paradox es klingen mag, das öffentliche Erinnern daran verstärkt. Besonders greifbar wird diese Tendenz an Erinnerungsorten, also historischen Orten des Nationalsozialismus, die zu Gedenk- und Lernorten umgestaltet wurden. Als Ausdruck einer allmählichen Ablösung des »kommunikativen« durch das »kulturelle Gedächtnis« (Jan Assmann) rücken sie zunehmend an die Stelle von Zeitzeugen und bedienen ein weit verbreitetes Bedürfnis nach Anschaulichkeit und Authentizität. Ihre wachsende Bedeutung speist sich aus der

Vorstellung, sie böten einen unmittelbaren Zugang zur Vergangenheit. Über den Ort nähert man sich dem Geschehen. Bei aller wissenschaftlichen Entzauberung des Authentischen sind historische Orte inzwischen so wichtig wie nie zuvor bei der öffentlichen Vermittlung der NS-Geschichte. Materielle Überreste am historischen Ort sorgen für sinnliche Erfahrbarkeit. Verschüttetes wird freigelegt, Verborgenes sichtbar gemacht. Der Nationalsozialismus ist zum Gegenstand der Archäologie geworden und gewinnt damit an Gegenwärtigkeit.[2]

Seit den 1980er-Jahren sind zahlreiche Dokumentationszentren an historischen Orten des Nationalsozialismus entstanden – zum Teil angestoßen durch alltags- und lokalgeschichtliche Initiativen örtlicher Geschichtswerkstätten. Den Anfang machte 1987 die Ausstellung »Topografie des Terrors«, die im Rahmen von Berlins 750-Jahr-Feier auf dem ehemaligen Gelände zentraler Einrichtungen von Gestapo und SS eröffnet wurde. Man legte Zellenböden im ehemaligen »Hausgefängnis« der Gestapo frei und grub Begrenzungsmauern und Gebäudefundamente aus. Nach langen Querelen wurde das ursprüngliche Provisorium 2010 in eine Dauereinrichtung überführt: ein Betonwürfel, großflächig verglast und mit Stahlgittern verkleidet, inmitten einer mit Grauwacke verfüllten Fläche. »Karge Unwirtlichkeit« als Raumprogramm; der »Ort der Täter« als »offene Wunde«.[3]

Einen Kontrapunkt zur NS-Architektur setzt auch das Dokumentationszentrum auf dem ehemaligen Reichsparteitagsgelände in Nürnberg, das 2001 eröffnet wurde. Das im wahrsten Sinn hervorstechende Merkmal des Dokumentationszentrums ist eine 130 Meter lange Glas- und Stahlkonstruktion, die einen rechtwinkligen Kopfbau der unvollendet gebliebenen Kongresshalle diagonal durchschlägt und damit die Axialität des monumentalen Ziegelsteinbaus durchbricht. Schon 1985 hatte ein lokaler Geschichtsverein in der restaurierten Mosaikhalle der Zeppelintribüne unter dem Titel »Faszination und Gewalt« eine Ausstellung eröffnet, die namensgebend für die heutige Dauerausstellung wurde. Die Umwandlung des Geländes in einen geschichtlichen Lernort wurde im Vorfeld der Fußball-Weltmeisterschaft von 2006 weiter vorangetrieben, indem man ein »Geländeinformationssystem« in Form von drei Meter hohen Edelstahltafeln installierte. Sie sollen die »steinernen Zeugen« zum Sprechen bringen. Gegenwärtig gibt es Bemühungen, die im Verfall begriffene Zeppelintribüne sowie die Wallanlagen des Zeppelinfelds wieder instand zu setzen. 1973 unter Denkmalschutz gestellt, gilt das Reichsparteitagsgelände inzwischen als »besonderes nationales Erbe«.[4]

Dabei wird die Nutzung historischer Orte des Nationalsozialismus nur zum Teil vom Konzept des Lernorts bestimmt. Manche von ihnen werden für kommerzielle Zwecke verschiedener Art genutzt, ob kulturpolitisch legitimiert als Mittel der Entmythologisierung und Profanierung oder schlicht aus ökonomischen Motiven. Seit Jahrzehnten finden auf dem Reichsparteitagsgelände Autorennen, Volksfeste und Rockkonzerte statt. Der denkmalgeschützte Flughafen Berlin-Tempelhof, zwischen 1936 und 1941 entstanden, dient als »Eventlocation« für Modemessen, Sportveranstaltungen und Preisverleihungen. Im kilometerlangen Betonbau des Seebads Prora befindet sich seit dem Jahr 2000 eine mit bescheidenen Mitteln betriebene Ausstellung (»MACHTUrlaub«), doch bietet der Gebäudekomplex inzwischen auch Raum für Ferienwohnungen und eine Jugendherberge. Die NS-Ordensburg Vogelsang wird gegenwärtig zu einem Veranstaltungs- und Tagungszentrum umgebaut (»Internationaler Platz im Nationalpark Eifel«), inklusive Kino, Gästehaus und Gastronomie mit Panoramablick.

Bei allen Formen der Mischnutzung verstärkt sich jedoch der Trend zum historischen Lernort. So soll das Gelände der Reichserntedankfeste auf dem Bückeberg bei Hameln, seit 2011 unter Denkmalschutz, unter Federführung der Stiftung niedersächsische Gedenkstätten zu einem »Dokumentations- und Lernort« umgestaltet werden.[5] Nach Jahren zähen Ringens wurde 2015 auf dem Gelände der ehemaligen NSDAP-Parteizentrale in München (das »Braune Haus«) ein Dokumentationszentrum als

»zentraler Lernort zur Auseinandersetzung mit den Ursachen, Auswirkungen und Folgen des Nationalsozialismus« eröffnet. Auf dem benachbarten Königsplatz wurden außerdem Sockel der beiden »Ehrentempel« freigelegt, um sie »als bauliches Relikt der NS-Zeit wahrnehmbar« zu machen.[6] Im gleichen Jahr wurde der »Denkort Bunker Valentin« eröffnet: Zwischen 1943 und 1945 war der U-Boot-Bunker Valentin von mehr als zehntausend Zwangsarbeitern im Bremer Stadtteil Farge gebaut worden. Heute graben dort Schüler und Studenten unter Anleitung von Landesarchäologen Teile der ehemaligen Betonmischanlagen aus. Materielle Relikte aller Art fungieren inzwischen als Medium der Vergegenwärtigung von NS-Geschichte. Unauflöslich verbunden mit dem historischen Ort dienen sie als Schlüssel zum Tor der Vergangenheit.

Wenn es eine typische Form der baulichen Überlieferung des Nationalsozialismus gibt, dann ist es die des Konzentrationslagers. Nachdem Konzentrationslager – bis auf Dachau und Bergen-Belsen – zunächst jahrzehntelang ignoriert worden waren, sind seit den 1980er-Jahren und verstärkt infolge der Wiedervereinigung zahlreiche Gedenkstätten entweder neu entstanden oder ausgebaut worden. Waren Gedenkortkonzepte zunächst von einer »Minimierung der Relikte« zugunsten sinnstiftender Überformung geprägt, steht die Gestaltung jetzt ganz im Zeichen dokumentarischer Authentizität. Das zeigt auch das Bundesgedenkstättenkonzept von 1999, das den Erhalt historischer Bausubstanz zu einem wichtigen Förderkriterium gemacht hat. Bei aller öffentlichen Aufmerksamkeit, die das 2005 im Zentrum Berlins eingeweihte Denkmal für die ermordeten Juden Europas erfährt, bekräftigt das Gedenkstättenkonzept das dezentrale Profil der bundesrepublikanischen Erinnerungslandschaft.[7]

Dieses Profil wird noch durch die rund 50 000 »Stolpersteine« verstärkt, die der Kölner Künstler Gunter Demnig in den letzten zwanzig Jahren verlegt hat (manche davon auch außerhalb Deutschlands). Sie gelten als das »größte dezentrale Denkmal der Welt«: Pflastersteine, auf denen eine gravierte Messingplatte montiert ist, an der Stelle in den Gehweg eingelassen, wo Nachbarn vor ihrer Deportation ihren Wohnsitz hatten: »Hier wohnte/ Bertha Cahn/ geb. Forst/ Jg. 1874/ deportiert 1942/ Theresienstadt/ ermordet in/ Treblinka«. Stolpersteine sind Zeugnisse des Verlustes und der Zerstörung; sie markieren Abwesenheit und Leere. Sie erinnern an Einzelschicksale und weisen doch über sie hinaus; eine Topografie der Deportation entsteht. Stolpersteine erzeugen Momente des Innehaltens, ob auf dem Weg zum Bäcker oder beim täglichen Gang zur Arbeit; sie setzen Zäsuren des Erinnerns in den Routinen des Alltags. Sie halten die NS-Vergangenheit präsent. Für die Zukunft.

8 Anhang

Anmerkungen

Einführung (S. 7–10)

1 Karl Schlögel: Im Raume lesen wir die Zeit. Über Zivilisationsgeschichte und Geopolitik, München, Wien 2003; ders.: Kartenlesen, Raumdenken. Von einer Erneuerung der Geschichtsschreibung, in: Merkur 56 (2002), Nr. 636, S. 308–318, hier S. 309.

2 Susanne Rau: Räume. Konzepte, Wahrnehmungen, Nutzungen, Frankfurt a.M., New York 2013. Rau ist Professorin für »Geschichte und Kulturen der Räume in der Neuzeit«.

3 Christof Dipper, Lutz Raphael: »Raum« in der Europäischen Geschichte, in: Journal of Modern European History 9 (2011), Nr. 1, S. 27–41, hier S. 40.

4 Abzurufen unter http://www.bebraverlag.de/verzeichnis/titel/380-der-nationalsozialismus.html.

Möglichkeitsraum (S. 11–45)

1 Vgl. Peter Fritzsche: Did Weimar Fail?, in: Journal of Modern History 68 (1996), S. 629–656.

2 Vgl. dazu und zum Folgenden Wolfram Pyta: Hindenburg, München 2007, S. 743–805.

3 Vgl. Jürgen W. Falter: Hitlers Wähler, München 1991.

4 So etwa der Sozialwissenschaftler Seymour Martin Lipset in seinem Bestseller *Political Man*, London 1960.

5 Vgl. Rudolf Heberle: Landbevölkerung und Nationalsozialismus, Stuttgart 1963.

6 Vgl. William Sheridan Allen: The Nazi Seizure of Power, überarb. Ausg. New York u.a. 1984 (zuerst 1965).

7 Karl Rohe: Wahlen und Wählertraditionen in Deutschland, Frankfurt a.M. 1992, S. 134–163.

8 Der Soziologe M. Rainer Lepsius unterscheidet zwischen einem bürgerlich-liberalen und agrarisch-konservativen Milieu: Parteiensystem und Sozialstruktur (1966), in: ders.: Demokratie in Deutschland, Göttingen 1993, S. 25–50.

9 Vgl. Peter Lösche, Franz Walter: Katholiken, Konservative und Liberale, in: Geschichte und Gesellschaft 26 (2000), S. 471–492, hier S. 478–482.

10 Vgl. zum Folgenden Wolfram Pyta: Dorfgemeinschaft und Parteipolitik 1918–1933, Düsseldorf 1996.

11 Helge Matthiesen: Greifswald in Vorpommern, Düsseldorf 2000, S. 295.

12 Vgl. Thomas Childers: The Social Language of Politics in Germany, in: American Historical Review 95 (1990), S. 331–358, hier bes. S. 354 (Zitate: S. 341, 347).

13 Vgl. dazu vor allem Frank Bösch: Das konservative Milieu, Göttingen 2002, S. 113–132 (Zitate: S. 119, 121).

14 Vgl. Helge Matthiesen: Zwei Radikalisierungen, in: Geschichte und Gesellschaft 21 (1995), S. 32–62; vgl. auch die Deutung der Revolution von 1918/19 als »räumliche Revolution« bei Mark Jones: The Crowd in the German November Revolution 1918, in: Klaus Weinhauer u.a. (Hrsg.): Germany 1916–23, Bielefeld 2015, S. 37–57.

15 Der Historiker Bernd Weisbrod hat diesen Mechanismus als »wirkungsvolle Angststeuerung« bezeichnet. Bernd Weisbrod: Gewalt in der Politik, in: Geschichte in Wissenschaft und Unterricht 43 (1992), S. 391–404, hier S. 403.

16 Vgl. Andreas Wirsching: Vom Weltkrieg zum Bürgerkrieg?, München 1999.

17 Vgl. Benjamin Ziemann: Germany after the First World War – a Violent Society?, in: Journal of Modern European History 1 (2003), S. 80–95; sowie ders.: Front und Heimat, Essen 1997.

18 Vgl. dazu und zum Folgenden Dirk Schumann: Politische Gewalt in der Weimarer Republik 1918–1933, Essen 2001.

19 Vgl. Dirk Schumann: Politische Gewalt in der frühen Weimarer Republik (1919–1923) und ihre Repräsentation in der politischen Tagespresse, in: Ute Daniel u.a. (Hrsg.): Politische Kultur und Medienwirklichkeiten, München 2010, S. 279–310 (Zitate: S. 291, 294, 299).

20 Vgl. exemplarisch Sven Reichardts Studie über den Charlottenburger SA-Sturm 33: »Vor allem sehne ich mich nach Euch, Kameraden«, in: Hans-Peter Becht u.a. (Hrsg.): Politik, Kommunikation und Kultur in der Weimarer Republik, Heidelberg u.a. 2009, S. 89–112, hier S. 97–101; sowie ders.: Faschistische Kampfbünde, Köln u.a. [2]2009 (dort auch zum Folgenden).

21 Vgl. Armin Nolzen: Der Durchbruch der NSDAP zur Massenbewegung seit 1929, in: Hans-Ulrich Thamer, Simone Erpel (Hrsg.): Hitler und die Deutschen, Dresden 2010, S. 44–49, hier S. 44f. (dort auch zum Folgenden).

22 Vgl. Gerhard Paul: Aufstand der Bilder, Bonn 1990, S. 133–142 (das Goebbels-Zitat findet sich auf S. 133).

23 Vgl. Sven Reichardt: Formen faschistischer Gewalt, in: Sociologus 51 (2001), Nr. 1, S. 55–88.

24 Johann Plenges Wortschöpfung aus den frühen zwanziger Jahren (Deutsche Propaganda, Bremen 1922) ist übernommen worden von Paul: Aufstand (wie Anm. 22), S. 133–142.

25 Heinrich Himmler: Richtlinien der Propaganda-Abteilung vom 24. Dezember 1928, in: Albrecht Tyrell (Hrsg.): Führer befiehl..., Düsseldorf 1969, S. 255–257, hier S. 256.

26 Angaben nach Paul: Aufstand (wie Anm. 22), S. 125 (zum Folgenden ebd., S. 204–209).

27 Nolzen: Durchbruch der NSDAP (wie Anm. 21), S. 45; Paul: Aufstand (wie Anm. 22), S. 199–210.

28 Anordnung der Reichspressestelle vom 23. März 1932, zitiert nach Stefan Krings: Hitlers Pressechef, Göttingen 2010, S. 119.

29 Das ist Adolf Hitler der Mensch und Führer des deutschen Volkes, Plakat, 1932, abgebildet in Rudolf Herz: Hoffmann & Hitler, München 1994, S. 195.

30 Vgl. Thomas Mergel: Führer, Volksgemeinschaft und Maschine, in: Wolfgang Hardtwig (Hrsg.): Politische Kulturgeschichte der Zwischenkriegszeit 1918–1939, Göttingen 2005, S. 91–127, hier S. 105–110, 121 f.

31 Dazu erhellend Ludolf Herbst: Hitlers Charisma, Frankfurt a.M. 2010.

32 Die Tagebücher von Joseph Goebbels, hrsg. von Elke Fröhlich, Teil 1, Bd. 1/2, München 2005, S. 73 (Eintrag vom 13. April 1926).

33 Vgl. Stephanie Merkenich: Grüne Front gegen Weimar, Düsseldorf 1998.

34 Zitiert nach Paul: Aufstand (wie Anm. 22), S. 92.

35 Vgl. Martin Ulmer: Antisemitismus in Stuttgart 1871–1933, Berlin 2011, S. 367–413, der eine »Doppelstrategie von offenem und codiertem Antisemitismus« ausmacht (S. 391).

36 Dieter Ohr: Nationalsozialistische Propaganda und Weimarer Wahlen, Opladen 1997, S. 17.

37 Vgl. Claus-Christian W. Szejnmann: Nazism in Central Germany, New York, Oxford 1999, S. 73–83. Manche Regionalstudien relativieren demgegenüber die Bedeutung der NS-Propaganda. Vgl. Oded Heilbronner: Catholicism, Political Culture, and the Countryside, Ann Arbor 1998; und Zdenek Zofka: Die Ausbreitung des Nationalsozialismus auf dem Lande, München 1979.

38 Vgl. Daniel Mühlenfeld: Zur Bedeutung der NS-Propaganda für die Eroberung staatlicher Macht und die Sicherung politischer Loyalität, in: Christian A. Braun u.a. (Hrsg.): Deformation der Gesellschaft?, Berlin 2008, S. 93–117, hier S. 103 f.

39 Die Zitate finden sich bei Paul: Aufstand (wie Anm. 22), S. 117, 255; ähnlich auch Thomas Mergel: Propaganda nach Hitler, Göttingen 2010, S. 59f. Neuere Studien zur republikanischen Symbolpolitik betonen die sinnliche, also visuelle wie emotionale Dimension von Verfassungsfeiern, Trauerzeremonien und anderen republikanischen Massenspektakeln. Einen Überblick über die neuere Forschung liefert ein Themenheft von *Central European History* 43/4 (2010).

40 Vgl. Peter Fritzsche: Germans into Nazis, Cambridge (Mass.), London 1998, S. 13–82.

41 Das ist das zentrale Thema der Darstellung von Jan-Werner Müller: Contesting Democracy, New Haven, London 2011.

42 Vgl. dazu und zum Folgenden Mergel: Führer (wie Anm. 30).

43 Vgl. dazu und zum Folgenden Boris Barth: Dolchstoßlegenden und politische Desintegration, Düsseldorf 2003.

44 Zur »symbolischen Politik« und »medialen Selbstinszenierung« Hindenburgs vgl. Pyta: Hindenburg (wie Anm. 2).

45 Vgl. Anna von der Goltz: Hindenburg, Oxford, New York 2009 (darin auch das hier paraphrasierte Zitat: »One person's saviour *from* Weimar might have been another's saviour *of* Weimar – but a saviour nevertheless«, S. 165).

46 Vgl. ebd., S. 144–186.

47 Vgl. dazu und zum Folgenden Wolfram Pyta: Die Privilegierung des Frontkämpfers gegenüber dem Feldmarschall, in: Daniel u. a. (Hrsg.): Politische Kultur (wie Anm. 19), S. 147–180.

48 Vgl. Thomas Kühne: Kameradschaft, Göttingen 2006, S. 22, 38–67, 89f.

49 Vgl. dazu und zum Folgenden Thomas Weber: Hitler's First War, Oxford 2010.

50 Ebd., S. 269.

51 Vgl. Othmar Plöckinger: Geschichte eines Buches, München [2]2011 (zuerst 2006).

52 E[rnst] Günther Gründel: Die Sendung der jungen Generation, München 1932, S. 32, 302.

53 Zum Begriff des »Generationenobjekts« vgl. Ulrike Jureit: Generationenforschung, Göttingen 2006, S. 90–93.

54 Vgl. Christina Benninghaus: Das Geschlecht der Generation, in: Ulrike Jureit, Michael Wildt (Hrsg.): Generationen, Hamburg 2005, S. 127–158; vgl. auch Arndt Weinrich: Der Weltkrieg als Erzieher, Essen 2013.

55 Vgl. Sebastian Haffner: Geschichte eines Deutschen, Stuttgart, München 2000 (verfasst Anfang 1939), S. 22.

56 Vgl. Michael Wildt: Generation des Unbedingten, Hamburg [2]2003 (Zitate: S. 142, 848f., 854); sowie Ulrich Herbert, Best, Bonn [5]2011 (zuerst 1996).

57 Vgl. Wildt: Generation des Unbedingten (wie Anm. 56), S. 72–142 (Zitat: S. 81); sowie Herbert: Best (wie Anm. 56), S. 51–87.

58 Vgl. Andrew Donson: Youth in the Fatherless Land, Cambridge (Mass.) 2010.

Formierung eines Weltanschauungsfelds (S. 47–62)

1 Den Begriff des Weltanschauungsfelds hat in Anlehnung an den »Feld«-Begriff des französischen Soziologen Pierre Bourdieu der Historiker Lutz Raphael geprägt. Vgl. vor allem Lutz Raphael: Radikales Ordnungsdenken und die Organisation totalitärer Herrschaft, in: Geschichte und Gesellschaft 27 (2001), S. 5–40; ders.: Die nationalsozialistische Weltanschauung, in: Günter Gehl (Hrsg.): Kriegsende 1945, Weimar 2006, S. 27–42.

2 Vgl. Michael Freeden: Ideologies and Political Theory, Oxford 1996.

3 So Robert O. Paxton: The Anatomy of Fascism, London 2004, S. 42 (»an affair of the gut more than of the brain«).

4 So in Anlehnung an einen Ausspruch des Staatssekretärs Werner Willikens aus dem Jahr 1934 Ian Kershaw: »Working towards the Führer«, in: Contemporary European History 2 (1993), S. 103–118.

5 Thomas Weber: Hitler's First War, Oxford 2010, S. 254.

6 Vgl. Brigitte Hamann: Hitlers Wien, München, Wien 1996.

7 Vgl. Weber: Hitler's First War (wie Anm. 5), S. 241–256.

8 Josef Karl: Die Schreckensherrschaft in München und Spartakus im bayrischen Oberland, München 1919; vgl. Ian Kershaw: Hitler, Bd. 1, New York, London 1998, S. 114–116.

9 Kershaw: Hitler I (wie Anm. 8), S. 128; ähnlich ebd., S. 116.

10 Hitler an Adolf Gemlich, 16. September 1919, in: Eberhard Jäckel, Axel Kuhn (Hrsg.): Hitler. Sämtliche Aufzeichnungen 1905–1924, Stuttgart 1980, S. 88–90, hier S. 89 f.; vgl. Ludolf Herbst: Hitlers Charisma, Frankfurt a.M. 2010, S. 101–103, 152–154 (dort auch das Zitat Karl Mayrs).

11 Zitiert nach Herbst: Hitlers Charisma (wie Anm. 10), S. 104.

12 Vgl. dazu Klaus Holz: Nationaler Antisemitismus, Hamburg 2001, S. 359–430.

13 Zitiert nach Brendan Simms: Against a »World of Enemies«, in: International Affairs 90 (2014), S. 317–336, hier S. 330.

14 Ernst Piper: Alfred Rosenberg, München 2005, S. 78.

15 Vgl. Dietrich Eckart: Deutscher und jüdischer Bolschewismus, in: Auf gut deutsch, 16. August 1919, S. 386–399; Alfred Rosenberg: Die russisch-jüdische Revolution, in: ebd., 21. Februar 1919, S. 120–123.

16 Zurzeit bearbeitet Christoph Dieckmann am Fritz Bauer Institut (Frankfurt am Main) ein Forschungsprojekt zum Thema »Jüdische Diskussionen im Exil in den zwanziger Jahren: Die Pogrome 1918–1921 und der ›jüdische Bolschewismus‹«.

17 Vgl. Ulrike Jureit: Das Ordnen von Räumen, Hamburg 2012, S. 278–286, 311–313.

18 Vgl. Andreas Wirsching: »Man kann nur Boden germanisieren«, in: Vierteljahrshefte für Zeitgeschichte 49 (2001), S. 517–550.

19 Ludolf Herbst: Das nationalsozialistische Deutschland 1933 bis 1945, Frankfurt a.M. 1996, S. 38.

20 Zitiert nach Timothy W. Ryback: Hitlers Bücher, Köln 2010 (am. 2008), S. 99.

21 Shelley Baranowski: Nazi Empire, Cambridge 2011, S. 141 (»a Germany liberated from the inconvenience of borders«).

22 Vgl. Jureit: Das Ordnen von Räumen (wie Anm. 17), bes. S. 313.

23 Dabei gebrauchte er den Lebensraumbegriff, wie oben bemerkt, noch eher selten und meist in einem spezifischen Verweiszusammenhang, nämlich um die »Enge des Raumes«, also das vermeintliche Missverhältnis von Bevölkerungszahl und (Agrar-)Fläche herauszustellen. Vgl. ebd., S. 279–282.

24 Vgl. Joachim Fest: Hitler, Neuausg. Berlin 1998 (zuerst 1973), S. 328.

25 Ratzel selbst sprach von Politischer Geografie, nicht von Geopolitik. Dieser Begriff wurde 1899 vom schwedischen Ratzel-Adepten und Staatswissenschaftler Rudolf Kjellén geprägt.

26 Zitiert nach Peter Walkenhorst: Nation – Volk – Rasse, Göttingen 2007, S. 176, 210.

27 Vgl. Ulrich Sieg: Deutschlands Prophet, München 2007 (die beiden Lagarde-Zitate finden sich auf S. 173 f.).

28 Zitiert nach Walkenhorst: Nation (wie Anm. 26), S. 222, 224 f. Claß' *Kaiserbuch* erschien zunächst unter dem Titel *Wenn ich der Kaiser wär'* (Pseudonym: Daniel Frymann). Das Buch erschien 1935 in der achten Auflage.

29 Vgl. Frank-Lothar Kroll: Geburt der Moderne, Berlin 2013, S. 94 f.

30 Vgl. Vejas Gabriel Liulevicius: Kriegsland im Osten, Hamburg 2002 (am. 2000).

31 Vgl. Anselm Doering-Manteuffel: Mensch, Maschine, Zeit, in: Jahrbuch des Historischen Kollegs 2003, S. 91–119; Wolfgang Hardtwig: Die Krise des Geschichtsbewusstseins in Kaiserreich und Weimarer Republik und der Aufstieg des Nationalsozialismus, in: Jahrbuch des Historischen Kollegs 2001, S. 47–75; Ulrich Herbert: Europe in High Modernity, in: Journal of Modern European History 5 (2007), S. 5–21; ders., Geschichte Deutschlands im 20. Jahrhundert, München 2014, S. 25–67, 300; Lutz Raphael: Ordnungsmuster der »Hochmoderne«?, in: Ute Schneider, Lutz Raphael (Hrsg.): Dimensionen der Moderne, Frankfurt a.M. u.a. 2008, S. 73–91; sowie Thomas Etzemüller: *Social engineering* als Verhaltenslehre des kühlen Kopfes, in: ders. (Hrsg.): Die Ordnung der Moderne, Bielefeld 2009, S. 11–39.

32 Vgl. Roger Griffin: Modernism and Fascism, Basingstoke, New York 2007 (dort auch das Zitat Moeller van den Brucks: S. 395, Anm. 6).

33 Vgl. Emilio Gentile: Der Faschismus, in: Mittelweg 36 16 (2007), Nr. 1, S. 81–99, hier S. 89–99; vgl. auch Jan-Werner Müller: Contesting Democracy, New Haven, London 2011, S. 90.

34 Vgl. Zygmunt Bauman: Dialektik der Ordnung, Hamburg 1992 (engl. 1989). Von totalitärem Gestaltungswillen ist die Rede, nicht weil an einer Totalitarismustheorie klassischer Prägung festgehalten werden soll, sondern weil der Begriff des Totalitären den politischen Anspruch der Nationalsozialisten, der auf eine vollständige Entgrenzung des Politischen zielte, typologisch am besten fasst.

Machtausweitung (S. 63–74)

1 Vgl. Dirk Schumann: Gewalt als Methode der nationalsozialistischen Machteroberung, in: Andreas Wirsching (Hrsg.): Das Jahr 1933, Göttingen 2009, S. 135–155.

2 Josef und Ruth Becker (Hrsg.): Hitlers Machtergreifung 1933, München 1983, S. 75 (»Schießerlass« vom 17. Februar), 117 (aus einer Rede Görings vom 3. März).

3 Klaus Hildebrand: Das Dritte Reich, München [6]2003 (zuerst 1979), S. 4.

4 Vgl. Peter Longerich: Geschichte der SA, München 2003, S. 174.

5 Die Alleintäterthese ist neuerdings wieder in Frage gestellt worden: Benjamin Carter Hett: Burning the Reichstag, Oxford 2014; vgl. dagegen Michael Wildt: Nationalsozialismus. Aufstieg und Herrschaft, Bonn 2012, S. 31.

6 Vgl. Michael Wildt: Gewalt als Partizipation, in: Alf Lüdtke, Michael Wildt (Hrsg.): Staats-Gewalt, Göttingen 2008, S. 215–240.

7 Ernst Fraenkel: Der Doppelstaat, hrsg. u. eingeleitet von Alexander von Brünneck, Hamburg [6]2001 (am. 1941), S. 55.

8 Am 10. März 1933 hob Hitler in einem Aufruf an seine Anhänger noch einmal die »Vernichtung des Marxismus« als zentrale »Parole« der Nationalsozialisten hervor. Max Domarus (Hrsg.): Hitler. Reden und Proklamationen 1932–1945, Bd. 1, Erster Halbbd., Neuausg. München 1965 (zuerst 1962), S. 219.

9 Zu der Regimekrise vom Frühjahr 1934, mit der Norbert Freis Gesamtdarstellung effektvoll einsetzt, vgl. Norbert Frei: Der Führerstaat, erw. u. aktual. Neuaufl. München [6]2001 (zuerst 1987), S. 9–41.

10 Jens Hacke: Die Rechte und die Revolution, in: Heinrich August Winkler (Hrsg.): Griff nach der Deutungsmacht, Göttingen 2004, S. 160–184, hier S. 168.

11 Vgl. Richard Bessel: The Nazi Capture of Power, in: Journal of Contemporary History 39 (2004), S. 169–188, hier S. 186.

12 Am 21. März 1871 war der erste Reichstag des Deutschen Kaiserreichs eröffnet worden.

13 Zitiert nach Günter Kaufmann: Der Händedruck von Potsdam, in: Geschichte in Wissenschaft und Unterricht 48 (1997), S. 295–315, hier S. 299; als neuere Deutung vgl. Martin Sabrow: Der »Tag von Potsdam«, in: Christoph Kopke, Werner Treß (Hrsg.): Der Tag von Potsdam, Berlin 2013, S. 47–86.

14 Zum Wandel des Revolutionsbegriffs vgl. den klassischen Aufsatz von Reinhart Koselleck: Historische Kriterien des neuzeitlichen Revolutionsbegriffs (1968/69), in: ders.: Vergangene Zukunft, Frankfurt a.M. [3]1995, S. 67–86.

15 Vgl. Hermann Beck: The Fateful Alliance, New York, Oxford 2008.

16 Vgl. Armin Nolzen: Der »Führer« und seine Partei, in: Dietmar und Winfried Süß (Hrsg.): Das »Dritte Reich«, München 2008, S. 55–76; sowie Nicole Kramer, Armin Nolzen (Hrsg.): Ungleichheiten im »Dritten Reich«, Göttingen 2012.

17 Sigmund Neumann: Permanent Revolution, New York, London 1942, S. 295f.

18 Domarus (Hrsg.): Hitler – Reden und Proklamationen I/1 (wie Anm. 8), S. 286 (Ansprache an die Reichsstatthalter in Berlin vom 6. Juli 1933).

19 Vgl. Rüdiger Hachtmann: Elastisch, dynamisch und von katastrophaler Effizienz, in: Sven Reichardt, Wolfgang Seibel (Hrsg.): Der prekäre Staat, Frankfurt a.M. 2011, S. 29–73 (dort auch zum Folgenden).

20 Das betont Ludolf Herbst: Entkoppelte Gewalt, in: Tel Aviver Jahrbuch für deutsche Geschichte 28 (1999), S. 117–158, hier S. 151–158.

21 Vgl. Michael Geyer: The State in National Socialist Germany, in: Charles Bright (Hrsg.): Statemaking and Social Movements, Ann Arbor 1984, S. 193–232.

Grenzen der Volksgemeinschaft (S. 75–134)

1 Norbert Frei: »Volksgemeinschaft« (1999), in: ders.: 1945 und wir, München 2005, S. 107–128, hier S. 114, 122 (Hervorhebung im Original).

2 Vgl. insbesondere Michael Wildt: Volksgemeinschaft als Selbstermächtigung, Hamburg 2007.

3 In kritischer Auseinandersetzung mit diesen Ansätzen ist neuerdings vorgeschlagen worden, »Volksgemeinschaft« stärker als bisher aus dem Blickwinkel der historischen Semantik zu untersuchen. Damit ist vor allem gemeint, den *Begriff* der »Volksgemeinschaft« und das mit ihm korrespondierende semantische Feld in verschiedenen Verwendungszusammenhängen zu analysieren und die Vielfalt an Bedeutungen und Aneignungsformen herauszuarbeiten. Insbesondere geht es darum, neben dem Volksgemeinschaftsbegriff Bezeichnungen wie »Volksgenossen« und »Gemeinschaftsfremde«, »Volksdeutsche« und »Fremdvölkische«, »Kampfgemeinschaft« und »Luftschutzgemeinschaft« auf ihre politische Funktion in bestimmten Kommunikationssituationen zu befragen und ihre Bedeutung für die Praxis der NS-Herrschaft zu ergründen. Vgl. Armin Nolzen: Nationalsozialismus und »Volksgemeinschaft«, in: Dietmar von Reeken, Malte Thießen (Hrsg.): »Volksgemeinschaft« als soziale Praxis, Paderborn u.a. 2013, S. 51–63, hier S. 61–63; Martina Steber, Bernhard Gotto: *Volksgemeinschaft*, in: dies. (Hrsg.): Visions of Community in Nazi Germany, Oxford 2014, S. 1–25, hier S. 3–9, 20–25.

4 In eine ähnliche Richtung gehen die Überlegungen von Daniel Mühlenfeld: Vom Nutzen und Nachteil der »Volksgemeinschaft« für die Zeitgeschichte, in: Sozialwissenschaftliche Literaturrundschau 36 (2013), H. 66, S. 71–104.

5 Ähnlich auch das Fazit (trotz des ansonsten skeptischen Ausblicks) von Janosch Steuwer: Was meint und nützt das Sprechen von der »Volksgemeinschaft«?, in: Archiv für Sozialgeschichte 53 (2013), S. 487–534, hier S. 493 f., 532 f.

6 Steber, Gotto: *Volksgemeinschaft* (wie Anm. 3), S. 16.

7 Vgl. dazu und zum Folgenden Wildt: Volksgemeinschaft als Selbstermächtigung (wie Anm. 2).

8 Vgl. Armin Nolzen: »Totaler Antisemitismus«, in: Detlef Schmiechen-Ackermann (Hrsg.): »Volksgemeinschaft«, Paderborn u.a. 2012, S. 179–198, hier S. 183 f.

9 Vgl. Wildt: Volksgemeinschaft als Selbstermächtigung (wie Anm. 2), bes. S. 9–11, 213–218.

10 Vgl. Nolzen: »Totaler Antisemitismus« (wie Anm. 8), S. 184–194; ders.: The Nazi Party and its Violence against the Jews, 1933–1939, in: Yad Vashem Studies 31 (2003), S. 245–285, hier S. 273–275.

11 Vgl. Wildt: Volksgemeinschaft als Selbstermächtigung (wie Anm. 2), S. 249–260.

12 Siehe die Abbildungen bei Alexandra Przyrembel: »Rassenschande«, Göttingen 2003, S. 66–68; vgl. auch die Analyse in ebd., S. 69–71.

13 Hannah Ahlheim: »Deutsche, kauft nicht bei Juden!«, Göttingen 2011, S. 184–204.

14 Zitiert nach Wildt: Volksgemeinschaft als Selbstermächtigung (wie Anm. 2), S. 139.

15 Ahlheim: »Deutsche, kauft nicht bei Juden!« (wie Anm. 13), S. 11, 260, 406.

16 Die Zahlen richten sich nach Raphael Gross: November 1938, München 2013, S. 122.

17 Vgl. Uffa Jensen: Politik und Recht, Paderborn 2014, S. 154.

18 Vgl. Alan E. Steinweis: Kristallnacht 1938, Cambridge (Mass.), London 2009, bes. S. 55; zum Folgenden ebd., S. 56–98, 121, 127.

19 Vgl. Nolzen: Violence (wie Anm. 10), S. 276 f.

20 Steinweis: Kristallnacht (wie Anm. 18), S. 87.

21 Uta Gerhardt, Thomas Karlauf (Hrsg.): Nie mehr zurück in dieses Land, Berlin 2009, S. 215; vgl. auch Alon Confino: A World Without Jews, New Haven, London 2014, bes. S. 140 f.

22 Hitler-Gruß – der deutsche Gruß. Ein Erlass des Reichsinnenministers, in: Berliner Morgenpost, 15. Juli 1933, S. 1.

23 Gesetze des Deutschen Studententums, Bayreuth [1937], S. 31.

24 Tilman Allert: Der deutsche Gruß, Neuausg. Stuttgart 2010 (zuerst 2005), S. 42; Hans-Ulrich Thamer, Simone Erpel (Hrsg.): Hitler und die Deutschen, Dresden 2010, S. 227, Dok. 296.

25 Curt Elwenspoek: Der rechte Brief zur rechten Zeit, Leipzig 1936, zitiert nach Klaas-Hinrich Ehlers: Der »Deutsche Gruß« in Briefen, in: Linguistik online 55 (2012), Nr. 5, S. 3–19, hier S. 14.

26 Allert: Deutscher Gruß (wie Anm. 24), S. 19, 26 f.

27 Ebd., S. 21, 101.

28 Peter Fritzsche: Life and Death in the Third Reich, Cambridge (Mass.), London 2008, S. 24 (eigene Hervorhebung).

29 Barbara Stollberg-Rilinger: Rituale, Frankfurt a. M., New York 2013, S. 10, 12.

30 So die Argumentation von Hans Günter Hockerts: Mythos, Kult und Feste, in: Richard Bauer u. a. (Hrsg.): München – »Hauptstadt der Bewegung«, München 1993, S. 331–341, hier S. 332 f.

31 Die »Verpflichtung der Jugend« bedeutete die feierliche Aufnahme der Vierzehnjährigen in die Hitlerjugend.

32 Vgl. Eberhard Heuel: Der umworbene Stand, Frankfurt a. M. u. a. 1989, S. 42–187 u. 577–623 (Materialanhang).

33 Max Domarus (Hrsg.): Hitler. Reden und Proklamationen 1932–1945, Bd. 1, Erster Halbbd., Neuausg. München 1965 (zuerst 1962), S. 259 (Ansprache auf dem Tempelhofer Feld in Berlin vom 1. Mai 1933).

34 Ebd., S. 261, 263.

35 Vgl. Rüdiger Hachtmann: Vom »Geist der Volksgemeinschaft durchpulst«, in: Zeitgeschichte-online, Januar 2010, URL: http://www.zeitgeschichte-online.de/thema/vom-geist-der-volksgemeinschaft-durchpulst; vgl. auch Marc Buggeln, Michael Wildt (Hrsg.): Arbeit im Nationalsozialismus, München 2014.

36 Cornelia Epping-Jäger: Lautsprecher Hitler, in: Gerhard Paul, Ralph Schock (Hrsg.): Sound des Jahrhunderts, Bonn 2013, S. 180–185, hier S. 183; zum Folgen-

den ebd. sowie Inge Marßolek: »Aus dem Volke für das Volk«, in: dies., Adelheid von Saldern (Hrsg.): Radiozeiten, Potsdam 1999, S. 121–135.

37 Zitiert nach Epping-Jäger: Lautsprecher Hitler (wie Anm. 36), S. 184.

38 Ebd., S. 183.

39 Vgl. Peter Fritzsche: Germans into Nazis, Cambridge (Mass.), London 1998, S. 227.

40 Zitiert nach Heuel: Umworbener Stand (wie Anm. 32), S. 141.

41 Joseph Goebbels: Tagebücher 1924–1945, 5 Bde., hrsg. von Ralf G. Reuth, München 1992, Bd. 2, S. 798 (Eintrag vom 1. Mai 1933); vgl. Marßolek: »Aus dem Volke für das Volk« (wie Anm. 36), S. 127 f.

42 Vgl. zum Folgenden Bernd Sösemann: Appell unter der Erntekrone, in: Jahrbuch für Kommunikationsgeschichte 2 (2000), S. 113–156; sowie die Beiträge von Detlef Schmiechen-Ackermann und Bernhard Gelderblom in: Die Reichserntedankfeste auf dem Bückeberg bei Hameln, Hameln 2010, S. 10–29.

43 1938 wurde das Reichserntedankfest wegen der Sudetenkrise abgesagt, dann folgte der Krieg.

44 Vgl. Hans-Ulrich Thamer: Faszination und Manipulation, in: Uwe Schultz (Hrsg.): Das Fest, München 1988, S. 352–368.

45 Paula Diehl: Reichsparteitag, in: Gerhard Paul (Hrsg.): Bilder, die Geschichte schrieben, Göttingen 2011, S. 50–59, hier S. 57 (dort auch zum Folgenden).

46 Nevile Henderson: Failure of a Mission, London 1940, S. 71; Albert Speer: Erinnerungen, Neuausg. Berlin ^{5}2013 (zuerst 1969), S. 71.

47 Diehl: Reichsparteitag (wie Anm. 45), S. 58.

48 Victor Klemperer: LTI, Neuausg. Stuttgart 2007 (zuerst 1947), S. 50 (Eintrag vom 19. September 1933).

49 Vgl. Árpád von Klimó, Malte Rolf: Rausch und Diktatur, in: Zeitschrift für Geschichtswissenschaft 51 (2003), S. 877–895, hier S. 894.

50 Das bezweifelt Markus Urban: Die Konsensfabrik, Göttingen 2007, S. 419.

51 Diehl: Reichsparteitag (wie Anm. 45), S. 58.

52 Zum Begriff der »geschlossenen Öffentlichkeiten« vgl. Adelheid von Saldern: Öffentlichkeiten in Diktaturen, in: Günther Heydemann, Heinrich Oberreuter (Hrsg.): Diktaturen in Deutschland – Vergleichsaspekte, Bonn 2003, S. 442–475, hier S. 456–458.

53 Vgl. Manfred Gailus, Armin Nolzen: Viele konkurrierende Gläubigkeiten – aber eine »Volksgemeinschaft«?, in: dies. (Hrsg.): Zerstrittene »Volksgemeinschaft«, Göttingen 2011, S. 7–33, hier S. 25; sowie Manfred Gailus: »Ein Volk – ein Reich – ein Glaube«?, in: Friedrich Wilhelm Graf, Klaus Große Kracht (Hrsg.): Religion und Gesellschaft, Köln, Weimar, Wien 2007, S. 247–268, hier S. 266.

54 Martina Steber, Bernhard Gotto: *Volksgemeinschaft* im NS-Regime, in: Vierteljahrshefte für Zeitgeschichte 62 (2014), S. 433–445, hier S. 434.

55 Adolf Hitler, 23. November 1937, zitiert nach Gailus, Nolzen: Konkurrierende Gläubigkeiten (wie Anm. 53), S. 20.

56 Rede des Reichsinnenministers auf dem Gautag Westfalen-Nord in Münster (Auszug), 7. Juli 1935, in: Georg Kretschmar (Hrsg.), Carsten Nicolaisen (Bearb.): Dokumente zur Kirchenpolitik des Dritten Reiches, Bd. 2, München 1975, S. 331 f., hier S. 332.

57 Flugschrift vom Juli 1935, zitiert nach Doris L. Bergen: Die »Deutschen Christen« 1933–1945, in: Geschichte und Gesellschaft 29 (2003), S. 542–574, hier S. 561.

58 Zitiert nach ebd., S. 563.

59 Manfred Gailus: Keine gute Performance, in: Gailus, Nolzen (Hrsg.): Zerstrittene »Volksgemeinschaft« (wie Anm. 53), S. 96–121, hier S. 106.

60 Vgl. Manfred Gailus: Protestantismus und Nationalsozialismus, Köln, Weimar, Wien 2001, Abb. 10–12.

61 Vgl. Manfred Gailus: 1933 als protestantisches Erlebnis, in: Geschichte und Gesellschaft 29 (2003), S. 481–511, hier S. 484–493.

62 Olaf Blaschke: Die Kirchen und der Nationalsozialismus, Stuttgart 2014, S. 145; zum Folgenden ebd., S. 142–145; sowie Gailus: Protestantismus und Nationalsozialismus (wie Anm. 60), S. 228–235.

63 Gailus, Nolzen (Hrsg.): Zerstrittene »Volksgemeinschaft« (wie Anm. 53).

64 Maria Anna Zumholz: »Windthorst's Geist ist erwacht!«, in: Joachim Kuropka (Hrsg.): Grenzen des katholischen Milieus, Münster 2013, S. 407–443, hier S. 427.

65 Barbara Stambolis: »Fest soll mein Taufbund immer stehn«, in: Geschichte in Wissenschaft und Unterricht 51 (2000), S. 157–172, hier S. 172; dies.: »Die Reihen ... fest geschlossen in hohem Glaubensmut«, in: Bernhard Schneider, Jürgen Bärsch (Hrsg.): Liturgie und Lebenswelt, Münster 2006, S. 491–515, hier S. 497.

66 Werner K. Blessing: »Deutschland in Not, wir im Glauben...«, in: Martin Broszat, Klaus-Dietmar Henke, Hans Woller (Hrsg.): Von Stalingrad zur Währungsreform, München 1988, S. 3–112, hier S. 37; Cornelia Rauh-Kühne: Anpassung und Widerstand?, in: Detlef Schmiechen-Ackermann (Hrsg.): Anpassung, Verweigerung, Widerstand, Berlin 1997, S. 145–163, hier S. 153 f.

67 Vgl. Blaschke: Kirchen und Nationalsozialismus (wie Anm. 62), S. 164–166.

68 Stambolis: »Die Reihen ... fest geschlossen« (wie Anm. 65), S. 511; sowie Detlef Schmiechen-Ackermann: Katholische Diaspora zwischen Rückzug und Selbstbehauptung in der NS-Zeit, in: Geschichte in Wissenschaft und Unterricht 49 (1998), S. 462–476, hier S. 474 (»Nische«).

69 Christoph Kösters: Kirche und Glaube an der »Heimatfront«, in: Karl-Joseph Hummel, Christoph Kösters (Hrsg.): Kirchen im Krieg, Paderborn u.a. 2007, S. 363–398, hier S. 366, 391; ders.: Christliche Kirchen und nationalsozialistische Diktatur, in: Dietmar und Winfried Süß (Hrsg.): Das »Dritte Reich«, München 2008, S. 121–141, hier S. 132; Dietmar Süß: Nationalsozialistische Religionspolitik, in: Christoph Kösters, Mark Edward Ruff (Hrsg.): Die katholische Kirche im Dritten Reich, Freiburg, Basel, Wien 2011, S. 50–63, hier S. 60f.; Pfarrer zitiert nach Dietmar Süß: Glaube und Religiosität an der »Heimatfront«, in: Gailus, Nolzen (Hrsg.): Zerstrittene »Volksgemeinschaft« (wie Anm. 53), S. 227–256, hier S. 229; zur Religionspolitik des SD vgl. Wolfgang Dierker: Himmlers Glaubenskrieger, Paderborn u.a. [2]2003 (Zitat: S. 533).
70 Vgl. Süß: Glaube und Religiosität (wie Anm. 69).
71 Die Richtlinien über Erziehung und Unterricht in der Volksschule vom 15. Dezember 1939, in: Die Volksschule im NS-Staat. Nachdruck des Handbuches »Die deutsche Volksschule im Großdeutschen Reich« von A[lois] Kluger, Breslau 1940, mit einer Einleitung hrsg. von Hans Jürgen Apel und Michael Klöcker, Köln, Weimar, Wien 2000, S. 104–142, hier S. 109.
72 Vgl. Anne C. Nagel: Hitlers Bildungsreformer, Frankfurt a.M. 2012, S. 150–205.
73 Zum »Symbolkampf« im Bergmannsdorf Frankenholz vgl. Gerhard Paul und Klaus-Michael Mallmann: Milieus und Widerstand, Bonn 1995, S. 129–134.
74 Zitiert nach Nagel: Hitlers Bildungsreformer (wie Anm. 72), S. 192.
75 Vgl. Sylvia Schraut: Kartierte Nationalgeschichte, Frankfurt a.M., New York 2011, S. 131f., 137f.
76 Charles B. Lansing: From Nazism to Communism, Cambridge (Mass.), London 2010, S. 87.
77 Rede Hitlers zum Richtfest der Neuen Reichskanzlei in der Deutschlandhalle am 2. August 1938, in: Angela Schönberger: Die Neue Reichskanzlei von Albert Speer, Berlin 1981, S. 177–182, hier S. 178.
78 Vgl. Thomas Roth, Stefan Wunsch: Vogelsang in der Region, in: »Fackelträger der Nation«, Köln, Weimar, Wien 2010, S. 136–198.
79 Vgl. Dieter Bartetzko: Geahnte Götterdämmerung, in: »Fackelträger der Nation« (wie Anm. 78), S. 120–135.
80 Vgl. Wendy Lower: Hitlers Kolonisatoren in der Ukraine, in: »Fackelträger der Nation« (wie Anm. 78), S. 199–227.
81 Rüdiger Hachtmann: Industriearbeit im »Dritten Reich«, Göttingen 1989, S. 302.
82 Ulrich Herbert: Arbeiterschaft im »Dritten Reich«, in: Geschichte und Gesellschaft 15 (1989), S. 320–360, hier S. 333.

83 Hachtmann: Industriearbeit im »Dritten Reich« (wie Anm. 81), S. 305.

84 Zitiert nach Karsten Uhl: Die nationalsozialistische »Volksgemeinschaft« im Fabrikalltag, in: Geschichte in Wissenschaft und Unterricht 64 (2013), S. 298–315, hier S. 311.

85 Hachtmann: Industriearbeit im »Dritten Reich« (wie Anm. 81), S. 306.

86 Vgl. Herbert: Arbeiterschaft im »Dritten Reich« (wie Anm. 82), S. 349–352.

87 Hachtmann: Industriearbeit im »Dritten Reich« (wie Anm. 81), S. 83 f.

88 Karsten Uhl: Humane Rationalisierung?, Bielefeld 2014, S. 191–201.

89 So zu lesen in der SS-Zeitschrift *Das schwarze Korps* (1939), zitiert nach ebd., S. 314 f. mit Anm. 99 u. 102.

90 Elisabeth Mieder: Die Betriebsgemeinschaft und ihre Verwirklichung (1939), zitiert nach Timo Luks: Der Betrieb als Ort der Moderne, Bielefeld 2010, S. 169.

91 Wolfgang Zollitsch: Arbeiter zwischen Weltwirtschaftskrise und Nationalsozialismus, Göttingen 1990, S. 167.

92 Albert Speer: Kulturarbeit im Betrieb, in: Reichsarbeitstagung des Amtes Schönheit der Arbeit, 8. Reichstagung vom 1.–3. Oktober 1937 in Düsseldorf, S. 8–10, hier S. 9.

93 Shelley Baranowski: Strength through Joy, Cambridge 2004, S. 81, 88, 92 f.

94 Alf Lüdtke: »Ehre der Arbeit«, in: Klaus Tenfelde (Hrsg.): Arbeiter im 20. Jahrhundert, Stuttgart 1991, S. 343–392, hier S. 390.

95 Zitiert nach Baranowski: Strength through Joy (wie Anm. 93), S. 84.

96 Lüdtke: »Ehre der Arbeit« (wie Anm. 94), S. 384.

97 Zitiert nach Karsten Uhl: Die Geschlechterordnung der Fabrik, in: Österreichische Zeitschrift für Geschichtswissenschaften 21 (2010), Nr. 1, S. 93–117, hier S. 102, 106.

98 Vgl. Uhl: Humane Rationalisierung? (wie Anm. 88), S. 307 f.

99 Vgl. Jürgen Finger, Sven Keller, Andreas Wirsching: Dr. Oetker und der Nationalsozialismus, München 2013, S. 164–170.

100 Zitiert nach Uhl: Humane Rationalisierung? (wie Anm. 88), S. 258 f., 261.

101 Carola Sachse: »Rationalisierung des Privatlebens«, in: Hans-Uwe Otto, Heinz Sünker (Hrsg.): Politische Formierung und soziale Erziehung im Nationalsozialismus, Frankfurt a.M. 1991, S. 226–250.

102 Tilla Siegel, Thomas von Freyberg: Industrielle Rationalisierung unter dem Nationalsozialismus, Frankfurt a.M., New York 1991, S. 133 (Hervorhebung im Original).

103 Von diesem Traum erzählte 1934 ein 45jähriger Arzt der jungen Journalistin Charlotte Pollack (geb. Aron), die später den Schriftsteller Martin Beradt heiratete und mit ihm gemeinsam nach Amerika flüchtete. Charlotte Beradt: Das Dritte Reich des Traums, Frankfurt a.M. 1981 (zuerst 1966), S. 19.

104 Richard Grunberger: A Social History of the Third Reich, London 1971, S. 45.

105 Hans Dieter Schäfer: Das gespaltene Bewusstsein, in: ders.: Das gespaltene Bewusstsein, erw. Neuausg. Göttingen 2009, S. 9–87 (zuerst 1981), S. 9, 26.

106 Detlev Peukert: Volksgenossen und Gemeinschaftsfremde, Köln 1982, S. 221, 225, 230, 283 f.

107 Dazu kritisch Rüdiger Hachtmann: Allerorten Mobilisierung?, in: Oliver Werner (Hrsg.): Mobilisierung im Nationalsozialismus, Paderborn u. a. 2013, S. 69–83, hier S. 70. Spätestens seit Peukerts Darstellung taucht in Forschungen zur NS-Zeit der Topos vom »Rückzug ins Private« immer wieder auf. Teils sei dieser Rückzug vom Regime intendiert, teils sei er eine (Abwehr-)Reaktion auf die permanente Mobilisierung und öffentliche Inszenierung der »Volksgemeinschaft« gewesen; teils sei er auch durch die Verbreitung der Massenmedien begünstigt worden, die »den Weg zur Abkapselung in den eigenen vier Wänden« gewiesen hätten. Kaspar Maase: Grenzenloses Vergnügen, Frankfurt a. M. 1997, S. 222.

108 Moritz Föllmer: Wie kollektivistisch war der Nationalsozialismus?, in: Birthe Kundrus, Sybille Steinbacher (Hrsg.): Kontinuitäten und Diskontinuitäten, Göttingen 2013, S. 30–52, hier S. 36.

109 Andreas Wirsching: Vom »Lehrstück Weimar« zum Lehrstück Holocaust?, in: Aus Politik und Zeitgeschichte 62 (2012), Nr. 1–3, S. 9–14, hier S. 12 f.

110 Steber, Gotto: *Volksgemeinschaft* (wie Anm. 3), S. 18.

111 Vgl. die Beschreibung des Forschungsprojekts »Das Private im Nationalsozialismus«: URL: http://www.ifz-muenchen.de/aktuelles/themen/das-private-im-nationalsozialismus/.

112 Sybille Steinbacher: Differenz der Geschlechter?, in: Frank Bajohr, Michael Wildt (Hrsg.): Volksgemeinschaft, Frankfurt a. M. 2009, S. 94–104, hier S. 98.

113 Ebd., S. 99 f.; vgl. Birthe Kundrus: Widerstreitende Geschichte, in: Neue Politische Literatur 45 (2000), S. 67–92, hier S. 84. Die einschlägige Literatur findet sich in der Online-Bibliografie auf der Verlags-Homepage.

114 Domarus (Hrsg.): Hitler – Reden und Proklamationen I/1 (wie Anm. 33), S. 449–452, hier S. 450 f. (Ansprache vor der NS-Frauenschaft vom 8. September 1934).

115 Gabriele Czarnowski: Das kontrollierte Paar, Weinheim 1991, S. 173; dies.: Die Ehe als »Angriffspunkt der Eugenik«, in: Dagmar Reese u. a. (Hrsg.): Rationale Beziehungen?, Frankfurt a. M. 1993, S. 251–269, hier S. 251 f.

116 Zitiert nach Gabriele Czarnowski: »Der Wert der Ehe für die Volksgemeinschaft«, in: Kirsten Heinsohn, Barbara Vogel, Ulrike Weckel (Hrsg.): Zwischen Karriere und Verfolgung, Frankfurt a. M., New York 1997, S. 78–95, hier S. 79.

117 Fritzsche: Life and Death (wie Anm. 28), S. 76–82.

118 Czarnowski: Ehe als »Angriffspunkt« (wie Anm. 115), S. 264.

119 Vgl. ebd., S. 256, 261, 265; Czarnowski: »Wert der Ehe« (wie Anm. 116), S. 81 f.

120 Zu Berlin vgl. Annette F. Timm: The Politics of Fertility in Twentieth-Century Berlin, Cambridge 2010, S. 142–149, 155 f.; zu Westfalen vgl. Michelle Mouton: From Nurturing the Nation to Purifying the Volk, Cambridge 2007.

121 Das betont Czarnowski: Ehe als »Angriffspunkt« (wie Anm. 115), S. 265.

122 Gesetzesparagrafen zitiert nach Czarnowski: »Wert der Ehe« (wie Anm. 116), S. 85 f. und Dirk Blasius: Ehescheidung in Deutschland 1794–1945, Göttingen 1987, S. 206, 208.

123 Vgl. Czarnowski: »Wert der Ehe« (wie Anm. 116), S. 87–90; Mouton: Nurturing the Nation (wie Anm. 120), S. 105 f.

124 Vgl. Irmgard Weyrather: Muttertag und Mutterkreuz, Frankfurt a. M. 1993, S. 55–130; zur lokalen und regionalen Praxis in Westfalen vgl. den kritischen Befund bei Mouton: Nurturing the Nation (wie Anm. 120), S. 124–139, 151 f.; zur Heiratspraxis auf dem Land vgl., ebenfalls für Westfalen, Peter Exner: Ländliche Gesellschaft und Landwirtschaft in Westfalen 1919–1969, Paderborn 1997, bes. S. 444.

125 Elizabeth D. Heineman: What Difference Does a Husband Make?, Berkeley, Los Angeles, London 1999, S. 26, 35–37.

126 Cornelia Essner, Edouard Conte: »Fernehe«, »Leichentrauung« und »Totenscheidung«, in: Vierteljahrshefte für Zeitgeschichte 44 (1996), S. 201–227, hier S. 208.

127 Abtreibungen, die »arische«, »erbgesunde« Frauen vornehmen lassen wollten, wurden hart bestraft, von 1943 an mit dem Tod.

128 Befehl Heinrich Himmlers vom 28. Oktober 1939, zitiert nach Georg Lilienthal: Der »Lebensborn e.V.«, erw. Neuausg. Frankfurt a. M. 2008 (zuerst 1985), S. 132.

129 Heineman: What Difference? (wie Anm. 125), S. 74.

130 Vgl. Dagmar Herzog: Sex after Fascism, Princeton 2005, Kap. 1.

131 Vgl. Michael Grüttner: Das Dritte Reich 1933–1939, Stuttgart 2014, S. 419–421; Andreas Pretzel: Vom Staatsfeind zum Volksfeind, in: Susanne zur Nieden (Hrsg.): Homosexualität und Staatsräson, Frankfurt a. M., New York 2005, S. 217–252.

132 Alle Zitate nach Miriam Gebhardt: »Ganz genau nach Tabelle«, in: Jahrbuch für historische Bildungsforschung 13 (2007), S. 239–266, hier S. 249 f., 256.

133 Zitiert nach Miriam Gebhardt: Die Angst vor dem kindlichen Tyrannen, München 2009, S. 81.

134 Ebd., S. 99, 118.

135 Vgl. Heidi Rosenbaum: »Und trotzdem war's 'ne schöne Zeit«, Frankfurt a. M., New York 2014, S. 77 f., 623, 639.

136 David Blackbourn: The Discreet Charm of the German Bourgeoisie, in: ders.: Populists and Patricians, London 1987, S. 67–83 (zuerst 1981), hier S. 77.

137 Vgl. Nancy R. Reagin: Sweeping the German Nation, Cambridge 2007.

138 Vgl. Lisa Pine: Nazi Family Policy, 1933–1945, Oxford, New York 1997, S. 132–146; Reagin: Sweeping the German Nation (wie Anm. 137), S. 129–137.

139 Reagin: Sweeping the German Nation (wie Anm. 137), S. 110, 157, 169.

140 Zitiert nach Mareike Witkowski: In untergeordneter Stellung, in: Nicole Kramer, Armin Nolzen (Hrsg.): Ungleichheiten im »Dritten Reich«, Göttingen 2012, S. 155–175, hier S. 158.

141 Zitiert nach Martina Heßler: »Mrs. Modern Woman«, Frankfurt a. M., New York 2001, S. 254, 343–349.

142 Vgl. Pamela E. Swett: Selling under the Swastika, Stanford 2014, bes. S. 10, 264 f.; sowie S. Jonathan Wiesen: Creating the Nazi Marketplace, Cambridge 2011, bes. S. 93–117.

143 Reagin: Sweeping the German Nation (wie Anm. 137), S. 125.

144 Joe Perry: Christmas in Germany, Chapel Hill 2010, S. 1, 201, 214.

145 So stand es 1934 im *Völkischen Beobachter*, zitiert nach Jörg Koch: Das NS-Wunschkonzert, in: Bernd Heidenreich, Sönke Neitzel (Hrsg.): Medien im Nationalsozialismus, Paderborn 2010, S. 253–271, hier S. 253.

146 Zitiert nach Karl Christian Führer: Medienmetropole Hamburg, München, Hamburg 2008, S. 67.

147 Zitiert nach Inge Marszolek: »Nur keine Öde«, in: Klaus Arnold u. a. (Hrsg.): Von der Politisierung der Medien zur Medialisierung des Politischen?, Leipzig 2010, S. 161–181, hier S. 161, 163.

148 Kate Lacey: Driving the Message Home, in: Lynn Abrams, Elizabeth Harvey (Hrsg.): Gender Relations in German History, London 1996, S. 189–210, hier S. 192–195.

149 Vgl. Monika Pater: Männliche Tatkraft und weibliches Sein, in: Elke Frietsch, Christina Herkommer (Hrsg.): Nationalsozialismus und Geschlecht, Bielefeld 2009, S. 222–243.

150 Führer: Medienmetropole Hamburg (wie Anm. 146), S. 104.

151 Adelheid von Saldern: Zur Inszenierung der NS-Volksgemeinschaft im Rundfunk, in: Schmiechen-Ackermann (Hrsg.): »Volksgemeinschaft« (wie Anm. 8), S. 229–247, hier S. 246.

152 Fritzsche: Life and Death (wie Anm. 28), S. 65–75.

153 Karl Christian Führer: Die Tageszeitung als wichtigstes Massenmedium der nationalsozialistischen Gesellschaft, in: Zeitschrift für Geschichtswissenschaft 55

(2007), S. 411–434, hier S. 424; ders.: Die deutsche Tagespresse im Zweiten Weltkrieg, in: Zeitschrift für Geschichtswissenschaft 60 (2012), S. 417–440, hier S. 435.

154 David Kuchenbuch: Geordnete Gemeinschaft, Bielefeld 2010, S. 26f.

155 Michael Prinz: Der Sozialstaat hinter dem Haus, Paderborn u.a. 2012.

156 Vgl. Adelheid von Saldern: Häuserleben, Bonn 1995, S. 206.

157 Zitiert nach Tilman Harlander: Suburbanisierung, in: ders. (Hrsg.): Villa und Eigenheim, Stuttgart, München 2001, S. 250–257, hier S. 250; ders.: Wohnungspolitik, in: ebd., S. 258–267, hier S. 258; sowie nach Karl Christian Führer: Das NS-Regime und die »Idealform des deutschen Wohnungsbaues«, in: Vierteljahrschrift für Sozial- und Wirtschaftsgeschichte 89 (2002), S. 141–166, hier S. 145 (»Wiederverbindung mit dem Boden«); zum Reichsheimstättenamt der DAF vgl. Rüdiger Hachtmann: Das Wirtschaftsimperium der Deutschen Arbeitsfront 1933–1945, Göttingen 2012, S. 439–442.

158 Zitiert nach Führer: »Idealform« (wie Anm. 157), S. 162; sowie nach Ulrike Haerendel: Von der Mustersiedlung zur »arisierten« Stadt, in: Stefanie Hajak, Jürgen Zarusky (Hrsg.): München und der Nationalsozialismus, Berlin 2008, S. 227–248, hier S. 233.

159 Das Zitat »Idealform des deutschen Wohnungsbaues« stammt von Ernst von Stuckrad, der von 1937 an das Reichsheimstättenamt leitete. Führer: »Idealform« (wie Anm. 157), S. 142.

160 Vgl. ebd., S. 147; Tilman Harlander: Zwischen Heimstätte und Wohnmaschine, Basel, Berlin, Boston 1995, S. 100, 171–179; sowie Ulrike Haerendel: Kommunale Wohnungspolitik im Dritten Reich, München 1999, S. 129.

161 Haerendel: Mustersiedlung (wie Anm. 158), S. 237–239.

162 Vgl. Maximilian Strnad: Zwischenstation »Judensiedlung«, München 2011; Susanne Willems: Der entsiedelte Jude, Berlin 2002.

Nah und fern (S. 135–166)

1 Zu Infrastrukturen als »Integrationsmedien« vgl. Dirk van Laak: Garanten der Beständigkeit, in: Anselm Doering-Manteuffel (Hrsg.): Strukturmerkmale der deutschen Geschichte des 20. Jahrhunderts, München 2006, S. 167–180, hier S. 167.

2 Adolf Hitler eröffnet die erste Reichsautobahnstrecke, in: Völkischer Beobachter, 20. Mai 1935, S. 1f.; Bernhard Rieger: The People's Car, Cambridge (Mass.), London 2013, S. 49f.

3 Van Laak: Garanten der Beständigkeit (wie Anm. 1), S. 170.

4 Bernd Weisbrod: Der Schein der Modernität, in: Karsten Rudolph, Christl Wickert (Hrsg.): Geschichte als Möglichkeit, Essen 1995, S. 224–242, hier S. 237.

5 Kraftfahrt tut not!, Berlin 1933, S. 7f.

6 Alwin Seifert: Natur und Technik im deutschen Straßenbau (1934), in: ders.: Im Zeitalter des Lebendigen, Planegg vor München 1942, S. 9–23, hier S. 10–13, 18f., 22f.; ders.: Die Versteppung Deutschlands, Teil 1 (1935/36), in: ebd., S. 24–33, hier S. 29f., 33; sowie Erhard Schütz: »... verankert fest im Kern des Bluts«, in: ders., Hartmut Eggert, Peter Sprengel (Hrsg.): Faszination des Organischen, München 1995, S. 231–266, hier S. 248.

7 Hartmut Berghoff: Gefälligkeitsdiktatur oder Tyrannei des Mangels?, in: Geschichte in Wissenschaft und Unterricht 58 (2007), S. 502–518, hier S. 511.

8 Shelley Baranowski: Strength through Joy, Cambridge 2004, S. 155, 161; dies.: A Family Vacation for Workers, in: German History 25 (2007), S. 539–559, hier S. 553–556.

9 Vgl. David Blackbourn: The Conquest of Nature, London 2006, S. 239–266.

10 Allgemeine Anordnung Nr. 20/VI/42 über die Gestaltung der Landschaft in den eingegliederten Ostgebieten vom 21. Dezember 1942, in: Mechtild Rössler, Sabine Schleiermacher (Hrsg.): Der »Generalplan Ost«, Berlin 1993, S. 136–147, hier S. 136.

11 Erhard Mäding: Regeln für die Gestaltung der Landschaft (1943), zitiert nach Gert Gröning, Joachim Wolschke: Die Landespflege als Instrument nationalsozialistischer Eroberungspolitik, in: arch+ (1985), Nr. 81, S. 46–59, hier S. 55.

12 Walter Christaller (1940), zitiert nach Dieter Münk: Die Organisation des Raumes im Nationalsozialismus, Bonn 1993, S. 441f.; sowie nach Ariane Leendertz: Ordnung schaffen, Göttingen 2008, S. 172.

13 Allgemeine Richtlinien für die Planung und Gestaltung der Städte in den eingegliederten Ostgebieten (30. Januar 1942), zitiert nach David Kuchenbuch: Geordnete Gemeinschaft, Bielefeld 2010, S. 143. Das Zitat »neuer Deutscher Osten« ist einem Aufsatz Reichows (1941) entnommen und findet sich ebd., S. 141.

14 Walter Christaller (1940), zitiert nach Leendertz: Ordnung schaffen (wie Anm. 12), S. 173.

15 Zu dem »Zusammenspiel« dieser drei Aspekte vgl. Ulrike Jureit: Territorialität als Ordnungsform, in: geographische revue 15 (2013), Nr. 1, S. 5–17, hier S. 6.

16 Kristin Kopp: Germany's Wild East, Ann Arbor 2012, S. 155–159.

17 Zitiert nach Jens Wietschorke: Baedekers Generalgouvernement, in: Mittelweg 36 23 (2014), Nr. 1, S. 99–122, hier S. 102.

18 Ebd., S. 108, 111, 113f., 121. In eine ähnliche Richtung geht die Analyse von Jane Caplan: *»Jetzt judenfrei«*, London 2013.

19 Zitiert nach Martina Steber: Ethnische Gewissheiten, Göttingen 2010, S. 359, 457; dies.: Völkische Räume?, in: Waltraud Schreiber, Carola Gruner

(Hrsg.): Raum und Zeit, Neuried 2009, S. 275–295, hier S. 280; dies.: Eine »goldene Brücke« ins ›Dritte Reich‹?, in: Blätter für deutsche Landesgeschichte 141/142 (2005/2006), S. 75–105.

20 Thomas Schaarschmidt: Der Wilde Westen im Osten, in: Thomas Großbölting, Roswitha Willenius (Hrsg.): Landesherrschaft, Region, Identität, Halle 2009, S. 250–263, hier S. 252 f., 255.

21 Vgl. insbesondere Tara Zahra: Imagined Noncommunities. National Indifference as a Category of Analysis, in: Slavic Review 69 (2010), S. 93–119.

22 Vgl. Brendan Karch: Nationalism on the Margins, Diss. Harvard University, Cambridge (Mass.) 2010.

23 Vgl. dazu Band 9 dieser Reihe: Alexander Brakel: Der Holocaust. Judenverfolgung und Völkermord, Berlin 2008.

24 Vgl. Gerhard Wolf: Ideologie und Herrschaftsrationalität, Hamburg 2012. Der Ausdruck »rassereine Siedlergesellschaft« ist zitiert nach Isabel Heinemann: »Rasse, Siedlung, deutsches Blut«, Göttingen 2003, S. 260.

25 Vgl. Claudia Koonz: The Nazi Conscience, Cambridge (Mass.), London 2003, S. 9–16.

26 Birthe Kundrus: Regime der Differenz, in: Frank Bajohr, Michael Wildt (Hrsg.): Volksgemeinschaft, Frankfurt a. M. 2009, S. 105–123, hier S. 116.

27 Zitiert nach Gerhard Wolf: Auf dem Weg in eine »völkisch« und »rassisch« stratifizierte Gesellschaft, in: Nicole Kramer, Armin Nolzen (Hrsg.): Ungleichheiten im »Dritten Reich«, Göttingen 2012, S. 27–47, hier S. 28, 38.

28 Zitiert nach ebd., S. 37.

29 Wolf: Ideologie (wie Anm. 24), S. 484.

30 Vgl. Eric C. Steinhart: The Holocaust and the Germanization of Ukraine, New York 2015; sowie Doris L. Bergen: Tenuousness and Tenacity, in: Krista O'Donnell, Renate Bridenthal, Nancy Reagin (Hrsg.): The *Heimat* Abroad, Ann Arbor 2005, S. 267–286.

31 Stefan Kühl: Ganz normale Organisationen, Berlin 2014, S. 33, 91–93.

32 Sönke Neitzel, Harald Welzer: Soldaten, Bonn 2011, S. 66–82, 299, 393; sowie Sebastian Groß: Gefangen im Krieg, Berlin 2012, bes. S. 301–305.

33 Felix Römer: Kameraden, München, Zürich 2012, S. 65, 77, 470.

34 Thomas Kühne: Kameradschaft, Göttingen 2006, S. 204 f., 272. Dass sich gruppendynamische Prozesse des Gewalthandelns auch bei weiblichen Akteuren beobachten lassen, hat Elissa Mailänder Koslov für KZ-Aufseherinnen in Majdanek gezeigt, die mit Häftlingen besonders brutal umgingen, wenn männliche »Kollegen« zugegen waren: Gewalt im Dienstalltag, Hamburg 2009.

35 Vgl. Bernhard R. Kroener: Auf dem Weg zu einer »nationalsozialistischen Volksarmee«, in: Martin Broszat, Klaus-Dietmar Henke, Hans Woller (Hrsg.): Von

Stalingrad zur Währungsreform, München 1988, S. 651–682; Römer: Kameraden (wie Anm. 33), S. 79–88; vgl. aber auch Johannes Hürter: The Military Elite and *Volksgemeinschaft*, in: Martina Steber, Bernhard Gotto (Hrsg.): Visions of Community in Nazi Germany, Oxford 2014, S. 257–269.

36 Zu ersterer These vgl. Christopher R. Browning: The Holocaust, in: Steber, Gotto (Hrsg.): Visions of Community (wie Anm. 35), S. 217–225; zu letzterer vgl. Thomas Kühne: Belonging and Genocide, New Haven, London 2010, bes. S. 1–8, 162–171.

37 Birthe Kundrus: Der Holocaust, in: Hans-Ulrich Thamer, Simone Erpel (Hrsg.): Hitler und die Deutschen, Dresden 2010, S. 130–135, hier S. 135.

38 Frank Bajohr: Vom antijüdischen Konsens zum schlechten Gewissen, in: ders., Dieter Pohl: Massenmord und schlechtes Gewissen, Frankfurt a.M. 2008, S. 15–79, hier S. 78.

39 Die Tagebücher von Joseph Goebbels, hrsg. von Elke Fröhlich, Teil 2, Bd. 7, München 1993, S. 454 (2. März 1943).

40 Peter Longerich: »Davon haben wir nichts gewusst!«, München 2006.

41 Kundrus: Holocaust (wie Anm. 37), S. 135.

42 So die überspitzte Formulierung von Wolfgang Sofsky: Die Ordnung des Terrors, Neuausg. Frankfurt a.M. 1999 (zuerst 1993), S. 24.

43 Aimé Bonifas: Häftling 20801, Berlin [3]1976 (frz. 1966), S. 126.

44 Karola Fings: Krieg, Gesellschaft und KZ, Paderborn u.a. 2005, S. 154.

45 Zitiert nach ebd., S. 148.

46 Dietmar Süß: Der Kampf um die »Moral« im Bunker, in: Bajohr, Wildt (Hrsg.): Volksgemeinschaft (wie Anm. 26), S. 124–143, hier S. 129; zum Folgenden ebd., S. 129–135.

47 Victor Klemperer: Tagebücher 1945, hrsg. von Walter Nowojski, Berlin [3]1999 (zuerst 1995), S. 14 (20. Januar 1945); vgl. Süß: Kampf um die »Moral« (wie Anm. 46), S. 132.

48 Dietmar Süß: Tod aus der Luft, München 2011, S. 345.

49 Nicole Kramer: »Kämpfende Mütter« und »gefallene Heldinnen«, in: Dietmar Süß (Hrsg.): Deutschland im Luftkrieg, München 2007, S. 85–98, hier S. 98.

50 Süß: Tod aus der Luft (wie Anm. 48), S. 321 f.

51 Zitiert nach Malte Thießen: Von der »Heimstätte« zum Denkmal, in: Inge Marszolek, Marc Buggeln (Hrsg.): Bunker, Frankfurt a.M., New York 2008, S. 45–60, hier S. 46.

52 Süß: Tod aus der Luft (wie Anm. 48), S. 322, 342; zur akustischen Dimension vgl. Carolyn Birdsall: Nazi Soundscapes, Amsterdam 2012, S. 128.

53 So zum Beispiel Andreas Kunz: Wehrmacht und Niederlage, München 2005, S. 147.

54 Die ersten beiden Zitate stammen von John Zimmermann: Die Kämpfe gegen die Westalliierten 1945, in: Jörg Hillmann, John Zimmermann (Hrsg.): Kriegsende 1945 in Deutschland, München 2002, S. 115–133, hier S. 131; das letzte Zitat findet sich bei Richard Bessel: The End of the *Volksgemeinschaft*, in: Steber, Gotto (Hrsg.): Visions of Community (wie Anm. 35), S. 281–294, hier S. 291.

55 Richard Römer: Tagebucheintrag vom 23. März 1945, zitiert nach Ralf Blank: Kriegsalltag und Luftkrieg an der »Heimatfront«, in: Jörg Echternkamp (Hrsg.): Das Deutsche Reich und der Zweite Weltkrieg, Bd. 9, Teil 1, München 2004, S. 357–461, hier S. 443.

56 »Kriegsschauplatz Innerdeutschland« ist ein Ausdruck, den Heinrich Himmler 1937 in Antizipation des Kriegsfalls verwendete – hier zitiert nach Sven Keller: Verbrechen in der Endphase des Zweiten Weltkrieges, in: Cord Arendes, Edgar Wolfrum, Jörg Zedler (Hrsg.): Terror nach Innen, Göttingen 2006, S. 25–50, hier S. 30.

57 Sven Keller: Volksgemeinschaft am Ende, München 2013, S. 217, 228, 270.

58 Vgl. das Foto auf dem Titelblatt von Keller: Volksgemeinschaft am Ende (wie Anm. 57).

59 Vgl. Sven Keller: *Volksgemeinschaft* and Violence, in: Steber, Gotto (Hrsg.): Visions of Community (wie Anm. 35), S. 226–59, hier bes. S. 232.

60 Richard Bessel: Germany 1945, London 2009, S. 385.

Topografie der Erinnerung (S. 169–171)

1 Norbert Frei: Abschied von der Zeitgenossenschaft (1997/98), in: ders.: 1945 und wir, München 2005, S. 41–62.

2 Vgl. Habbo Knoch: Die Rückkehr der Zeugen, in: Gerhard Paul, Bernhard Schoßig (Hrsg.): Öffentliche Erinnerung und Medialisierung des Nationalsozialismus, Göttingen 2010, S. 116–137, hier S. 132–134; Heidemarie Uhl: Orte und Lebenszeugnisse, in: Michael Rössner, Heidemarie Uhl (Hrsg.): Renaissance der Authentizität?, Bielefeld 2012, S. 257–284.

3 Reinhard Rürup: Keine Gedenkstätte, sondern ein »Ort der Täter« (2004), in: ders.: Der lange Schatten des Nationalsozialismus, Göttingen 2014, S. 163–175, hier S. 166.

4 So nachzulesen in der Broschüre Lernort Zeppelinfeld, Nürnberg 2013.

5 Juliane Hummel, Rolf Keller: Der Bückeberg bei Hameln, in: Gedenkstättenrundbrief Nr. 174, 6/2014, http://www.gedenkstaettenforum.de/nc/gedenkstaetten-rundbrief/rundbrief/news/der_bueckeberg_bei_hameln/.

6 NS-Dokuzentrum legt Sockel von Nazi-Tempel frei, in: Süddeutsche Zeitung,

19. Dezember 2014; vgl. auch Winfried Nerdinger (Hrsg.): München und der Nationalsozialismus, München 2015.

7 Vgl. Knoch: Rückkehr der Zeugen (wie Anm. 2), S. 132f. Das Zitat »Minimierung der Relikte« stammt von Volkhard Knigge (zitiert nach ebd.).

Auswahlbibliografie

Es ist schon lange ein Gemeinplatz, doch heute zutreffender denn je, dass kaum mehr jemand die Literatur zum Nationalsozialismus überblicken kann. Die hier aufgeführten Titel sollen der ersten Orientierung dienen. Eine ausführlichere Literaturliste findet sich auf der Homepage des Verlags.

Bajohr, Frank, Michael Wildt (Hrsg.): Volksgemeinschaft, Frankfurt a. M. 2009.
Baranowski, Shelley: Nazi Empire, Cambridge 2011.
Bauer, Kurt: Nationalsozialismus, Wien, Köln, Weimar 2008.
Beiträge zur Geschichte des Nationalsozialismus, bisher 31 Bde.
Benz, Wolfgang: Geschichte des Dritten Reiches, München 2000.
Benz, Wolfgang, Hermann Graml, Hermann Weiß (Hrsg.): Enzyklopädie des Nationalsozialismus, Stuttgart [5]2007 (zuerst 1997).
Bessel, Richard (Hrsg.): Fascist Italy and Nazi Germany, Cambridge 1996.
Blackbourn, David: Die Eroberung der Natur, München 2007 (engl. 2006).
Bracher, Karl Dietrich: Die deutsche Diktatur, Köln [7]1997 (zuerst 1969).
Brechtken, Magnus: Die nationalsozialistische Herrschaft 1933–1939, Darmstadt [2]2012 (zuerst 2004).
Broszat, Martin: Der Staat Hitlers, München [15]2000 (zuerst 1969).
Burleigh, Michael (Hrsg.): Confronting the Nazi Past, London 1996.
Burleigh, Michael: Die Zeit des Nationalsozialismus, Frankfurt a. M. 2000 (engl. 2000).

Caplan, Jane (Hrsg.): Nazi Germany, Oxford, New York 2008.
Crew, David F. (Hrsg.): Nazism and German Society, 1933–1945, London 1994.

Das Deutsche Reich und der Zweite Weltkrieg, 10 Bde., Stuttgart, München 1979–2008.
Dülffer, Jost: Deutsche Geschichte 1933–1945, Stuttgart, Berlin, Köln 1992.

Eley, Geoff: Nazism as Fascism, London, New York 2013.
Epstein, Catherine: Nazi Germany, Chichester 2015.
Evans, Richard J.: Das Dritte Reich, 3 Bde., München 2004–09 (engl. 2003–08).

Frei, Norbert: Der Führerstaat, München 2013 (zuerst 1987).
Frei, Norbert (Hrsg.): Die Deutschen und der Nationalsozialismus, 7 Bde., München 2015/16 (bisher 2 Bde. erschienen).
Fritzsche, Peter: Life and Death in the Third Reich, Cambridge (Mass.) 2008.

Fulbrook, Mary (Hrsg.): Twentieth-Century Germany, London 2001.

Gregor, Neil (Hrsg.): Nazism, Oxford 2000.

Grüttner, Michael: Das Dritte Reich 1933–1939, Stuttgart 2014.

Hardtwig, Wolfgang (Hrsg.): Utopie und politische Herrschaft im Europa der Zwischenkriegszeit, München 2003.

Hehl, Ulrich von: Nationalsozialistische Herrschaft, München ²2001 (zuerst 1996).

Herbert, Ulrich: Geschichte Deutschlands im 20. Jahrhundert, München 2014.

Herbst, Ludolf: Das nationalsozialistische Deutschland 1933–1945, Frankfurt a. M. 1996.

Hildebrand, Klaus: Das Dritte Reich, München ⁷2009 (zuerst 1979).

Jureit, Ulrike: Das Ordnen von Räumen, Hamburg 2012.

Kershaw, Ian: Der NS-Staat, Reinbek bei Hamburg 1999 (engl. 1985).

Kershaw, Ian: Hitler, 2 Bde., Stuttgart, München 1998/2000 (engl. 1998/2000).

Kirk, Tim: Nazi Germany, Basingstoke, New York 2007.

Knoch, Habbo u. a. (Hrsg.): Nationalsozialistische »Volksgemeinschaft«, 5 Bde., Paderborn 2012–2014.

Koonz, Claudia: The Nazi Conscience, Cambridge (Mass.) 2003.

Kroll, Frank-Lothar: Utopie als Ideologie, Paderborn ²1999 (zuerst 1998).

Mann, Michael: Fascists, Cambridge 2004.

Mazower, Mark: Der dunkle Kontinent, Berlin 2000 (engl. 1998).

Mazower, Mark: Hitlers Imperium, München 2009 (engl. 2008).

Mommsen, Hans (Hrsg.): The Third Reich Between Vision and Reality, Oxford, New York 2001.

Passmore, Kevin: Fascism, Oxford ²2014 (zuerst 2002).

Paxton, Robert O.: The Anatomy of Fascism, London 2004.

Peukert, Detlev: Volksgenossen und Gemeinschaftsfremde, Köln 1982.

Raphael, Lutz: Imperiale Gewalt und mobilisierte Nation, München 2011.

Reichel, Peter: Der schöne Schein des Dritten Reiches, Hamburg 2006 (zuerst 1991).

Schlemmer, Thomas, Hans Woller (Hrsg.): Der Faschismus in Europa, München 2014.

Stackelberg, Roderick: Hitler's Germany, London, New York ²2009 (zuerst 1999).
Steber, Martina, Bernhard Gotto (Hrsg.): Visions of Community in Nazi Germany, Oxford 2014.
Steinweis, Alan E., Daniel E. Rogers (Hrsg.): The Impact of Nazism, Lincoln 2003.
Studt, Christoph: Das Dritte Reich in Daten, München 2002.
Süß, Dietmar und Winfried (Hrsg.): Das »Dritte Reich«, München 2008.
Szejnmann, Claus-Christian W., Maiken Umbach (Hrsg.): Heimat, Region, and Empire, Basingstoke, New York 2012.

Thamer, Hans-Ulrich: Verführung und Gewalt, Berlin 1998 (zuerst 1986).
Thamer, Hans-Ulrich (Hrsg.): Hitler und die Deutschen, Dresden 2010.
Tooze, Adam: Ökonomie der Zerstörung, München 2007 (engl. 2006).

Wehler, Hans-Ulrich: Deutsche Gesellschaftsgeschichte, Bd. 4, München 2003.
Wendt, Bernd Jürgen: Deutschland 1933–1945, Hannover 1995.
Wildt, Michael: Volksgemeinschaft als Selbstermächtigung, Hamburg 2007.
Wildt, Michael: Geschichte des Nationalsozialismus, Stuttgart 2008.

Register

Der Autor

Riccardo Bavaj, geboren 1976, lehrt Europäische Geschichte des 20. Jahrhunderts an der University of St. Andrews in Großbritannien. Er hat über die Geschichte der Weimarer Republik, des Nationalsozialismus und des Liberalismus im Zeitalter des Kalten Krieges publiziert und beschäftigt sich schwerpunktmäßig mit Themen der Ideen-, Begriffs- und Raumgeschichte. Er war Promotionsstipendiat der Studienstiftung des deutschen Volkes, Forschungsstipendiat der Fritz Thyssen-Stiftung und Feodor Lynen-Stipendiat der Alexander von Humboldt-Stiftung. Zu seinen Publikationen zählen u. a. »Die Ambivalenz der Moderne im Nationalsozialismus« (München 2003) und »Germany and ›the West‹: The History of a Modern Concept« (hrsg. mit Martina Steber, New York, Oxford 2015).

»Deutsche Geschichte im 20. Jahrhundert«

Mit der Reihe »Deutsche Geschichte im 20. Jahrhundert« wendet sich erstmals eine junge Generation von Historikern dem gerade zu Ende gegangenen »deutschen Jahrhundert« zu. In 16 populär geschriebenen Bänden werfen sie einen unverstellten Blick auf Alltag, Kultur, Politik und Wirtschaft vom Kaiserreich bis zur Berliner Republik.

Jeder Band ca. 200 Seiten, ca. 20 Abb., 19,90 € [D] / 26,90 SFr / 20,50 € [A]

Bd. 1: Frank-Lothar Kroll
Geburt der Moderne. Politik, Gesellschaft und Kultur vor dem Ersten Weltkrieg

Bd. 2: Jürgen Angelow
Der Weg in die Urkatastrophe. Der Zerfall des alten Europa 1900–1914.

Bd. 3: Sönke Neitzel
Weltkrieg und Revolution. 1914–1918/19.

Bd. 4: Hans-Christof Kraus
Versailles und die Folgen. Außenpolitik zwischen Revisionismus und Verständigung 1919–1933.

Bd. 5: Peter Hoeres
Die Kultur von Weimar. Durchbruch der Moderne.

Bd. 6: Hendrik Thoß
Demokratie ohne Demokraten? Die Innenpolitik der Weimarer Republik.

Bd. 7: Riccardo Bavaj
Der Nationalsozialismus. Entstehung, Aufstieg und Herrschaft

Bd. 8: Lars Lüdicke
Griff nach der Weltherrschaft. Die Außenpolitik des Dritten Reiches 1933–1945.

Bd. 9: Alexander Brakel
Der Holocaust. Judenverfolgung und Völkermord.

Bd. 10: Rainer F. Schmidt
Der Zweite Weltkrieg. Die Zerstörung Europas.

Bd. 11: Matthias Uhl
Die Teilung Deutschlands. Niederlage, Ost-West-Spaltung und Wiederaufbau 1945–1949.

Bd. 12: Carsten Kretschmann
Zwischen Spaltung und Gemeinsamkeit. Kultur in Deutschland.

Bd. 13: Thomas Brechenmacher
Die Bonner Republik. Politisches System und innere Entwicklung der Bundesrepublik.

Bd. 14: Stefan Creuzberger
Westintegration und Neue Ostpolitik. Die Außenpolitik der Bonner Republik.

Bd. 15: Dierk Hofmann
Von Ulbricht zu Honecker. Die DDR 1949–1989.

Bd. 16: Manfred Görtemaker
Die Berliner Republik. Wiedervereinigung und Neuorientierung.

Alexander Brakel

Der Holocaust
Judenverfolgung und Völkermord

208 Seiten, 15 Abb., geb.
19,90 € [D] / 35,90 SFr / 20,50 € [A]

ISBN 978-3-89809-409-2

Der Holocaust ist das dunkelste Kapitel der deutschen Geschichte. Alexander Brakel beschreibt Voraussetzungen und Verlauf dieses Massenmordes an etwa sechs Millionen europäischen Juden: Von den ersten antijüdischen Maßnahmen nach 1933 über die Massaker an sowjetischen Juden bis zum industrialisierten Massenmord in den Vernichtungslagern. Dabei kommt die Judenpolitik der mit Deutschland verbündeten Staaten ebenso in den Blick wie die Frage, ob und was die Deutschen über das Schicksal ihrer deportierten jüdischen Nachbarn gewusst haben.

Lars Lüdicke

Griff nach der Weltherrschaft
Die Außenpolitik des Dritten Reiches 1933–1945

192 Seiten, 10 Abb., geb.
19,90 € [D] / 26,90 SFr / 20,50 € [A]

ISBN 978-3-89809-408-5

Die Außenpolitik des Dritten Reiches war von Anfang an auf jenen Weltanschauungskrieg ausgerichtet, den Hitler seit den 1920er Jahren gewollt hatte. Lars Lüdicke beschreibt und erklärt die Ursachen und Zusammenhänge, die dem Diktator den Griff nach der Weltherrschaft ermöglichten: Das Zusammenspiel mit den alten Eliten im Innern und die Wirkung von Aggression und Diplomatie nach außen. Rassenwahn und Expansionsdrang mündeten zuletzt in Vernichtung und Untergang.

Rainer F. Schmidt

Der Zweite Weltkrieg
Die Zerstörung Europas

192 Seiten, 9 Abb., geb.
19,90 € [D] / 26,90 SFr / 20,50 € [A]

ISBN 978-3-89809-410-8

Der Zweite Weltkrieg verwandelte Europa in eine Leichen- und Trümmerlandschaft. Rainer F. Schmidt beschreibt Ursachen und Verlauf dieses Krieges: die ersten erfolgreichen »Blitzfeldzüge« der Wehrmacht, den Raub- und Vernichtungskrieg gegen die Sowjetunion und den zu Lande, zu Wasser und in der Luft geführten Kampf gegen Großbritannien und die USA. Die Gründe für die unausweichliche Niederlage Deutschlands werden dabei genauso in den Blick genommen wie die alliierten Pläne für die Gestaltung einer Nachkriegsordnung.